UNE ANNÉE
EN PROVENCE

Peter Mayle

UNE ANNÉE
EN PROVENCE

ROMAN

*Traduit de l'anglais
par Jean Rosenthal*

NiL Éditions

TEXTE INTÉGRAL

TITRE ORIGINAL
A Year in Provence

© original : 1993 by Peter Mayle

ISBN 2-02-023704-0
(ISBN 2-84111-009-5, 1re publication)

© NiL Éditions, 1994, pour la traduction française

A Jennie
avec mon amour et ma gratitude

PRÉFACE

Un triste événement est venu assombrir notre vie depuis que j'ai écrit ce livre. M. Soliva, le mari de Tante Yvonne, de Lambesc, est mort et le restaurant a fermé. C'était un charmant vieux monsieur, une figure, un homme hors du commun, et il nous manque beaucoup.

A part cela, la vie en Provence continue à son rythme : tout est lent, chaud et plaisant en été ; lent, froid et plaisant en hiver. Voilà cinq ans maintenant que nous vivons ici et nous ne l'avons pas regretté un instant.

Je m'interroge quelquefois sur les effets que ce livre a eus sur notre existence. C'est toujours merveilleux de recevoir des lettres de lecteurs, il est vrai qu'elles sont arrivées par douzaines, en provenance de lieux aussi variés que Beijing et la prison de Sa Majesté à Wormswood Scrubs. C'est moins agréable de découvrir le lecteur haletant devant sa porte, le livre à la main, s'attendant à ce qu'on lui offre un verre ou deux : c'est flatteur, certes, mais inattendu. Il m'est arrivé d'être pris tout à fait à l'improviste. Dédicacer des livres en sortant de sa douche, drapé dans une serviette de bain, a été pour moi une expérience totalement nouvelle.

Le seul nuage annoncé à l'horizon n'est pour le moment pas bien méchant : pas plus gros qu'une commission d'agent immobilier. Il court en effet d'inquiétantes rumeurs concernant ce que nos amis de la région appellent un boum. A les entendre, d'ici à 1995, la Provence sera devenue la Californie de l'Europe.

J'espère qu'ils se trompent. Cette perspective éveille en moi des visions de fanatiques buveurs d'eau en tenue de jogging pastel, de téléphones sans fil posés au bord de la piscine et de jacuzzis construits dans le plus pur style provençal jouxtant le court de tennis.

Mais aujourd'hui, je peux encore regarder par la fenêtre sans rien voir d'autre que des vignes et des collines, sans entendre d'autre bruit que les jurons de mon voisin maudissant son tracteur en panne. Il s'arrêtera à midi et rentrera chez lui pour déjeuner. Ensuite, il enverra sa femme réparer le tracteur pendant qu'il ira dans la forêt avec son chien. La sécheresse de l'été et les incendies de forêt ont chassé bien loin presque tout le gibier, il s'est réfugié du côté des Basses-Alpes, mais le chasseur est un optimiste. Et si aucun lièvre, aucune perdrix n'a l'obligeance de se présenter devant son fusil, tant pis. Demain sera un autre jour.

Noël approche : c'est le moment de commander des huîtres, du foie gras et de belles truffes noires toutes fraîches. Le moment de nous promettre que, cette année, nous ne manquerons pas le spectacle de la crèche vivante à l'église de Ménerbes. Il a lieu à minuit, si M. Bonnange et son âne sont arrivés et si on a trouvé parmi les nouveaunés du village un petit Jésus qui ne pleure pas trop. Voilà cinq ans que nous avons l'intention d'y aller et cinq ans que nous nous laissons prendre aux charmes d'un dîner devant un feu de bois. Repus et un peu ensommeillés, nous mettons le nez dans le froid du dehors. Nous contemplons l'arbre de Noël que font les étoiles dans le ciel en nous disant : « Quelle chance nous avons de vivre ici. » Ce sera probablement la même chose cette année.

PETER MAYLE

Peter Mayle est britannique. Ancien publicitaire, il fuit New York et Londres pour venir en France et écrire. Il s'installe en Provence avec sa femme, trois chiens, quelques maçons et un certain nombre d'amis qui passent toujours « par là ». Il approche de la cinquantaine aussi lentement que possible et pratique l'humour et l'auto-dérision avec un égal bonheur.

Janvier

L'année commença par un déjeuner.

La soirée de la Saint-Sylvestre, avec ses excès de la onzième heure et ses résolutions vouées à l'échec, est un consternant prétexte à un déferlement forcé de jovialité, de toasts portés à minuit et d'embrassades sous le gui. Quand nous apprîmes que dans le village de Lacoste, à quelques kilomètres, le propriétaire de la Simiane proposait à son aimable clientèle un déjeuner de six plats, avec champagne rosé, cela nous parut une façon bien plus gaie de débuter les douze mois à venir.

A midi et demi, le petit restaurant aux murs de pierre était complet. On pouvait admirer là quelques sérieux convives : des familles entières avec cet embonpoint qu'on acquiert à passer tous les jours deux ou trois heures à table, les yeux sur l'assiette et les conversations remises à plus tard. Le patron du restaurant, un homme qui, malgré sa corpulence, avait on ne sait comment poussé à la perfection l'art de virevolter dans son établissement, avait revêtu une tenue de circonstance : veste de smoking en velours et nœud papillon. Sa moustache pommadée frémissait d'enthousiasme tandis qu'il récitait le menu comme on entonne une rhapsodie : foie gras, mousse de homard, bœuf en croûte, salades à l'huile d'olive vierge, fromages choisis avec soin, desserts d'une miraculeuse légèreté, digestifs. C'était une aria gastronomique qu'il attaquait à chaque table en se baisant le bout des doigts avec un tel entrain qu'il devait en avoir les lèvres gercées.

Le dernier « bon appétit » retentit et le silence s'abattit sur la salle tandis qu'on accordait aux mets toute l'attention qu'ils méritaient. Pendant le déjeuner, ma femme et moi songions à de précédents jours de l'an, passés pour la plupart sous les nuages impénétrables du ciel anglais. On avait du mal à associer au 1er janvier l'éclatant soleil et le ciel d'un bleu imperturbable. Tout le monde pourtant nous le répétait : c'était absolument normal. Après tout, nous étions en Provence.

Nous étions souvent venus ici en touristes, cherchant désespérément notre ration annuelle de vraie chaleur et de lumière éclatante. Chaque fois, en repartant, le nez pelé et le cœur lourd de regrets, nous nous promettions de venir un jour vivre ici. Nous en avions **discuté** au cours des interminables hivers de grisaille et des humides étés verdoyants. Nous contemplions avec des regrets d'intoxiqués des photographies de marchés et de vignobles, en rêvant que le soleil filtrant par la fenêtre de notre chambre venait nous réveiller. Et maintenant, non sans nous surprendre nous-mêmes, nous avions sauté le pas. Nous avions acheté une maison, nous avions pris des leçons de français, nous avions fait nos adieux, nous avions expédié là-bas nos deux chiens : nous étions devenus des étrangers sur la terre française.

Tout s'était passé très vite – presque sur une toquade. Nous avions visité la maison le matin et, à l'heure du dîner, dans notre tête nous avions déjà emménagé.

Elle était située au-dessus de la route de campagne qui relie les deux villages médiévaux juchés chacun sur une colline, de Ménerbes et de Bonnieux, au bout d'un chemin de terre passant entre des vignes et des cerisiers. C'était un mas, une ferme bâtie en pierre du pays à laquelle deux cents ans de vent et de soleil avaient donné une couleur qui tenait du miel pâle et du gris léger. Quand elle avait pris vie, au dix-huitième siècle, ce n'était qu'une seule pièce ; et puis, au petit bonheur, comme le font les bâtiments agricoles, elle s'était développée pour abriter enfants, grands-mères, chèvres et instruments aratoires, et avait fini par devenir une maison de bric et de broc à trois niveaux. Tout dans la construction était solide. L'escalier en spirale qui montait de la cave jusqu'au dernier étage était fait de massives dalles de pierre. Les murs, dont certains avaient un mètre d'épaisseur, étaient conçus pour empêcher le mistral d'entrer, lui qui, dit-on ici, peut arracher les oreilles d'un âne. Derrière la maison, une cour entourée de murs et, plus loin, une piscine de pierre blanche. Il y avait trois puits, de robustes platanes, des cyprès élancés, des haies de romarin, un amandier géant. Sous le soleil de l'après-midi, avec ses volets de bois mi-clos comme des paupières alourdies de sommeil, elle était irrésistible.

Elle était aussi, pour autant qu'une maison pouvait l'être, à l'abri des sournois agissements des promoteurs immobiliers. Les Français ont un penchant marqué pour édifier ce qu'ils appellent de coquettes villas partout où l'autorisent les permis de construire, et parfois même là où ce n'est pas le cas. Nous avions vu des exemples de cette redoutable éruption autour de la vieille ville d'Apt : des boîtes bâties dans cette espèce particulière de ciment d'un rose livide, qui reste livide malgré tous les assauts des intempéries. A moins de bénéficier d'une protection officielle, très peu de secteurs de la campagne française sont à l'abri. Cette maison avait le grand avantage d'être située dans les limites d'un parc national, lieu sacré pour le patrimoine français et interdit aux bétonneuses.

Les montagnes du Lubéron s'élèvent juste derrière la maison, pour culminer à près de mille mètres d'altitude, et s'étendent en plis profonds sur une soixantaine de kilomètres d'est en ouest. Cèdres, pins et chênes verts leur assurent un verdoiement perpétuel et abritent ours, lapins et gibier à plume. Fleurs sauvages, thym, lavande et champignons poussent entre les rochers et sous les arbres. Du sommet, par temps clair, on distingue les Basses-Alpes d'un côté et la Méditerranée de l'autre. Durant presque toute l'année, on peut marcher huit ou neuf heures sans apercevoir une voiture ni un être humain. Cela prolonge de presque cent mille hectares notre arrière-cour, c'est un paradis pour les chiens et une barrière dressée en permanence contre une attaque à revers de voisins imprévus.

Le couple à qui nous avions acheté la maison nous avait présentés à nos voisins : cela s'était passé au cours d'un dîner de cinq heures marqué par une extraordinaire bonne volonté générale et une incompréhension presque totale de notre part. Le français était la langue officielle au cours de ce dîner, mais pas celui que nous avions étudié dans des manuels ou écouté sur des cassettes : c'était un patois superbe et confus qui émanait du fond de la gorge et subissait un brouillage subtil dans les fosses nasales avant de faire surface sous forme de paroles. A travers les remous et les tourbillons du provençal, on arrivait à vaguement reconnaître des sons à demi familiers : *demain* devenait *demang*, *vin* devenait *vang, maison* devenait *mesong*. Cela en soi n'aurait pas été une difficulté si les mots avaient été prononcés à la vitesse normale de la conversation et sans enjolivure supplémentaire : mais ils étaient débités à un rythme de mitrailleuse, souvent agrémentés d'une voyelle accolée à la fin pour le plaisir. Ainsi, proposer du pain – page un du manuel de conversation française niveau débutants – donnait une formule chantante lâchée d'une seule traite : *Encoredupaingue ?*

Heureusement pour nous, la bonne humeur et la gentillesse de nos voisins étaient manifestes, même si

14

leurs propos gardaient tout leur mystère. Huguette était une jolie brune qui souriait sans cesse : elle avait l'enthousiasme d'un sprinter pour franchir en un temps record la ligne d'une fin de phrase. Son mari Amédée était un grand gaillard très doux, aux gestes sans précipitation et qui s'exprimait avec une relative lenteur. Il était né dans la vallée, il avait passé sa vie dans la vallée et il mourrait dans la vallée. Son père, Pépé Clément, qui habitait la maison voisine, avait tiré son dernier sanglier à quatre-vingts ans. Il avait renoncé à la chasse pour se mettre à la bicyclette : deux fois par semaine, il pédalait jusqu'au village pour faire ses courses et le plein de potins. Ils semblaient former une famille heureuse.

Nous leur inspirions toutefois une certaine inquiétude, pas en tant que voisins, mais en tant qu'éventuels partenaires : à travers les vapeurs du marc, les fumées du tabac gris et le brouillard encore plus épais de l'accent, nous finîmes par tirer la chose au clair.

La plupart des deux hectares et demi de terrain que nous avions achetés avec la maison était plantés de vignes et, depuis des années, celles-ci étaient cultivées suivant le système traditionnel du métayage : le propriétaire de la terre paie les nouveaux plants de vigne et les produits ; le vigneron assure la pulvérisation, la vendange et la taille. A la fin de la saison, le vigneron empoche les deux tiers des bénéfices et le propriétaire un tiers. Si le domaine change de main, l'accord est soumis à révision : c'était ce qui préoccupait Amédée. De nombreuses propriétés du Lubéron, on le savait bien, étaient achetées comme résidences secondaires, et leur bonne terre cultivable transformée en jardins dessinés par des paysagistes. On citait même des cas – ultime blasphème – où on avait arraché des pieds de vigne pour construire des courts de tennis. Des courts de tennis ! Amédée avait un haussement d'épaules incrédule : épaules et sourcils s'élevaient à l'unisson quand il songeait à cette idée extravagante de supprimer de précieuses vignes pour l'étrange plaisir de courir dans la chaleur après une petite balle.

Il n'avait aucune raison de s'inquiéter. Nous adorions les vignes : avec leurs rangées bien alignées au flanc des coteaux, leur façon de virer du vert tendre au vert foncé, puis au jaune et au pourpre lorsque le printemps et l'été cédaient la place à l'automne, la fumée bleutée à la saison de la taille quand on brûlait les vieux sarments, les ceps taillés qui hérissaient les vignobles dénudés en hiver, elles étaient plantées pour rester là. On ne pouvait pas en dire autant des courts de tennis ni des jardins paysagers. (Pas plus que de notre piscine, d'ailleurs, mais du moins n'avait-elle pas pris la place de vignes.) Et puis, il y avait le vin. Nous avions le choix entre percevoir notre loyer en argent ou en bouteilles : une année moyenne, notre part de la récolte serait de mille litres d'un bon cru ordinaire, du rouge et du rosé. Avec toute l'insistance que nous permettait notre français incertain, nous affirmâmes à Amédée que nous serions ravis de reconduire l'arrangement existant. Son visage rayonna. Il sentait que nous allions très bien nous entendre. Peut-être même un jour pourrions-nous nous parler, et nous comprendre.

*\
* *

Le propriétaire de la Simiane nous souhaita une bonne année et resta planté sur le pas de la porte tandis que nous nous arrêtions dans la petite rue, clignant des yeux dans la lumière.

« Pas mal, hein ? » dit-il avec un geste large de son bras enrobé de velours qui embrassait le village, les ruines du château du marquis de Sade perché au-dessus, la vue sur les montagnes et le ciel bleu indigo. C'était un geste nonchalant de propriétaire, comme s'il

16

nous montrait un coin de son domaine. « On peut dire qu'on a de la chance d'être en Provence. »

C'est bien vrai, songions-nous, on peut le dire. Si c'était ça l'hiver, nous n'aurions pas besoin de tout notre attirail de mauvais temps – bottes, manteaux et chandails épais comme la main – que nous avions apporté d'Angleterre. Nous rentrâmes à la maison, réchauffés et l'estomac bien rempli, en faisant des paris sur la date à laquelle nous prendrions notre premier bain de l'année, et pleins d'une compassion perverse pour ces malheureux vivant sous des climats plus rudes qui devaient supporter de vrais hivers.

Cependant, à quelque quinze cents kilomètres au nord, le vent qui avait pris naissance en Sibérie prenait de la vitesse pour la dernière partie de son trajet. On nous avait raconté des tas d'histoires à propos du mistral. Il rendait fous bêtes et gens. On le tenait pour une circonstance atténuante dans les crimes de sang. Il soufflait quinze jours d'affilée, déracinant des arbres, renversant des voitures, brisant les poteaux télégraphiques, cassant les carreaux, précipitant les vieilles dames dans les caniveaux, gémissant dans les maisons comme un fantôme maléfique et glacé, provoquant des épidémies de grippe, de scènes de ménage, d'absentéisme dans les bureaux, des rages de dents, des migraines : en Provence, tous les problèmes dont on ne pouvait rendre responsables les politiciens, on en rejetait la faute sur ce *sâcré vingue* dont les Provençaux parlaient avec une sorte d'orgueil masochiste.

Encore une exagération bien française, nous disions-nous. S'il leur fallait affronter les rafales qui soufflent de la Manche et se courber sous la pluie pour qu'elle vous gifle le visage à l'horizontale, alors ils sauraient peut-être ce que c'était qu'un véritable vent. Nous écoutions leurs récits et, pour faire plaisir aux conteurs, faisions semblant d'être impressionnés.

Nous étions donc bien mal préparés quand le premier mistral de l'année débaula en hurlant dans la vallée du Rhône, vira à gauche et vint fouetter le mur ouest de la maison avec assez de violence pour faire valser quelques tuiles dans la piscine et arracher de ses gonds une fenêtre imprudemment laissée ouverte. La température baissa de vingt degrés en vingt-quatre heures. Elle tomba à zéro, puis à moins six. On releva à Marseille des vents de cent quatre-vingts kilomètres à l'heure. Ma femme faisait la cuisine en manteau. Nous cessâmes de parler de notre premier bain pour évoquer avec nostalgie le chauffage central. Et puis, un matin, dans un bruit de branches sèches qui se brisent, les canalisations éclatèrent les unes après les autres sous la pression de l'eau qui du jour au lendemain avait gelé à l'intérieur.

Elles pendaient du mur, gonflées et obstruées par la glace. M. Colombani les examina de son regard professionnel de plombier.

« Oh là là ! Fan de lune ! fit-il. Oh là là ! » Il se tourna vers son apprenti qu'il appelait invariablement *jeune homme* ou *petit*. « Tu vois ce que nous avons ici, petit. Des conduites à nu. Pas d'isolation. De la plomberie de Côte d'Azur. A Cannes ou à Nice, ça ferait l'affaire, mais ici... »

Il émit un gloussement désapprobateur et agita son doigt sous le nez du *petit*, pour souligner la différence entre les doux hivers de la Côte et le froid mordant que nous subissions maintenant. Là-dessus, il tira sur ses oreilles son bonnet de laine. Il était petit et râblé, bâti pour la plomberie, comme il le disait, car il pouvait se couler dans des espaces réduits inaccessibles à des hommes plus harmonieusement proportionnés. Tout en attendant que le *petit* mette en marche la lampe à souder, M. Colombani nous débita la première d'une série de conférences et d'un recueil de pensées que j'allais écouter avec un plaisir croissant au cours de l'année qui commençait. Nous eûmes droit ce jour-là à

18

une dissertation géographique sur l'âpreté de plus en plus marquée des hivers provençaux.

Depuis trois années, les hivers avaient été sensiblement plus rudes que personne n'en gardait le souvenir : assez froids même pour tuer de vieux oliviers. C'était, pour reprendre la phrase que l'on entend en Provence chaque fois que le soleil se cache, *pasnormalé*. Mais pourquoi ? M. Colombani m'octroya deux secondes symboliques pour réfléchir à ce phénomène avant de développer avec entrain sa thèse, en me tapant de temps en temps du doigt sur la poitrine pour s'assurer que je lui accordais bien toute mon attention.

Il était clair, déclara-t-il, que les vents qui amenaient le froid de Russie arrivaient en Provence avec une plus grande rapidité qu'autrefois : ils mettaient moins de temps pour arriver à destination et n'avaient donc pas le loisir de se réchauffer en route. Et la raison en était – M. Colombani s'accordait ici une pause brève mais spectaculaire en haussant les sourcils à mon intention – un changement dans la configuration de l'écorce terrestre. Mais oui. Quelque part entre la Sibérie et Ménerbes, la courbure de la Terre s'était atténuée. Elle s'aplatissait ! Ce qui permettait au vent de prendre un itinéraire plus direct vers le sud. C'était tout à fait logique. Malheureusement, la deuxième partie de l'exposé (pourquoi la Terre s'aplatit) fut coupée net par le bruit sec d'une nouvelle canalisation qui éclatait et mon éducation fut interrompue. M. Colombani attaqua à la lampe à souder un travail de virtuose.

Les effets du climat sur les habitants de la Provence sont immédiats et évidents. Ils s'attendent à voir tous les jours le soleil, leur humeur en souffre quand il ne se montre pas. Quant à la pluie, ils la prennent comme une offense personnelle : ils secouent la tête en échangeant entre eux leurs doléances dans les cafés, ils contemplent le ciel avec une profonde méfiance, comme si une nuée de sauterelles allait s'abattre sur le village, et ils cheminent d'un pas dégoûté parmi les flaques d'eau. S'il survient quelque chose de pire encore qu'un jour de pluie, par exemple si le thermomètre descend au-dessous de zéro, le résultat est stupéfiant : le gros de la population disparaît.

Comme le froid persistait à la mi-janvier, le silence s'abattit sur les bourgs et les villages. Les marchés hebdomadaires, animés et bruyants en temps normal, se réduisaient à un noyau d'intrépides commerçants prêts à affronter les engelures pour gagner leur pitance, battant la semelle et buvant de temps en temps une petite goutte de leur flasque. Les clients ne s'attardaient pas : ils achetaient et s'en allaient, prenant à peine le temps de compter leur monnaie. Les cafés barricadaient portes et fenêtres et fonctionnaient dans une forte odeur de fumée de tabac. On ne traînait plus dans les rues.

Notre vallée était en pleine hibernation et je regrettais les bruits qui, avec la précision d'une horloge, marquaient le passage de chaque heure : la quinte de toux matinale du coq d'Amédée ; le bringuebalement insensé – on aurait dit des vis et des écrous tentant de s'échapper d'une boîte de biscuits – de la petite camionnette Citroën qui chaque jour à l'heure du déjeuner ramène chez eux les fermiers ; les coups de feu optimistes d'un chasseur en patrouille l'après-midi dans les vignobles du coteau d'en face ; la plainte lointaine d'une tronçonneuse dans la forêt, au crépuscule, la sérénade des chiens de ferme. Maintenant, c'était le silence. Des heures durant, dans la vallée, tout était silencieux et désert, et cela piquait notre curiosité. Que faisaient-ils donc, tous ?

Amédée, nous le savions, faisait la tournée des fermes environnantes : il tranchait la gorge ou tordait le cou des lapins, poulets, porcs et oies pour qu'on pût en faire des terrines, des jambons et des confits. Cela nous semblait une occupation bien peu faite pour un homme au cœur tendre qui gâtait ses chiens, mais de toute évidence il était habile, rapide et, en vrai campagnard, il ne se laissait pas distraire par ses sentiments. Nous pouvions traiter un lapin comme un animal familier ou éprouver de l'attachement pour une oie : nous venions des villes et des supermarchés où l'hygiène maintenait quelque distance entre la viande et toute ressemblance avec des créatures vivantes. Une côte de porc sous son emballage thermorétractable a un aspect abstrait et stérilisé qui n'a rien à voir avec la masse chaude encroûtée de saleté d'un cochon. Ici, à la campagne, pas moyen d'éviter le lien direct entre la mort et le dîner : souvent, désormais, nous serions reconnaissants à Amédée de son labeur hivernal.

Mais que faisaient donc les autres ? La terre était gelée, les vignes taillées étaient endormies et il faisait trop froid pour chasser. Étaient-ils tous partis en vacances ? Non, certainement pas. Ce n'étaient pas le genre de gentlemen-farmers à passer leurs hivers sur les pentes neigeuses ou à faire de la voile aux Bahamas. Ici, on prenait ses vacances chez soi, en août : on mangeait trop, on faisait la sieste et on se reposait avant les longues journées des vendanges. C'était pour nous une énigme jusqu'au jour où nous nous aperçûmes combien les gens du pays étaient nombreux à avoir leur anniversaire en septembre ou en octobre. Alors une réponse possible mais invérifiable se présenta à notre esprit. Ils s'occupaient chez eux à faire l'amour. En Provence, il y a une saison pour tout, et les deux premiers mois de l'année devaient être consacrés à la procréation. Nous n'avons jamais osé poser la question.

Le temps froid apportait aussi des plaisirs moins privés. Sans parler du calme des paysages déserts, l'hiver en Provence a un parfum particulier, accentué par le vent, l'air sec et pur. En me promenant dans les collines, il m'arrivait souvent, avec l'odeur de feu de bois sortant d'une cheminée invisible, de sentir une maison avant de l'apercevoir. C'est une des odeurs les plus primitives de l'existence, elle a disparu de la plupart des villes où les règlements d'incendie et les décorateurs d'intérieur se sont alliés pour transformer des cheminées en orifices murés ou en « éléments architecturaux » où l'on affecte de faire du feu. En Provence, on utilise encore la cheminée. Pour faire la cuisine, s'asseoir autour, se réchauffer les pieds et pour se réjouir l'œil. On allume le feu de bon matin et on l'entretient tout au long de la journée grâce au chêne vert du Lubéron ou au hêtre du mont Ventoux. A la tombée de la nuit, quand je rentrais avec les chiens, je m'arrêtais toujours pour regarder du haut de la vallée les longs rubans de fumée qui montaient en zigzaguant des fermes tout le long de la route de Bonnieux. Ce spectacle m'évoquait des cuisines douillettes, des ragoûts bien assaisonnés, et ne manquait jamais de me donner une faim de loup. On connaît l'alimentation provençale de l'été : les melons, les pêches et les asperges. Les courgettes et les aubergines, les poivrons et les tomates, l'aïoli et la bouillabaisse, les salades monumentales à base d'olives, d'anchois, de thon, d'œufs durs, de belles tranches de pomme de terre sur des lits de laitue multicolore luisants d'huile, les fromages de chèvre frais. C'étaient là les souvenirs qui revenaient nous tourmenter chaque fois que nous contemplions l'assortiment flasque et ratatiné que nous proposent les magasins britanniques. L'idée ne nous était jamais venue qu'il y avait un menu d'hiver, radicalement différent mais tout aussi délicieux.

La cuisine provençale de temps froid est une alimentation de paysans. Elle est faite pour vous tenir au ventre, vous réchauffer, pour vous donner des forces et vous envoyer au lit la panse pleine. Les plats ne sont pas élégants, comme les portions minuscules et artistiquement garnies des restaurants à la mode : mais par une nuit de gel, avec le mistral qui vous cingle comme un coup de fouet, il n'y a rien de mieux. Le soir où un de nos voisins nous invita à dîner, il faisait assez froid pour transformer en sprint le court trajet qui nous séparait de leur maison.

Nous franchîmes la porte et mes lunettes s'embuèrent à la chaleur de l'âtre qui occupait presque tout le mur du fond de la pièce. La buée se dissipa et je constatai que la grande table, recouverte d'une toile cirée à carreaux, était dressée pour dix : amis et parents venaient nous inspecter. Dans un coin, un poste de télévision babillait de la cuisine, la radio répondait et dès qu'un invité arrivait, on chassait dehors un assortiment de chats et de chiens, qui revenaient aussitôt se glisser avec le suivant. On apporta un plateau d'apéritifs : pastis pour les hommes et vin de muscat doux et frappé pour les femmes. Nous nous trouvâmes pris aussitôt sous un feu croisé de bruyantes doléances à propos du temps. Fait-il aussi mauvais que cela en Angleterre ? Seulement en été, répondis-je. Un moment on me prit au sérieux avant qu'en éclatant de rire quelqu'un m'épargnât tout embarras. Non sans un déploiement de subtiles manœuvres pour les places – s'agissait-il de s'asseoir le plus près ou le plus loin de nous possible, je n'en savais trop rien –, nous nous installâmes à table.

C'était un repas que jamais nous n'oublierons : plus précisément, c'était une succession de repas que nous n'oublierons jamais, car cela dépassait les frontières gastronomiques de tout ce que nous avions connu, aussi bien en quantité qu'en durée.

On commença par une pizza maison – non pas une, mais plutôt trois. Aux anchois, aux champignons et au fromage, et il fallait absolument en prendre une tranche de chaque. On sauçait alors les assiettes avec des morceaux de pain arrachés aux miches de soixante centimètres qui trônaient au milieu de la table et le plat suivant apparaissait. Pâtés de lapin, de sanglier et de grives. Énorme terrine à base de porc rehaussée d'un peu de marc, saucissons au poivre. Petits oignons doux marinés dans une sauce tomate fraîche. On sauçait de nouveau les assiettes et on apportait un canard. Les tranches de magret que l'on voit posées en éventail et effleurées d'un soupçon de sauce sur les tables raffinées de la nouvelle cuisine étaient, Dieu soit loué, inconnues ici. Nous avions d'énormes filets, des cuisses entières, nappées d'une sauce sombre et savoureuse et cernés de champignons sauvages.

Nous nous carrions sur nos chaises, heureux d'avoir été capables de terminer, et nous observions avec un sentiment proche de l'affolement les assiettes qu'on sauçait encore tandis qu'on déposait sur la table une énorme marmite fumante. C'est la spécialité de notre hôtesse : un civet de lapin du marron le plus riche et le plus soutenu. On nous écouta en souriant demander d'une voix faible une petite part. Nous dévorâmes le civet. Tout comme la salade verte aux croûtons à l'ail frits dans l'huile d'olive ; tout comme les crottins rebondis de fromage de chèvre ; tout comme le gâteau aux amandes et à la crème préparé par la fille de la maison. Ce soir-là, nous dînâmes pour l'Angleterre tout entière.

Avec le café, on vida une collection de bouteilles aux formes étranges qui contenaient une sélection de digestifs de fabrication locale. S'il n'avait pas été bourré à éclater, mon estomac se serait serré, mais impossible de refuser devant l'insistance de mon hôte. Il fallait que j'essaie une concoction particulière, faite d'après la recette, remontant au onzième siècle, d'un ordre de moines alcooliques des Basses-Alpes. On me demanda de fermer les yeux pendant qu'on me servait : quand je les ouvris, on avait posé devant moi un verre empli d'un fluide jaune et visqueux. Je promenai autour de la table un regard désespéré. Tout le monde m'observait : impossible de donner aux chiens l'étrange breuvage ou de le laisser s'écouler discrètement dans une de mes chaussures. Me cramponnant d'une main à la table pour me soutenir, de l'autre je saisis le verre, fermai les yeux, adressai une furtive prière au saint patron des indigestions et me renversai en arrière en levant le coude.

Je m'attendais, au mieux, à avoir la langue comme échaudée, au pis à des papilles qui jamais ne cautériseraient, mais je n'avalai rien d'autre que de l'air. C'était un verre truqué et, pour la première fois de ma vie d'adulte, j'éprouvai un profond soulagement à ne rien avoir à boire. Le rire des autres convives s'apaisa, on brandit la menace de boissons véritables, mais ce fut le chat qui nous sauva. De son poste d'observation en haut d'une grande armoire, il plongea à la poursuite d'un papillon de nuit pour atterrir en catastrophe parmi les tasses à café et les bouteilles disposées sur la table. Le moment nous parut bien choisi pour prendre congé. Nous rentrâmes à la maison en poussant notre estomac devant nous, insensibles au froid, incapables de dire un mot, et nous dormîmes comme des souches.

Même pour la Provence, ce repas n'avait pas été banal. Les gens qui travaillent la terre ont plutôt tendance à bien manger à midi et de façon frugale le soir : habitude saine et raisonnable et, pour nous, tout à fait impossible à prendre. Nous avons constaté qu'il n'y a rien de tel qu'un bon déjeuner pour nous donner de l'appétit au moment du dîner. C'est alarmant. Cela tient sans doute à cette nouvelle vie au milieu d'une telle abondance de bonnes choses et parmi des hommes et des femmes qui vous font partager avec chaleur leur intérêt pour la nourriture. Ainsi, les bouchers ne se contentent pas de vendre de la viande. Ils expliquent longuement, tandis que la queue s'allonge derrière vous, comment la faire cuire, comment la servir et ce qui doit l'accompagner.

La première fois que cela nous arriva, nous étions allés à Apt acheter du veau pour préparer le ragoût provençal qu'on appelle *pebronata*. On nous indiqua un boucher du vieux quartier, réputé pour avoir une *touche* magistrale et aussi pour être très *sérieux*. Fan de pitchoune, vous pouvez lui faire confiance ! Il avait un petit magasin, sa femme et lui étaient corpulents : à nous quatre, nous formions une foule. Il nous écouta attentivement lui expliquer ce que nous voulions pour confectionner cette *pebronata*. Peut-être en avait-il entendu parler ? En guise de réponse à cette question stupide, il émit de petites bouffées d'indignation et se mit à affûter un énorme couteau avec une telle énergie que nous reculâmes d'un pas. Nous rendions-nous compte, déclara-t-il, que nous avions devant nous un expert, peut-être la plus grande autorité du Vaucluse en matière de *pebronata* ? Sa femme renchérit avec des hochements de tête admiratifs. Allons, poursuivit-il, brandissant devant nous vingt-cinq centimètres d'acier des plus tranchants, il avait écrit un livre là-dessus – l'ouvrage définitif – qui contenait vingt variantes de la recette de base. Nouveaux hochements de tête de sa femme. Elle jouait le rôle de l'infirmière principale auprès de l'éminent chirurgien, en lui passant des couteaux à aiguiser avant l'opération.

Sans doute avions-nous paru vivement impressionnés, car il exhiba une magnifique pièce de veau et prit un ton professoral. Il para la viande, la coupa en dés, emplit un petit sac d'herbes hachées, nous dit où aller acheter les plus beaux poivrons (quatre verts et un rouge, pour des raisons esthétiques), répéta à deux reprises la recette pour bien s'assurer que nous n'allions pas commettre une *bêtise* et suggéra un Côtes-du-Rhône approprié. *Pinsez donque une pebronata, si je connais !*

Les gourmets ne manquent pas en Provence et on a souvent entendu des perles de sagesse venues de sources inattendues. Nous commencions à nous habituer au fait que les Français se passionnent autant pour la cuisine que d'autres nations pour le sport et la politique, mais ce fut une surprise d'entendre M. Bagnols, le cireur de parquets et de tomettes, coter les restaurants à trois étoiles. Venu de Nîmes pour sabler un sol dallé, il apparut dès l'abord qu'il n'était pas homme à plaisanter avec son estomac. Chaque jour à midi précis, il ôtait sa salopette et s'en allait passer deux heures dans un des restaurants locaux.

Il ne l'estimait en général pas mauvais, mais, bien sûr, rien à voir avec Beaumanière aux Baux. Beaumanière a trois étoiles dans le Michelin et 18 sur 20 dans le Gault et Millau : c'était là, affirmait-il, qu'il avait dégusté un loup en croûte absolument exceptionnel. Certes, les Troisgros de Roanne étaient un superbe établissement aussi, encore que sa situation en face de la gare fût loin de valoir celle des Baux. Les Troisgros ont trois étoiles dans le Michelin, 19,5 dans le Gault et Millau. Cela continuait ainsi, tandis qu'il ajustait ses genouillères et astiquait le sol : guide vivant des cinq ou six restaurants les plus chers de France où M. Bagnols s'était rendu lors de ses périples gourmands annuels. Il était allé une fois en Angleterre et avait goûté du rôti d'agneau dans un hôtel de Liverpool : gris, triste et sans goût. Mais, naturellement, disait-il, on sait bien que les Anglais tuent leurs agneaux deux fois : une fois quand ils l'abattent et une fois quand ils le font cuire. Je battis en retraite devant un mépris aussi cinglant pour la cuisine de mon pays et je le laissai à son sol rêver de sa prochaine visite chez Bocuse.

*
* *

Le temps continuait d'être rude, avec des nuits d'un froid mordant, scintillantes d'étoiles, et des levers de

27

soleil spectaculaires. A l'aube, le soleil semblait anormalement bas et son disque énorme, dispensant partout un éclat éblouissant ou des ombres tranchées. Les chiens couraient loin devant moi et je les entendis aboyer bien avant d'apercevoir ce qu'ils avaient découvert.

Nous étions arrivés dans une partie de la forêt où le terrain descendait pour former une profonde cuvette au fond de laquelle, cent ans plus tôt, un fermier mal conseillé avait bâti une maison qui baignait presque en permanence dans la pénombre des arbres alentour. J'étais passé là bien des fois. Les volets étaient toujours fermés et seule la fumée qui sortait de la cheminée signalait une présence humaine. Dans la cour, deux grands bergers allemands au pelage crasseux et un corniaud noir ne cessaient de patrouiller, hurlant et tirant sur leurs chaînes en s'efforçant d'attaquer tout ce qui bougeait. Ces chiens avaient la réputation d'être méchants : l'un d'eux s'était échappé et avait mordu au jarret Pépé Clément. Les miens, pleins de de courage lorsqu'ils étaient confrontés à des chiens craintifs, avaient sagement décidé de ne pas passer trop près de trois paires de mâchoires hostiles et avaient pris l'habitude pour éviter la maison de faire un détour par un petit tertre abrupt. Ils étaient là-haut maintenant, prodiguant ces aboiements nerveux et incertains qu'ont les chiens pour se rassurer, comme les hommes sifflent pour tromper leur peur.

J'arrivai en haut de la butte avec le soleil dans les yeux, mais je distinguai entre les arbres une silhouette à contre-jour, une auréole de fumée autour de la tête. Les chiens, à distance prudente, l'examinaient bruyamment. Je m'approchai. L'homme me tendit une main froide et calleuse.

« Bonjour. » Il dévissa un mégot du coin de sa bouche et se présenta. « Rivière, Antoine. »

Il était en tenue de combat : blouson de camouflage taché, casquette militaire à large visière, cartouchière en bandoulière et fusil à pompe. Son visage avait la couleur et la texture d'un steak cuit un peu vite, avec un nez en forme de coin à fendre le bois qui faisait saillie au-dessus d'une grosse moustache jaunie de nicotine. Des yeux bleu pâle me dévisageaient à l'abri d'une broussaille de sourcils roux, et son sourire délabré aurait poussé au suicide le dentiste le plus optimiste. Il y avait néanmoins chez lui une certaine amabilité, et un soupçon de folie.

Je demandai si la chasse avait été bonne. « Un renard, répondit-il, mais trop vieux pour qu'on le mange. »

Il haussa les épaules et alluma une autre de ses grosses cigarettes Boyards, roulées dans du papier maïs et qui sentait comme un feu de jardin dans l'air matinal. « En tout cas, dit-il, il n'empêchera plus mes chiens de dormir la nuit. » Et de la tête il désigna la maison dans le creux.

Je dis que ses chiens n'avaient pas l'air commodes et il eut un grand sourire. Oh, dit-il, ils sont joueurs. Et jouaient-ils le jour où l'un d'eux s'était échappé et avait attaqué le vieil homme ? Ah, ça ! Ce pénible souvenir lui fit secouer la tête. Ce qu'il y a, dit-il, c'est qu'il ne faut jamais tourner le dos à un chien joueur, et le vieil homme avait précisément commis cette erreur. Une vraie catastrophe. Je crus un instant qu'il regrettait la blessure infligée à Pépé Clément : une veine de la jambe sectionnée qui avait nécessité une visite à l'hôpital. Mais je me trompais. Rivière était simplement triste parce qu'il avait dû acheter une chaîne neuve et que ces voleurs de Cavaillon la lui avaient fait payer deux cent cinquante francs. Ça l'avait plus affecté que cette histoire de morsure.

Pour lui épargner de nouvelles angoisses, je changeai de sujet et lui demandai poliment s'il mangeait vraiment du renard. Une question aussi stupide parut le surprendre. Il me regarda quelques instants sans répondre, comme s'il me soupçonnait de vouloir me moquer de lui.

« On ne mange pas de renard en Angleterre ? » J'imaginai des membres de la Chasse Belvoir adressant une lettre au *Times* et succombant à une crise cardiaque collective devant une suggestion aussi peu sportive et typiquement étrangère.

« Non, on ne mange pas de renard en Angleterre. On met une redingote rouge, on le poursuit à cheval avec une meute et ensuite on lui coupe la queue. »

Il pencha la tête de côté, stupéfait. « Ils sont bizarres, les Anglais. » Là-dessus, avec entrain et en s'accompagnant de gestes affreusement explicites, il décrivit ce que les gens civilisés faisaient d'un renard, et que j'en prenne bonne note !

Civet de renard à la façon Rivière.

Visez un renard jeune si possible, et veillez à l'abattre proprement d'une balle dans la tête qui ne présente pas d'intérêt culinaire. La chevrotine dans les parties comestibles du renard peut ébrécher les dents des convives – Rivière me montra deux des siennes – et provoquer des indigestions.

Dépouillez le renard et coupez-lui les parties. Ici, Rivière accompagna son propos d'un coup de main tranchant sur l'aine, suivi de savants mouvements de torsion et de tiraillements, accompagnés de couinements pour illustrer l'étripage de la bête.

Laissez la carcasse dépouillée pendant vingt-quatre heures sous de l'eau courante froide afin d'éliminer le *goût sauvage*. Égouttez, enveloppez dans un sac que vous accrochez dehors toute la nuit, de préférence quand il gèle.

Le lendemain matin, mettez le renard dans une marmite en fonte et couvrez d'un mélange de sang et de vin rouge. Ajoutez des fines herbes, des oignons et des têtes d'ail et faites mijoter un jour ou deux. (Rivière s'excusa pour son manque de précision, mais expliqua que le temps de cuisson variait en fonction de la taille et de l'âge de la bête.)

Autrefois, on mangeait ce plat avec du pain et des patates bouillies mais aujourd'hui, grâce au progrès et à l'invention de la friteuse, on pouvait le déguster avec des pommes frites.

Rivière maintenant était d'humeur loquace. Il habitait seul, me raconta-t-il, et on ne voyait guère de monde en hiver. Il avait passé sa vie dans les montagnes, mais peut-être le temps était-il venu d'aller s'installer dans le village où il pourrait se retrouver parmi des hommes. Bien sûr, ce serait une tragédie de quitter une aussi belle maison, si calme, abritée du mistral, parfaitement située pour échapper à l'ardeur du soleil de midi, un endroit où il avait passé tant d'années heureuses. Cela lui briserait le cœur à moins – il me regarda de près, ses yeux pâles mouillés de sincérité –, à moins qu'il puisse me rendre service en permettant à un de mes amis d'acheter sa maison.

Je contemplai le bâtiment quasiment en ruine aplati dans l'ombre, avec les trois chiens arpentant sans fin la cour au bout de leurs chaînes rouillées, et je songeai que dans toute la Provence on aurait du mal à trouver un endroit moins tentant pour y vivre. Pas de soleil, pas de vue, aucun sentiment d'espace et presque à coup sûr un intérieur humide et triste. Je promis à Rivière d'y penser, et il me fit un clin d'œil. « Un million de francs, me dit-il. Un sacrifice peuchère. » D'ici là, en attendant qu'il eût quitté ce petit coin de paradis, si je voulais savoir n'importe quoi concernant la vie rurale, il ne demandait qu'à me conseiller. Il connaissait chaque centimètre carré de la forêt, les coins à champignons, les points d'eau où le sanglier venait boire, quel fusil choisir, comment dresser un chien de chasse : il savait tout et ces vastes connaissances étaient entièrement à ma disposition. Je le remerciai. « C'est normal », dit-il. Et il descendit à grands pas le coteau jusqu'à sa résidence d'un million de francs.

* *
*

Quand je racontai à un ami du village que j'avais fait la connaissance de Rivière, il sourit.

« Il vous a dit comment faire cuire un renard ? » J'acquiesçai.

« Il a essayé de vendre sa maison ? » J'acquiesçai.

« Le vieux blagueur. Il est gonflé. »

Peu m'importait. Je l'aimais bien et j'avais l'impression qu'il constituerait une inépuisable source d'informations aussi fascinantes qu'extrêmement suspectes. Maintenant qu'il avait proposé de m'initier aux joies des passe-temps rustiques et M. Colombani à celles de problèmes plus scientifiques, comme l'aplatissement de la Terre, il ne me manquait plus qu'un navigateur pour me piloter dans les eaux troubles de la bureaucratie française : celle-ci, en effet, dans ses subtilités peut transformer une taupinière d'activité en une montagne de frustration.

Les complications qui avaient entouré l'achat de la maison auraient dû me mettre en garde. Nous voulions acheter, le propriétaire voulait vendre, on s'était mis d'accord sur un prix, tout était clair. Mais là-dessus nous dûmes bien malgré nous nous adonner à ce sport national qu'est la course à la paperasserie. On réclama des extraits de naissance pour prouver notre existence, des passeports pour établir que nous étions britanniques, des actes de mariage pour nous permettre d'acheter la maison conjointement, la preuve que nous avions une adresse en Angleterre (nos permis de conduire, établis tout bonnement à notre adresse, furent jugés insuffisants : n'avions-nous pas une preuve plus officielle de l'endroit où nous vivions, une vieille facture d'électricité, par exemple ?). Il s'ensuivit un long échange de correspondance entre la France et l'Angleterre – qui nous permit de recueillir tous les renseignements nous concernant, à l'exception de notre groupe sanguin et de nos empreintes digitales –, jusqu'au moment où le notaire local eut nos deux vies enfermées dans un dossier. On put alors procéder à la transaction.

Nous fîmes preuve d'une certaine indulgence pour l'administration : nous étions des étrangers achetant une parcelle du territoire français et, de toute évidence, il fallait préserver la sécurité nationale. Des affaires moins importantes seraient à n'en pas douter plus rapides à régler et exigeraient moins de paperasserie. Nous allâmes acheter une voiture.

C'était la 2 CV Citroën standard, modèle qui a très peu changé au cours des vingt-cinq dernières années. On pouvait donc trouver des pièces détachées dans chaque village. Sur le plan mécanique, elle n'est guère plus compliquée qu'une machine à coudre et n'importe quel forgeron raisonnablement compétent peut la réparer. Le modeste niveau de sa vitesse de pointe a quelque chose de réconfortant. Hormis le fait que sa suspension a un caractère gélatineux qui en fait la seule voiture au monde susceptible de vous donner le mal de mer, c'est un véhicule charmant et pratique. Et le garage en avait justement une en stock.

Le vendeur examina nos permis de conduire, valables dans tous les pays du Marché commun jusqu'au-delà de l'an 2000. Il secoua la tête avec une expression d'infini regret et nous regarda dans les yeux.

« Non.

– Non ?

– Non. » Nous exhibâmes notre arme secrète : deux passeports.

« Non. »

Nous fouillâmes dans nos papiers. Que pouvait-il bien vouloir ? Notre acte de mariage ? Une vieille facture d'électricité anglaise ? Nous renonçâmes et nous lui demandâmes ce qu'il fallait, à part l'argent, pour acheter une voiture.

« Vous avez une adresse en France ? »

Nous la lui déclinâmes et il la nota avec grand soin sur le certificat de vente, en s'assurant de temps en temps que le troisième exemplaire était lisible.

« Vous avez la preuve que c'est votre adresse ? Une facture de téléphone ? D'électricité ? »

Nous expliquâmes que nous n'en avions encore aucune, car nous venions tout juste d'emménager. Il expliqua qu'il fallait une adresse pour l'établissement de la carte grise, l'acte de propriété du véhicule. Pour authentifier l'adresse, une facture EDF. Pas d'adresse, pas de carte grise, pas de voiture.

Par bonheur, son instinct de vendeur l'emporta sur son plaisir d'explorer une impasse bureaucratique, et il nous proposa une solution : si nous lui fournissions l'acte de vente de notre maison, l'affaire pourrait connaître un dénouement heureux et rapide, et nous pourrions entrer en possession de la voiture. Ce document se trouvait à l'étude du notaire, à vingt-cinq kilomètres. Nous allâmes le chercher et le déposâmes triomphalement sur son bureau en même temps qu'un chèque. Pourrions-nous maintenant disposer de la voiture ?

« Malheureusement, non. » Il nous fallait attendre que le chèque eût été encaissé : c'était l'affaire de quatre ou cinq jours, même s'il était tiré sur une banque locale. Ne pourrions-nous pas aller ensemble à la banque pour que le vendeur puisse l'encaisser immédiatement ? Impossible : c'était l'heure du déjeuner. Les deux domaines dans lesquels la France est championne du monde – la bureaucratie et la gastronomie – s'étaient alliés pour contrecarrer nos projets.

Cet incident provoqua chez nous une paranoïa bénigne et, pendant des semaines, nous ne sortions jamais sans photocopies des archives de la famille, brandissant passeports et extraits de naissance sous le nez de tout un chacun, depuis la caissière du supermarché jusqu'au vieil homme qui chargeait le vin dans la voiture à la coopérative. On examinait toujours ces papiers avec intérêt, car ce sont des choses sacrées et qui méritent le respect, mais on nous demandait souvent pourquoi nous les avions sur nous. Était-on obligé de vivre ainsi en Angleterre ? Quel pays étrange et fatigant ce devait être. A cela, la seule réponse concise était un haussement d'épaules. Nous pratiquâmes avec assiduité le haussement d'épaules.

Le froid dura jusqu'aux derniers jours de janvier, puis le temps se radoucit sensiblement. Nous attendions le printemps et j'avais hâte d'entendre les prévisions météorologiques d'un expert. Je décidai d'aller consulter le sage de la forêt.

Rivière tira sur sa moustache d'un air songeur. Il y avait des signes, dit-il. Les rats sentent le radoucissement du temps bien avant n'importe lequel de ces satellites compliqués et, ces derniers jours, les rats dans sa toiture avaient déployé une activité inhabituelle. A vrai dire, ils l'avaient réveillé une nuit et il avait lâché deux ou trois coups de feu dans le plafond pour les calmer. Eh oui. C'était bientôt la nouvelle lune et à cette époque de l'année ça amenait souvent un changement de temps. S'appuyant sur ces deux présages significatifs, il prédit un printemps chaud et précoce. Je regagnai en hâte la maison pour voir s'il n'y avait aucune trace de floraison sur l'amandier et j'envisageai de faire récurer la piscine.

Février

La première page de notre quotidien est d'ordinaire consacrée aux résultats obtenus par les équipes de football locales, aux pompeuses déclarations des politiciens de second plan, à des reportages haletants sur des attaques à main armée au supermarché à Cavaillon – « Le Chicago de Provence » – et de temps en temps à de macabres comptes rendus de brusques décès sur les routes causés par des conducteurs de petites Renault qui se sont pris pour Alain Prost.

Un matin du début de février, cette « une » traditionnelle céda la place à un grand article qui n'avait rien à voir avec le sport, le crime ou la politique : LA PROVENCE SOUS UNE ÉPAISSE COUCHE DE NEIGE ! proclamait le gros titre sous lequel on sentait percer une certaine allégresse devant la perspective des reportages que ne manquerait pas de susciter le comportement hors de saison de la nature. Il y aurait des mères et des bébés qui auraient miraculeusement survécu à une nuit passée dans une voiture bloquée par des congères. Des vieillards échappant de peu à l'hypothermie grâce à l'intervention de voisins vigilants et animés d'un sain esprit civique. Des grimpeurs arrachés au flanc du mont Ventoux par hélicoptère. Des facteurs luttant contre les intempéries pour porter des notes d'électricité. De vieux du village ressassant les catastrophes précédentes. Il y avait de quoi nourrir des copies, et j'imaginais l'auteur de ce premier article se frotter les mains d'impatience en marquant un temps entre deux phrases pour trouver quelques points d'exclamation supplémentaires.

Deux photographies accompagnaient ce texte plein d'entrain. L'une montrait une rangée de parapluies blancs et emplumés : les palmiers couverts de neige de la promenade des Anglais à Nice. L'autre représentait une silhouette emmitouflée dans une rue de Marseille traînant dans la neige un radiateur à roulettes au bout d'une corde, comme un homme qui promène un chien osseux et obstiné. Pas de photo de la campagne sous la neige. Car la campagne était coupée du monde : le chasse-neige le plus proche était au nord de Lyon, à trois cents kilomètres de là, et, pour un automobiliste provençal – fût-ce un intrépide journaliste – grandi sur la rassurante adhérence de l'asphalte, mieux valait éviter l'horreur de valser sur le verglas en restant chez soi ou en se terrant dans le bar le plus proche. Après tout, cela ne durerait pas longtemps. Il s'agissait d'une aberration, d'un hoquet climatique de courte durée, simple prétexte pour prendre un second café crème et peut-être quelque chose d'un peu plus fort pour remettre le cœur en route avant de s'aventurer dehors.

Durant les jours froids de janvier, notre vallée connut un très grand calme, mais la neige maintenant avait ajouté une couche supplémentaire de silence, comme si toute la région avait été insonorisée. Nous avions le Lubéron pour nous tout seuls : superbe et mystérieux, un kilomètre après l'autre couverts d'une couche blanche marquée de loin en loin par des traces d'écureuils et de lapins franchissant les sentiers en lignes bien droites. Pas une empreinte de pas humains à l'exception des nôtres. Les chasseurs, si visibles par temps plus clément avec leur artillerie et leur arsenal de salamis, de baguettes, de canettes de bière et de gauloises qui permet d'affronter une journée entière la nature primitive, n'étaient pas sortis de leurs terriers.

Ce bruit que nous prenions par erreur pour des coups de feu était celui des branches qui cassaient sous le poids de gros paquets de neige. A part cela, tout était si silencieux que, comme le fit remarquer plus tard Rivière, on aurait entendu péter une souris.

Près de la maison, l'allée était devenue un paysage montagneux en miniature : le vent avait poussé la neige en congères où on enfonçait jusqu'aux genoux et on ne pouvait circuler qu'à pied. Acheter un pain devenait une expédition qui prenait au moins deux heures : on pouvait aller jusqu'à Ménerbes et retour sans apercevoir un seul véhicule en mouvement, les bosses blanches des voitures à l'arrêt attendant aussi patiemment que des moutons au flanc de la colline qui menait au village. Ce temps de cartes de Noël avait contaminé les habitants : ils s'amusaient beaucoup de leurs propres efforts pour négocier les pentes abruptes et les rues étroites, soit en avançant dans un vacillement précaire, soit en se penchant plus dangereusement encore en arrière pour poser les pieds avec la lenteur maladroite de patineurs éméchés. L'équipe de nettoyage municipal, deux hommes armés de balais, avait déblayé les voies d'accès aux services essentiels – boucher, boulanger, épicerie et café –, et de petits groupes de villageois plantés au soleil se félicitaient du courage dont ils faisaient montre devant l'adversité. Un homme à skis apparut venant de la mairie et, avec une admirable précision, entra en collision avec le seul autre propriétaire d'un moyen de transport, un homme juché sur une luge antique. Quel dommage que le journaliste du *Provençal* n'ait pas été là pour le voir : LA NEIGE FAIT DES VICTIMES : COLLISION FRONTALE, aurait-il pu écrire en assistant à toute la scène sans quitter le confort douillet du café.

Les chiens s'adaptaient à la neige comme des oursons, plongeant dans les congères pour en émerger avec des moustaches blanches et sautant à travers champs par grands bonds dans la neige poudreuse. Ils apprenaient aussi à patiner. La piscine que, quelques jours auparavant, j'avais espéré nettoyer pour de précoces bains printaniers était un bloc d'une glace vert-bleu qui les fascinait. Ils posaient dessus les deux pattes de devant, puis une troisième, hésitante, et, pour finir, la patte restante rejoignait le reste du chien. Ils passaient quelques instants à méditer sur l'étrangeté d'une existence où on peut boire quelque chose un jour et marcher dessus le lendemain. La queue commençait à s'agiter et on observait une certaine forme de progression. J'avais toujours cru que les chiens étaient conçus sur le principe des véhicules à quatre roues motrices et qu'ils disposaient d'un moyen de propulsion équitablement réparti dans chaque patte : mais la puissance semble se concentrer dans l'arrière-train. Ainsi la moitié avant du chien qui patine a peut-être l'intention de procéder en ligne droite, mais la moitié arrière échappe à tout contrôle, faisant des queues de poisson d'un côté à l'autre et menaçant parfois de passer devant.

Dans la journée, l'impression nouvelle d'être isolés au milieu de cet océan de neige était un grand plaisir. Nous parcourions des kilomètres, nous coupions du bois, nous engloutissions des déjeuners gargantuesques et nous restions au chaud. Mais le soir, même avec du feu, des chandails et une nourriture plus abondante, le froid montait des salles dallées et suintait des murs de pierre, engourdissant les pieds et crispant les muscles. Souvent nous étions au lit à neuf heures et fréquemment, au petit matin, notre haleine formait un petit nuage au-dessus de la table du petit déjeuner. Si la théorie de Colombani était exacte et si nous habitions un monde plat, tous les hivers à venir allaient être comme celui-ci. Le moment était venu de ne plus faire semblant de vivre sous un climat subtropical et de céder aux tentations du chauffage central.

J'appelai M. Colombani qui s'enquit avec anxiété de l'état de mes canalisations. Je lui dis qu'elles tenaient bien. « Tant mieux, dit-il, car il fait moins cinq, les routes sont dangereuses et j'ai cinquante-huit ans. Je reste chez moi. » Il marqua un temps, puis ajouta : « Je vais jouer de la clarinette. » Ce qu'il faisait chaque jour pour conserver à ses doigts leur agilité et oublier les problèmes de plomberie. J'eus quelque mal à détourner la conversation de son opinion sur les compositeurs baroques pour la ramener à la triste banalité de notre maison glacée. Nous convînmes pour finir que j'irais lui rendre visite dès que les routes seraient dégagées. Il avait chez lui, m'expliqua-t-il, toutes sortes d'appareils : à gaz, à l'huile, à l'électricité, sans parler de sa plus récente acquisition, un panneau de chauffage solaire rotatif. Il me montrerait tout cela et je pourrais faire aussi la connaissance de son épouse, un soprano accompli. J'allais manifestement avoir droit à un récital au milieu des radiateurs et des robinets.

La perspective d'avoir chaud nous fit penser à l'été. Nous commençâmes à tirer des plans pour transformer l'arrière-cour en salle de séjour à ciel ouvert. Il y avait déjà à l'extrémité un barbecue et un bar, mais ce qui manquait, c'était une grande table massive qui resterait là en permanence. Plantés dans quinze centimètres de neige, nous nous efforcions d'imaginer un déjeuner en plein mois d'août : nous traçâmes sur les dalles un carré d'un mètre cinquante de côté où pourraient s'installer des créatures bronzées et pieds nus avec toute la place qu'il fallait au milieu pour des saladiers énormes, des pâtés et du fromage, des poivrons grillés, du pain aux olives et des bouteilles de vin bien frais. Le mistral soufflait en rafales dans la cour et effaçait nos dessins sur la neige, mais désormais notre décision était prise : la table serait carrée et le plateau une seule dalle de pierre.

La plupart des gens qui ont visité le Lubéron ont été impressionnés par la diversité des pierres de la région. Ce peut être de la *pierre froide* extraite de la carrière de Tavel, lisse, d'un beige pâle au grain fin ; ce peut être la *pierre chaude* de Lacoste, plus grenue, d'un blanc cassé plus doux, ou ce peut être une des vingt teintes et textures intermédiaires. Il existe une pierre pour les cheminées, pour les piscines, pour les escaliers, pour les murs et pour les sols, pour les bancs et pour les éviers. Elle peut être rugueuse ou polie, avoir des bords tranchants ou arrondis, être découpée en carrés ou en courbes voluptueuses. On l'utilise là où, en Angleterre ou en Amérique, l'entrepreneur emploierait le bois, le fer ou le plastique. Son seul désavantage, comme nous le constatons, c'est qu'elle est froide en hiver.

Ce qui nous surprit véritablement, ce fut son prix. A dimensions égales, la pierre coûtait moins cher que le linoléum : nous fûmes si ravis de cette fallacieuse découverte – car nous avions fort commodément omis de compter la pose des pierres – que nous décidâmes d'affronter les éléments et, sans attendre le printemps, d'aller jusqu'à la carrière. Des amis nous avaient conseillé un homme du nom d'Yves, à Lacoste, qui travaillait bien pour des prix corrects. On nous le décrivit comme un original, un personnage. Rendez-vous fut pris avec lui pour huit heures trente du matin, lorsque le calme régnerait encore dans la carrière.

Nous suivîmes un panneau sur le bas-côté de la route à la sortie de Lacoste, puis un chemin serpentant parmi les chênes verts nous conduisit en rase campagne. Rien n'évoquait l'approche d'une carrière de pierre même modeste et nous allions rebrousser chemin quand nous faillîmes tomber dedans : un grand trou creusé dans le sol et jonché de blocs de pierre. Les uns bruts, les autres taillés en pierres tombales, en plaques commémoratives, en urnes de jardin géantes, en anges ailés au regard aveugle mais intimidant, en petits arcs de triomphe ou en colonnes rondelettes et trapues. Dans un coin, une cabane, aux vitres rendues opaques par des années de poussière de pierre.

Nous frappâmes. Nous entrâmes. Yves était là. Dépenaillé, avec une barbe noire en broussaille et de formidables sourcils : un pirate. Il nous souhaita la bienvenue, chassant sur deux chaises la couche supérieure de poussière à grands coups d'un chapeau mou défoncé qu'il reposa ensuite soigneusement par-dessus le téléphone sur la table.

« Anglais, hein ? »

Nous acquiesçâmes et il se pencha vers nous, prêt aux confidences.

« J'ai une voiture anglaise, une Aston-Martin de collection. Magnifique. » Il déposa un baiser sur les bouts de ses doigts, saupoudrant sa barbe de blanc, et fouilla parmi les papiers répandus sur sa table, soulevant à chaque pile des nuages de poussière. « Il y a là quelque part une photographie... »

Une sonnerie râpeuse jaillit du téléphone. Yves le repêcha de sous son chapeau et écouta d'un air de plus en plus grave avant de raccrocher.

« Encore une pierre tombale, dit-il. C'est ce temps. Les vieux ne supportent pas le froid. » Il chercha du regard son chapeau, l'ôta de sur sa tête et le reposa sur le téléphone, comme pour dissimuler la mauvaise nouvelle.

Il revint au fait. « Anglais alors ? Bon. Il paraît que vous voulez une table. »

J'avais fait un croquis détaillé de notre table, toutes les mesures soigneusement inscrites en mètres et en centimètres. Pour quelqu'un qui a un sens artistique aussi développé qu'un enfant de cinq ans, c'était un chef-d'œuvre. Yves y jeta un bref regard, louchant sur les chiffres, et secoua la tête.

« Non. Pour un plateau en pierre de cette taille, il faut qu'il soit deux fois plus épais. Et puis votre piétement s'effondrerait – pouf! – en cinq minutes parce que le plateau va peser... » il griffonna quelques calculs sur mon dessin « ... entre trois et quatre cents kilos. » Il retourna la feuille de papier et se mit à crayonner au verso. « Tenez. Voilà ce qu'il vous faut. » Il poussa le croquis vers nous. Beaucoup plus réussi que le mien, il représentait un gracieux monolithe : simple, carré, bien proportionné. « Mille francs, livraison comprise. »

Nous topâmes là-dessus et je promis de revenir dans le courant de la semaine avec un chèque.

Quand j'arrivai, c'était à la fin d'une journée de travail et je constatai que Yves avait changé de couleur. Du haut de son feutre jusqu'à la pointe de ses bottes, il était tout blanc, saupoudré comme si on l'avait roulé dans du sucre de confiserie : le seul homme que j'aie jamais vu qui vieillissait de vingt-cinq ans en une journée de travail. A en croire nos amis, dont les renseignements ne paraissaient pas totalement fiables, sa femme le passait à l'aspirateur chaque soir quand il rentrait, et tout l'ameublement de sa maison, des fauteuils au bidet, était en pierre.

Sur le moment, on n'avait pas de mal à le croire. En Provence au cœur de l'hiver, il règne une atmosphère étrangement irréelle : l'alliance du silence et des paysages déserts donnant le sentiment qu'on est séparé du reste du monde, coupé de la vie normale. On pourrait s'attendre à rencontrer des lutins dans la forêt, à apercevoir des chèvres à deux têtes au clair de lune et, pour nous, c'était un contraste étrangement plaisant avec la Provence des vacances d'été dont nous gardions le souvenir. Pour d'autres, l'hiver, c'est l'ennui, la déprime ou pire encore ; le taux de suicide dans le Vaucluse, nous dit-on, était le plus élevé de France, et cela devint plus qu'une simple statistique quand nous apprîmes qu'un homme qui habitait à trois kilomètres de chez nous s'était pendu un soir.

Un décès dans le pays fait s'épanouir de tristes

petits faire-part qu'on affiche dans les vitrines des magasins et sur les maisons. La cloche de l'église sonne le glas et un cortège de gens en habits du dimanche monte lentement jusqu'au cimetière qui est souvent un des sites les plus impressionnants du village. Un vieil homme m'en expliqua la raison. « Ce sont les morts qui ont la plus belle vue, dit-il, parce qu'ils sont là pour si longtemps... » Il ricana si fort de sa propre plaisanterie qu'il fut pris d'une quinte de toux, et je craignis que ce ne fût son tour d'aller les rejoindre. Quand je lui parlai du cimetière de Californie où on paie plus cher pour une tombe avec vue que pour un emplacement plus modeste, il n'en fut pas le moins du monde surpris. « Il y a toujours des imbéciles, dit-il, morts ou vivants. »

Les jours passaient sans aucun signe de dégel, mais les routes devenaient maintenant des bandes noires là où les fermiers et leurs tracteurs avaient déblayé le plus gros de la neige, traçant un passage à voie unique entre les congères de chaque côté. A ma stupeur, l'automobiliste français se révélait d'une patience angélique et d'un acharnement têtu pour franchir l'obstacle, bien éloigné de son attitude habituelle de pilote de grand prix, au volant de son bolide. J'observais cela sur les routes autour du village. Une voiture avançant prudemment le long de l'unique voie centrale déblayée en rencontrait une autre venant de la direction opposée. Les deux s'arrêtaient, nez à nez. Aucun des deux conducteurs ne voulait céder la place en faisant marche arrière. Pas davantage se ranger sur le bas-côté pour risquer d'être coincé dans une congère. Les deux chauffeurs, le regard en vrille, attendaient dans l'espoir de voir arriver une autre voiture, ce qui constituerait un cas flagrant de force majeure obligeant la voiture solitaire à reculer pour laisser le passage à ceux qui avaient l'avantage du nombre.

Ce fut ainsi que, le pied léger sur l'accélérateur, je

partis pour aller voir M. Colombani et sa caverne d'Ali Baba remplie d'appareils de chauffage.

Il m'accueillit à l'entrée de son magasin, bonnet de laine tiré par-dessus ses oreilles, écharpe enroulée jusqu'au menton, ganté, botté, l'image même d'un homme qui considérait que se protéger du froid était une expérience scientifique d'isolation thermique. Nous échangeâmes quelques politesses à propos de mes tuyaux et de sa clarinette, et il me fit entrer pour m'exhiber un assortiment scrupuleusement disposé de tubes, de robinets et de mystérieux appareils blottis dans tous les coins. Colombani était un catalogue parlant : il débitait des coefficients de chauffage et des totaux de thermies qui me dépassaient à tel point qu'à chaque nouvelle révélation je ne pouvais que hocher la tête sans rien dire.

La litanie finit par s'arrêter. « Voilà », dit Colombani en me regardant d'un air expectatif, comme si maintenant je connaissais sur le bout des doigts l'univers mystérieux du chauffage central et que j'étais en mesure de faire un choix intelligent et fondé sur une solide information. En vrai professionnel je lui demandai comment il chauffait sa propre maison.

« Ah, dit-il, en se tapant le front avec une feinte admiration, ce n'est pas bête de demander ça. Quelle viande est-ce que mange le boucher ? » Et, laissant cette question mystérieuse sans réponse, nous nous rendîmes chez lui. Il y régnait une chaleur indéniable, presque étouffante, et M. Colombani exécuta un numéro très au point, ôtant deux ou trois couches de vêtements, s'épongeant le front d'un geste spectaculaire et rajustant son bonnet pour exposer ses oreilles à l'air.

Il s'approcha d'un radiateur et en tapota le dessus. « Sentez-moi ça, dit-il : de la fonte, pas comme la merde qu'on utilise aujourd'hui pour des radiateurs. Et la chaudière. Il faut que vous voyiez la chaudière. Mais attention », dit-il en s'interrompant brusquement. Il braqua sur moi son doigt de conférencier. « Elle n'est pas française. Il n'y a que les Allemands et les Belges qui sachent fabriquer des chaudières. » Nous passâmes dans la chaufferie et j'admirai consciencieusement un vieil engin incrusté de cadrans qui s'époumonait et reniflait contre le mur. « Ça nous donne vingt et un degrés dans toute la maison, même quand la température extérieure est de moins six. » Là-dessus, il ouvrit toute grande la porte extérieure pour laisser entrer de l'air à moins six. Il avait le don, chaque fois que c'était possible, d'illustrer ses remarques d'une démonstration pratique, comme s'il s'adressait à un enfant particulièrement obtus. (Assurément, dans mon cas, pour ce qui était de la plomberie et du chauffage, il avait tout à fait raison.)

M'ayant présenté la chaudière, il me ramena dans la maison pour rencontrer Madame, une petite femme à la voix sonore. Est-ce que je voulais une tisane, un biscuit aux amandes, un verre de Marsala ? Ce que je voulais vraiment voir, c'était M. Colombani avec son bonnet jouer de la clarinette, mais il faudrait attendre un autre jour. Pour l'instant, j'avais de quoi réfléchir. En revenant à la voiture, je levai les yeux vers le panneau solaire pivotant installé sur le toit et je constatai qu'il était complètement gelé : l'envie me prit soudain d'avoir une maison pleine de radiateurs en fonte.

En arrivant chez moi, je découvris qu'on avait déposé derrière le garage une maquette de Stonhenge : la table était arrivée. Un mètre cinquante de côté, douze centimètres et demi d'épaisseur, un piétement massif en forme de croix. La distance qui séparait l'endroit où on l'avait livrée de celui où nous voulions l'installer ne faisait pas quinze mètres, mais ç'aurait aussi bien pu être quinze kilomètres. L'étroite entrée de la cour ne permettait le passage d'aucun moyen de transport mécanique. Le haut mur et l'auvent de tuiles interdisaient l'emploi d'un treuil. Yves nous avait dit que la table pèserait entre trois et quatre cents kilos : elle paraissait plus lourde.

Il téléphona ce soir-là.

« Êtes-vous content de la table ?

– Oui, la table est magnifique, mais il y a un petit problème.

– L'avez vous déjà installée ?

– Non, c'était justement là le problème. » Avait-il un conseil à nous donner ?

« Quelques paires de bras, dit-il. Pensez aux pyramides. Comment faisaient-ils, les Égyptiens, fan de pitchoune. »

Bien sûr. Ce qu'il nous fallait, c'étaient quinze mille esclaves égyptiens qui nous feraient cela en un rien de temps.

« Bah, si vous ne trouvez rien, je connais l'équipe de rugby de Carcassonne. »

Là-dessus, il éclata de rire et raccrocha.

Nous allâmes jeter un nouveau coup d'œil au monstre en essayant de calculer combien il faudrait de personnes pour la déplacer jusque dans la cour. Six ? Huit ? On devrait la faire basculer sur le côté pour franchir le seuil. Nous imaginions des orteils broyés, des hernies multiples : nous comprîmes un peu tard pourquoi le précédent propriétaire de la maison avait installé une légère table pliante à l'endroit que nous avions choisi pour ériger notre monument. Nous adoptâmes la seule ligne de conduite raisonnable : nous allâmes chercher l'inspiration devant le feu avec un verre de vin. Il était peu probable qu'on nous volât la table à la faveur de la nuit. En fait, il ne nous fallut pas longtemps pour trouver une éventuelle source de main-d'œuvre. Quelques semaines auparavant, nous avions décidé de rebâtir la cuisine et nous avions passé bien des heures enrichissantes, au plan intellectuel s'entend, avec notre architecte qui nous initiait à la ter-

48

minologie de la construction française : coffres, rehausses, faux plafond, vide-ordures, dallages, poutrelles et coins perdus. Notre excitation première s'était vite atténuée tandis que les plans s'écornaient de plus en plus et, pour une raison ou une autre, la cuisine resta en l'état. Les retards avaient des causes multiples : mauvais temps, le plâtrier parti faire du ski, le chef maçon qui s'était cassé le bras en jouant au football à motocyclette, la torpeur hivernale des fournisseurs locaux. Notre architecte, un Parisien expatrié, nous avait prévenus que construire en Provence rappelait beaucoup la guerre de tranchées, avec de longues périodes d'ennui interrompues par des accès d'une activité violente et tapageuse : nous avions connu assez longtemps la première phase pour être impatients d'aborder la seconde. Les troupes d'assaut finirent par arriver, dans un fracas assourdissant, tandis que le matin hésitait encore entre l'aube et le jour. Nous sortîmes, les yeux bouffis de sommeil, pour voir ce qui s'était écroulé et nous parvînmes tout juste à distinguer la silhouette d'un camion hérissé d'éléments d'échafaudage. Un joyeux rugissement nous parvint de la place du chauffeur.

« Monsieur Mayle ? »

Je lui dis que c'était bien ici.

« Bon. On va attaquer la cuisine. Allez ! »

La portière s'ouvrit et un épagneul sauta à terre, suivi de trois hommes. Enveloppé d'une bouffée inattendue de lotion après rasage, le chef maçon me broya la main et se présenta ainsi que son équipe : Didier, son lieutenant Éric, un jeune homme massif répondant au prénom de Claude. Le chien, Pénélope, déclara le chantier ouvert en se soulageant abondamment sur le devant de la maison et les activités commencèrent.

Nous n'avions jamais vu des ouvriers travailler comme ça. Tout se passa en deux temps et trois mouvements : le soleil n'était pas encore complètement

49

levé que l'échafaudage était dressé et qu'on avait installé une rampe de planches. Quelques minutes plus tard, la fenêtre de la cuisine et l'évier disparurent. A dix heures, nous étions plantés devant une magnifique couche de premiers décombres devant lesquels Didier exposait ses plans de destruction. Il était vif et énergique, avec les cheveux coupés en brosse et le dos droit d'un militaire. Je l'imaginais en instructeur à la Légion étrangère, en faisant baver à de jeunes vauriens jusqu'au moment où ils criaient grâce. Il avait une élocution percutante, bourrée d'onomatopées comme *tac, tchac, paf, crac* et *boum* que les Français se plaisent à utiliser pour décrire toute forme de collision ou de démolition : et c'était bien de cela qu'il s'agissait. Le plafond s'écroulait, le plancher montait, tous les accessoires sanitaires existants s'en allaient. C'était un véritable dépeçage : la cuisine tout entière évacuée – vlan ! – par le trou qui jadis était une fenêtre. On cloua un rideau de polyéthylène pour isoler le secteur du reste de la maison, on transféra les opérations de restauration domestique vers le barbecue dans la cour.

C'était stupéfiant de voir et d'entendre l'allègre férocité avec laquelle les trois maçons pulvérisaient tout ce qui était à portée de leur massue. Ils cognaient, sifflaient, chantaient et juraient au milieu de la maçonnerie qui s'écroulait et des poutres qui s'affaissaient, ne s'arrêtant, presque à regret, me sembla-t-il, qu'à midi pour déjeuner. Ils mirent la même vigueur à faire disparaître leur repas que s'il s'agissait d'une cloison : il ne s'agissait pourtant pas de modestes paquets de sandwiches, mais de grands sacs en plastique bourrés de poulet, de saucisse, de choucroute, de salades et de miches de pain avec la vaisselle et les couverts appropriés. A notre grand soulagement, aucun d'eux ne buvait d'alcool. Un maçon éméché maniant une massue de vingt kilos était une perspective terrifiante. Ils étaient déjà assez dangereux à jeun.

Le pandémonium reprit après le déjeuner et se poursuivit sans interruption jusqu'à près de dix-neuf heures. Je demandai à Didier s'il faisait régulièrement des journées de dix ou onze heures. Seulement en hiver, répondit-il. En été, c'était douze ou treize heures, six jours par semaine. Cela l'amusa de découvrir l'horaire britannique : commencer tard et s'arrêter tôt avec de multiples pauses pour le thé. « Une petite journée », voilà comment il décrivit la chose, et il me demanda si je connaissais des maçons anglais qui aimeraient travailler avec lui, juste pour l'expérience. J'avais du mal à imaginer une ruée de volontaires.

Quand les maçons eurent terminé leur journée, nous nous équipâmes en vue d'un pique-nique polaire et entreprîmes de préparer notre premier dîner dans une cuisine provisoire. Il y avait un barbecue et un réfrigérateur. Derrière le bar, un évier et deux brûleurs à gaz. Nous disposions donc là de tous les équipements de base à l'exception des murs : avec une température encore au-dessous de zéro, ç'aurait pourtant été un certain réconfort. Mais le feu de sarments de vigne brûlait gaiement, l'odeur des côtes d'agneau au romarin flottait dans l'air, le vin rouge se substituait vaillamment au chauffage central : nous nous sentions hardis et aventureux. Cette illusion persista pendant tout le dîner jusqu'au moment où il fallut sortir pour faire la vaisselle.

* *

Les premiers vrais signes avant-coureurs du printemps ne vinrent pas d'une floraison précoce ni du comportement capricieux des rats sur le toit de Rivière, mais d'Angleterre. Maintenant qu'ils avaient passé la triste période de janvier, les Londoniens faisaient des projets de vacances et c'était stupéfiant de voir le nombre de ces plans qui incluaient la Provence. De plus en plus souvent, le téléphone se mettait à sonner quand nous nous installions pour dîner – notre interlocuteur méprisant cavalièrement le décalage d'une heure entre la France et l'Angleterre –, et la voix désinvolte et à demi oubliée d'une lointaine relation nous demandait si nous commencions à nous baigner. La réponse était toujours empreinte d'une prudente réserve. Il semblait peu charitable de leur ôter leurs illusions en expliquant que nous étions installés dans une zone de permafrost, avec le mistral qui hurlait par le trou du mur de la cuisine, en menaçant de déchiqueter le rideau de polyéthylène qui constituait notre seule protection contre les éléments déchaînés.

La conversation suivait un cours qui devint rapidement prévisible. On nous demandait d'abord si nous serions là à Pâques ou en mai, ou à toute autre période choisie par notre interlocuteur. Ce point établi, la phrase que nous ne tardâmes pas à redouter – « Nous pensions descendre dans le Midi vers cette époque... » – arrivait jusqu'à nous et restait là dans le vide, inachevée et vibrante d'espérance, en attendant un accueil un peu chaleureux.

Il était difficile de se sentir flatté devant ce soudain empressement à nous voir, cet enthousiasme resté endormi au cours des années que nous avions passées en Angleterre : il était tout aussi difficile de savoir comment y répondre. Personne n'a la peau aussi épaisse que celui qui recherche le soleil et l'hébergement gratuit : les esquives mondaines habituelles ne donnent rien. La maison est pleine cette semaine-là ? Ne vous inquiétez pas. Nous viendrons la semaine suivante. Vous avez des ouvriers partout ? Ça ne nous dérange pas : de toute façon nous serons au bord de la piscine. Vous l'avez peuplée de barracudas et vous avez installé un piège antichars dans l'allée ? Vous êtes devenus végétariens et vous ne buvez plus d'alcool ?

Vous craignez que les chiens ne soient atteints de la rage ? Peu importait ce que nous disions : on refusait de prendre nos propos au sérieux, on était décidé à triompher de tous les faibles obstacles que nous pourrions inventer.

Nous parlâmes de ces invasions imminentes à d'autres personnes venues s'installer en Provence et tous étaient passés par là. Le premier été, disaient-ils, c'est invariablement l'enfer. Après, on apprend à dire non. Sans cela, de Pâques jusqu'à la fin septembre, on se trouve à la tête d'un petit hôtel extrêmement peu rentable.

Conseils avisés mais déprimants. Nous attendions nerveusement le coup de téléphone suivant.

*

La vie avait changé. Les maçons y étaient pour beaucoup. En nous levant à six heures et demie, nous pouvions prendre notre petit déjeuner en paix. Quelques minutes de retard et les effets sonores en provenance de la cuisine rendaient toute conversation impossible. Un matin où perceuses et marteaux jouaient un opéra wagnérien, je pouvais voir bouger les lèvres de ma femme mais pas un mot n'arrivait jusqu'à moi. Elle finit par me passer un billet : bois ton café avant qu'il soit plein de poussière.

Mais on progressait. Ayant réduit la cuisine à l'état de coquille, les maçons commencèrent, tout aussi bruyamment, à reconstruire, en faisant passer tous leurs matériaux sur la rampe en planches, par une ouverture de la taille d'une fenêtre, à trois mètres au-dessus du sol. Leur énergie était extraordinaire. Didier – moitié homme, moitié chariot élévateur – parvenait on ne sait comment à monter en courant la rampe qui tremblait sous ses pas tout en poussant une charrette de ciment mouillé, une cigarette à un coin de la bouche et assez de souffle pour siffloter de l'autre côté. Je ne saurai jamais comment ces trois-là pouvaient travailler dans un espace confiné, dans le froid et des conditions difficiles tout en conservant une inébranlable bonne humeur.

Peu à peu, la structure de la cuisine prit forme et l'équipe suivante vint inspecter les lieux pour coordonner les diverses contributions de chacun de ses membres : Michel, le plâtrier avec sa radio couverte de plâtre et ses baskets, Mastorino, le peintre, Trufilli, le carreleur, Zanchi, le menuisier, et M. Colombani en personne avec le *petit* deux pas derrière lui au bout d'une laisse invisible. Ils étaient souvent six ou sept à parler tous à la fois au milieu des décombres, discutant dates et disponibilités, tandis que Christian l'architecte, tenait le rôle d'arbitre.

L'idée nous vint que, si l'on pouvait pour une heure ou deux canaliser toute cette énergie, nous disposions d'assez de corps et de biceps pour déplacer la table de pierre jusque dans la cour. Quand je fis cette suggestion, ils furent sur-le-champ prêts à coopérer : pourquoi ne pas le faire maintenant, dirent-ils. Pourquoi pas, en effet ? Nous sortîmes par la fenêtre de la cuisine et nous nous rassemblâmes autour de la table couverte d'une couche blanche et granuleuse de givre. Douze mains empoignèrent la dalle et douze bras s'efforcèrent de la soulever. Pas le moindre mouvement. Il y eut quelques *tss-tss* songeurs, des *putaing* quelle masse, des *mazette*, chacun fit le tour de la table en l'inspectant jusqu'au moment où Colombani mit le doigt sur le problème. La pierre, expliqua-t-il, est poreuse, elle est gonflée d'eau comme une éponge, l'eau a gelé, la pierre a gelé, la terre a gelé, voilà ! Impossible de la bouger. Il faut attendre le dégel. On parla à tort et à travers de lampes à souder et de leviers, mais Colombani mit un terme à ces billevesées qu'il qualifia de *patati-patata,* ce qui me parut signifier que c'était absurde. Le groupe se dispersa.

Comme six jours par semaine la maison était pleine de bruit et de poussière, l'oasis dominicale était encore mieux accueillie que d'habitude. Nous pouvions nous payer le luxe de rester au lit jusqu'à sept heures et demie, avant que les chiens commencent à manifester leur envie d'aller se promener. Nous pouvions nous parler sans avoir à sortir, et nous nous consolions à l'idée qu'une semaine de plus venait de nous rapprocher de la fin du chaos et du désordre. Ce que nous ne pouvions pas faire, en raison des installations culinaires limitées, c'était célébrer le dimanche comme il devrait toujours l'être en France, par un long déjeuner préparé avec soin. Sous prétexte que nous n'avions qu'une cuisine provisoire, nous sautâmes avec entrain sur cette occasion de déjeuner dehors le dimanche.

Pour nous mettre en appétit, nous consultions les livres des oracles et nous en vînmes à nous fier de plus en plus au guide Gault et Millau. Le Michelin est précieux. Personne ne devrait voyager en France sans lui. Mais il se borne au simple squelette des prix, des notes et des spécialités. Le Gault et Millau donne aussi la chère. Il vous parlera du chef : si sa réputation est jeune, dans quel établissement il a été formé ; s'il est bien établi, s'il se repose sur ses lauriers passés ou s'il se donne encore du mal. Il vous parlera de la femme du chef : est-elle accueillante ou glaciale. Il vous donnera une idée sur le style du restaurant, s'il y a une vue ou une jolie terrasse. Il vous fera des commentaires sur le service et la clientèle, sur les prix et sur l'ambiance, et, souvent avec une abondance de détails, sur les plats et la carte des vins. Il n'est pas infaillible et certainement pas tout à fait exempt de préjugés, mais c'est un ouvrage amusant et toujours intéressant ; et, comme il est écrit dans un français parlé, c'est un excellent exercice pour ceux qui comme nous connaissent encore mal la langue. La dernière édition énumère huit mille sept cents restaurants et hôtels dans un volume arrondi et bien rempli et, en le feuilletant, nous tombâmes sur une adresse dans la région qui semblait irrésistible : un restaurant de Lambesc à environ une demi-heure de voiture. Le chef était une femme, décrite comme « une des plus fameuses cuisinières de Provence », elle avait installé sa salle à manger dans un moulin aménagé et sa cuisine était « pleine de force et de soleil ». Ç'aurait été en soi une recommandation suffisante, mais ce qui nous intrigua le plus, ce fut l'âge du chef, quatre-vingts ans.

Il faisait gris et venteux quand nous arrivâmes à Lambesc. Nous avions toujours quelques remords à rester enfermés par une belle journée, mais ce dimanche-là était sinistre, il y avait encore dans les rues de vieilles plaques de neige, les villageois rentraient en hâte de la boulangerie un pain serré contre leur poitrine et les épaules courbées contre le froid. Un temps rêvé pour déjeuner en ville.

Nous étions en avance et la grande salle à manger voûtée était déserte. Comme ameublement, de belles pièces provençales anciennes, massives et sombres, soigneusement encaustiquées. Les tables étaient grandes et si bien réparties qu'une certaine distance les séparait, luxe réservé d'ordinaire aux grands restaurants. De la cuisine venaient des bruits de voix et de casseroles entrechoquées et des odeurs exquises, mais nous avions manifestement devancé de quelques minutes l'heure d'ouverture. Nous nous apprêtions à nous en aller à pas de loup prendre un verre dans un café.

« Qui êtes-vous ? » fit une voix.

Un vieil homme qui avait émergé de la cuisine nous scrutait en plissant les yeux pour se protéger de la lumière qui entrait par la porte. Nous lui répondîmes que nous avions réservé pour déjeuner.

« Alors, asseyez-vous. Vous ne pouvez pas manger debout. » Il désigna d'un geste insouciant les tables inoccupées. Nous nous assîmes docilement et attendîmes tandis qu'il approchait lentement avec deux menus. Il vint s'asseoir avec nous.

« Américains ? Allemands ?

– Anglais.

– Bon, fit-il. J'étais avec les Anglais pendant la guerre. »

Nous eûmes l'impression d'avoir passé la première épreuve. Encore une réponse correcte et on nous permettrait peut-être de voir les menus que le vieil homme gardait serrés contre lui. Je lui demandai ce qu'il nous recommandait.

« Tout, dit-il. Ma femme fait admirablement la cuisine. »

Il nous distribua les menus et nous laissa pour aller accueillir un autre couple. Nous hésitâmes avec délices entre l'agneau aux herbes, la daube, le veau aux truffes et un plat simplement baptisé *Fantaisie du chef*. Le vieil homme revint s'asseoir, prit notre commande et hocha la tête.

« C'est toujours pareil, dit-il. Ce sont les hommes qui aiment la *Fantaisie*. »

Nous commandâmes une demi-bouteille de vin blanc pour accompagner le premier plat et du rouge pour la suite.

« Non, dit-il, vous vous trompez. » Il nous dit ce qu'il fallait boire : un Côtes-du-Rhône rouge de Visan. Le bon vin et les bonnes femmes venaient de Visan, nous déclara-t-il. Il se leva pour aller chercher une bouteille dans un vaste placard.

« Tenez. Ça va vous plaire. »

(Nous remarquâmes par la suite que tous les clients avaient le même vin sur leur table.)

Le plus vieux maître d'hôtel du monde disparut dans la cuisine, pour passer notre commande à celle qui était peut-être le plus vieux chef en exercice de France. Nous crûmes entendre une troisième voix provenant de la cuisine, mais il n'y avait pas d'autre serveur, et nous nous demandions comment deux personnes qui totalisaient ensemble plus de cent soixante ans parvenaient à supporter de longues heures de travail. Pourtant, le restaurant s'emplissait, personne n'attendait, aucune table n'était négligée. Majestueux et sans hâte, le vieil homme faisait sa ronde, s'asseyant de temps en temps pour bavarder avec ses clients. Quand une commande était prête, sa femme donnait un coup de cloche dans la cuisine et son mari haussait les sourcils en feignant l'agacement. S'il continuait à parler, nouveau coup de cloche, plus insistant, et il s'en allait en marmonnant : « J'arrive, j'arrive. »

La cuisine était tout ce qu'avait promis le Gault et Millau et le vieil homme nous avait bien conseillés pour le vin : nous le trouvâmes excellent. Quand il nous servit une petite rondelle de fromage de chèvre mariné dans les herbes et l'huile d'olive, nous l'avions terminé. Je demandai une autre demi-bouteille et il me lança un regard désapprobateur.

« Qui conduit ?

– Ma femme. »

Il repartit vers le placard. « Il n'y a pas de demi-bouteille, annonça-t-il, vous pouvez boire jusqu'ici. » Du doigt il traça une ligne imaginaire à mi-hauteur de la nouvelle bouteille.

La cloche de la cuisine avait cessé de tinter et Tante Yvonne sortit, souriante et le visage rosi par la chaleur des fourneaux, pour nous demander si nous avions bien dîné. On aurait dit une femme de soixante ans. Tous deux restaient debout, lui une main posée sur l'épaule de son épouse, pendant qu'elle parlait des meubles anciens qui avaient constitué sa dot et qu'il ne cessait de l'interrompre. Ils étaient heureux ensemble, ils aimaient leur travail et nous quittâmes le restaurant enchantés de notre dîner et comblés par cette rencontre avec de si vieux jeunes gens.

*
* *

Michel le plâtrier était allongé sur le dos sur une plate-forme précaire, à un bras au-dessous du plafond de la cuisine. Je lui passai une bière et il se pencha en s'appuyant sur un coude pour boire. Cela semblait une position inconfortable aussi bien pour boire que travailler, mais il me dit qu'il en avait l'habitude.

« D'ailleurs, poursuivit-il, on ne peut pas rester par terre et lancer le plâtre en l'air. Celui qui a fait le plafond de la chapelle Sixtine – vous savez, cet Italien –, il a dû passer des semaines sur le dos. »

Michel termina sa bière, la cinquième de la journée, me tendit la bouteille vide, eut un rot délicat et se remit à l'ouvrage. Il avait un style lent et rythmé : il plaquait le plâtre au plafond avec sa truelle et le lissait en roulant du poignet. Il affirmait que quand ce serait fini on croirait que le plâtre était là depuis cent ans. Il ne croyait pas aux rouleaux, aux pistolets ni à aucun instrument, à l'exception de sa truelle et de son sens de la ligne et de la courbe qui, affirmait-il, était infaillible. Un soir après son départ, je vérifiai ses surfaces avec un niveau à eau. Elles étaient toutes parfaites et pourtant c'était incontestablement le travail d'une main et non pas d'une machine. L'homme était un artiste et valait bien sa ration de bière.

Un peu de brise passait par le trou dans le mur de la cuisine et elle me parut presque douce. J'entendis quelque chose qui gouttait. En sortant, je constatai que la saison avait changé. L'eau suintait de la table de pierre. Le printemps était arrivé.

Mars

L'amandier hésitait à fleurir. Les jours étaient plus longs, s'achevant soudain sur des soirées magnifiques avec des ciels ondulés de rose. La chasse était fermée : chiens et fusils étaient au repos pour six mois. On recommençait à s'activer dans le vignobles : les fermiers bien organisés traitaient leurs plants et leurs voisins plus nonchalants s'empressaient de tailler, ce qu'ils auraient dû faire en novembre. Les gens de Provence accueillent le printemps avec une vivacité inhabituelle, comme si la nature leur injectait une vigueur nouvelle.

Les marchés changeaient brusquement. Aux étals, le matériel de pêche, les cartouchières, les bottes de caoutchouc et les longues brosses à hérisson d'acier étaient remplacées par des instruments qui ont un air redoutable : machettes et outils de défrichage, faux et binettes aux dents courbes et acérées, pulvérisateurs garantis pour projeter une pluie mortelle sur toute mauvaise herbe ou tout insecte assez téméraire pour menacer les grappes. Partout on voyait des fleurs, des plantes et de petits légumes nouveaux. Les tables et les chaises de café jaillissaient des trottoirs. Partout régnait une atmosphère d'activité résolue. Aux éventaires multicolores devant les magasins de chaussures, les optimistes achetaient déjà des espadrilles.

A côté de cette animation débordante, le travail sur la maison était au point mort. Obéissant à on ne sait quel atavisme printanier, les bâtisseurs avaient émigré, nous laissant avec quelques sacs de plâtre, un tas de sable, symbole qui signifiait sans doute qu'ils avaient l'intention de revenir – un jour – pour terminer ce qu'ils avaient presque fini. Le phénomène de l'entrepreneur qui disparaît est bien connu à travers le monde, mais en Provence s'y ajoutent des raffinements locaux et des saisons bien définies.

Trois fois par an, à Pâques, en août et à Noël, les propriétaires de résidences secondaires fuient Paris, Zurich, Düsseldorf et Londres pour venir passer quelques jours ou quelques semaines de simple vie campagnarde. Invariablement, avant de venir, ils pensent à quelque chose d'une importance cruciale pour la réussite de leurs vacances : des bidets de chez Courrèges, un projecteur pour la piscine, un nouveau carrelage pour la terrasse, un toit neuf pour les chambres de service. Comment pourraient-ils savourer cet interlude rustique sans ces précautions indispensables ? Affolés, ils téléphonent aux artisans et aux ouvriers locaux. Faites-le, il le faut *absolument* avant notre arrivée. Ces instructions pressantes sous-entendent le versement de sommes généreuses si le travail est fait sur-le-champ. Ce qui compte d'abord, c'est la rapidité, pas l'argent.

La tentation est trop forte pour qu'on n'y cède pas. Personne ici n'a oublié ce qui s'est passé quand Mitterrand est arrivé au pouvoir ; les riches, frappés de paralysie financière, sont restés assis sur leur tas d'or. Les travaux de construction étaient rares alors en Provence et, qui sait, une période de marasme pourrait toujours revenir ? On accepte donc toutes les commandes, et les clients qui ne restent pas vigilants se retrouvent avec des bétonneuses assoupies et des chambres inachevées. Devant cette situation, il y a deux réactions possibles.

Nous essayâmes les deux. Tout d'abord, nous fîmes un effort considérable pour adopter une attitude plus philosophique vis-à-vis du temps, pour traiter à la provençale les jours et les semaines de retard : autrement dit profiter du soleil et cesser de voir les choses comme les gens de la ville. Ce mois-ci ou le mois prochain, quelle différence ? Prenons un pastis et détendons-nous. Ça a marché une semaine, deux peut-être, et puis nous observâmes que les matériaux de construction entreposés derrière la maison verdissaient avec les premières pousses des mauvaises herbes de printemps. Nous décidâmes de laisser tomber notre initiation philosophique et d'arracher des dates fermes à notre petite et insaisissable équipe d'ouvriers. Ce fut une expérience instructive.

Nous découvrîmes qu'en Provence le temps est une denrée très élastique, même quand on l'évoque en termes clairs et précis. *Un petit quart d'heure* signifie dans le courant de la journée. *Demain* veut dire dans le courant de cette semaine. Et le segment de temps le plus élastique, *une quinzaine*, peut signifier trois semaines, deux mois ou l'an prochain, mais jamais, au grand jamais, quinze jours. Nous apprîmes aussi à interpréter la gestuelle qui accompagne toute discussion concernant les dates limites. Quand un Provençal vous regarde au fond des yeux et vous affirme que mardi prochain, c'est sûr, il frappera à votre porte prêt à se mettre au travail, le comportement de ses mains est d'une importance primordiale. Si elles restent immobiles ou vous donnent sur le bras de petites tapes rassurantes, vous pouvez compter sur lui pour mardi. S'il tend une main à la hauteur de la ceinture, la paume vers le bas, et commence à se dandiner d'un pied sur l'autre, rectifiez l'horaire prévu : ce sera pour mercredi, voire jeudi. Si le balancement tourne à un déhanchement frénétique, c'est qu'il parle vraiment de la semaine prochaine ou de Dieu sait quand, au gré de circonstances qui échappent à son contrôle. Ces dénégations muettes semblent instinctives et donc plus révélatrices que le discours : elles se trouvent parfois renforcées par les termes magiques de *normalement,* une clause échappatoire d'une étonnante souplesse digne d'une police d'assurance. Normalement – à condition qu'il ne pleuve pas, que le camion ne soit pas en panne, que le beau-frère n'ait pas emprunté la boîte à outils – est pour l'ouvrier du bâtiment provençal l'équivalent des petits caractères dans un contrat d'assurance, et nous en vînmes à considérer ce terme avec une infinie méfiance.

Pourtant, malgré leur mépris affiché pour la ponctualité et leur refus catégorique d'utiliser le téléphone pour dire quand ils venaient ou quand ils ne venaient pas, nous ne pouvions jamais leur en vouloir longtemps. Ils étaient toujours d'une gaieté désarmante. Quand ils étaient avec nous, ils travaillaient dur et longtemps, et faisaient de l'excellent ouvrage. Au bout du compte, cela valait la peine de les attendre. C'est ainsi que, peu à peu, nous en arrivâmes à nous accommoder avec philosophie du calendrier provençal. Nous nous promîmes que désormais nous supposerions que rien ne se ferait au moment où nous nous y attendions : il suffirait que cela se fasse.

* * *

Amédée avait un comportement étrange. Depuis deux ou trois jours, il arpentait bruyamment le coteau sur son tracteur, en remorquant un enchevêtrement d'entrailles métalliques qui répandaient de l'engrais entre les pieds des vignes. Il s'arrêtait sans cesse pour descendre du tracteur et aller jusqu'à un champ, totalement désert et envahi de mauvaises herbes, qui jadis avait été planté de melons. Il l'examinait d'un côté, remontait sur son tracteur, pulvérisait encore quelques pieds et s'en retournait l'inspecter de l'autre côté. Il marchait de long en large, l'air méditatif, et se grattait le crâne. Quand il rentra chez lui pour déjeuner, je descendis voir ce qu'il trouvait là de si fascinant : pour moi, cela ressemblait à n'importe quel autre champ de melons en friche : des mauvaises herbes, des lambeaux de plastique, vestiges des bâches qui avaient protégé la récolte de l'an dernier, un quart d'hectare de rien du tout. Je me demandai si Amédée ne le soupçonnait pas d'abriter un trésor enfoui, car nous avions déjà déterré deux napoléons près de la maison, et il nous avait affirmé qu'on en trouverait sans doute d'autres. Les paysans ne cachent par leur or au milieu d'une terre cultivée quand on peut le dissimuler de façon plus sûre sous des dalles ou au fond d'un puits. C'était bizarre.

Ce soir-là, vêtu avec une élégance insolite et escorté d'Huguette, il vint nous rendre visite. Il avait un air très sérieux avec ses chaussures blanches et sa chemise orange, et croulait sous les terrines de pâté de lapin fabrication maison. Au milieu de son premier pastis, il se pencha en avant d'un air confidentiel. Savions-nous que le vin de nos vignobles – un Côtes du Lubéron – venait de se voir attribuer le statut d'*appellation contrôlée* ? Il se renversa en arrière, en hochant lentement la tête, et dit « Eh oui » à plusieurs reprises tandis que nous digérions la nouvelle. Manifestement, déclara Amédée, le prix du vin allait monter et les vignerons gagner plus d'argent. Et, naturellement, plus on a de vigne, plus ça rapporte.

Voilà qui ne souffrait pas la discussion. Amédée attaqua donc son second verre – il avait une façon discrète et efficace de boire et arrivait toujours au fond de son verre au moment où je ne m'y attendais pas –, puis il présenta sa proposition. Il lui semblait que notre champ de melons pourrait être utilisé de façon plus rentable. Il avala un peu de pastis tandis qu'Huguette tirait un papier de son sac. C'était un *droit de plantation* qui nous autorisait, privilège gouvernemental, à planter des vignes. Tandis que nous examinions le document, Amédée fit litière de l'idée absurde de continuer à cultiver des melons : il écarta d'un large geste son verre en affirmant que c'était une culture qui exigeait trop de temps et d'eau, et toujours à la merci des sangliers qui descendaient de la montagne en été. Tenez, l'année dernière encore, Jacky, le frère d'Amédée, avait perdu un tiers de sa récolte de melons : dévorés par les sangliers ! Des bénéfices qui disparaissaient dans le ventre d'un cochon sauvage ! Amédée secouait la tête à l'évocation de ce douloureux souvenir et il fallut un troisième pastis bien tassé pour lui redonner quelque entrain.

Il avait fait, dit-il, quelques calculs, comme ça ! Notre champ pourrait accueillir treize cents pieds de vigne à la place de ces melons sans intérêt. Ma femme et moi échangeâmes un regard. Nous vouions une égale affection au vin et à Amédée : de toute évidence, il était partisan du progrès et de l'expansion. Nous convînmes que des vignes supplémentaires paraissaient une bonne idée et, quand il fut parti, nous n'y pensâmes plus. Amédée n'est pas enclin à l'action précipitée et, jamais, jamais, rien ne se passe rapidement en Provence. Peut-être au printemps prochain en reparlerait-il.

Le lendemain matin à sept heures, un tracteur labourait le champ de melons et deux jours plus tard l'équipe de plantage arrivait : cinq hommes, deux femmes et quatre chiens, sous la direction du chef vigneron, M. Fernand, un homme qui depuis quarante ans plantait des vignes dans le Lubéron. Il poussait lui-même la petite charrue derrière le tracteur, s'assurant que les sillons étaient droits et correctement espacés, avançant d'un pas lourd avec ses grosses chaussures de toile, son visage boucané en pleine concentration. Au bout de chaque sillon on enfonçait un bâton de bambou et on en marquait les limites avec des longueurs de ficelle. Le champ était maintenant dénudé et prêt à être transformé en vignoble.

Pendant que M. Fernand inspectait son matériel de plantage, on déchargeait les nouveaux plants de vigne, gros à peu près comme mon pouce et marqués de cire rouge à leur extrémité. J'avais imaginé que la plantation se ferait mécaniquement : mais je ne voyais que quelques tubes d'acier et un grand triangle en bois. L'équipe de plantage se rassembla autour, on assigna à chacun sa tâche puis ils s'ébranlèrent en formation désordonnée.

Fernand ouvrait la voie avec le triangle en bois qu'il utilisait comme une roue à trois côtés, les pointes traçant dans la terre des sillons parallèles. Deux hommes le suivaient avec leurs tubes d'acier qu'ils plongeaient dans les sillons : ils faisaient ainsi des trous pour les pieds que venait planter l'arrière-garde. Les deux femmes, l'épouse et la fille d'Amédée, distribuaient pieds de vigne, conseils et commentaires de mode sur les coiffures arborées par les hommes : notamment sur la nouvelle casquette de yachting qu'Amédée portait cavalièrement de côté. Les chiens s'amusaient à se mettre dans les pieds de tout le monde, esquivant les rebuffades et s'empêtrant dans la ficelle.

A mesure que la journée s'avançait, l'espace entre les planteurs s'élargissait : Fernand avait souvent deux cents mètres d'avance sur les traînards, mais la distance n'empêchait pas les conversations. C'est, semble-t-il, une partie du rituel que les longues discussions se tiennent toujours entre les deux personnes les plus éloignées l'une de l'autre, tandis que les membres intermédiaires de l'équipe maudissent les chiens et discutent de la rectitude des sillons. La tapageuse procession arpenta ainsi le champ jusqu'au milieu de l'après-midi. Quand Huguette exhiba deux grands paniers, le travail s'interrompit pour la version provençale d'une pause café.

L'équipe s'assit sur un talus herbeux dominant les

vignes – on aurait dit une photo de Cartier-Bresson –
pour s'attaquer au contenu des paniers. Il y avait
quatre litres de vin et une énorme pile de tranches de
pain frit saupoudré de sucre appelées tranches dorées,
couleur or sombre, craquantes, et au goût délicieux.
Pépé Clément vint inspecter le travail et nous le vîmes
enfoncer sa canne dans la terre d'un air critique avant
de hocher la tête. Il s'approcha pour prendre un verre
de vin et s'asseoir au soleil, comme un vieux lézard
bienveillant, en grattant le ventre d'un chien du bout
de sa canne terreuse et en demandant à Huguette ce
qu'il y avait pour dîner. Il voulait manger de bonne
heure, de façon à pouvoir regarder *Santa Barbara,* son
feuilleton télévisé favori.

Il ne restait plus de vin. Les hommes s'étirèrent,
s'essuyèrent la bouche et se remirent à l'ouvrage. A la
fin de la soirée, tout était fini, et l'ancien champ de
melons broussailleux était maintenant impeccable, les
minuscules points des jeunes pieds de vigne tout juste
visibles dans le couchant. L'équipe se rassembla dans
notre cour pour se dégourdir le dos et faire un sort à la
bouteille de pastis. Je pris Amédée à part pour discuter
avec lui du paiement. Nous avions occupé le tracteur
pendant trois jours et consacré à l'opération une douzaine d'heures de travail. Qu'est-ce que nous leur
devions ? Amédée tenait à m'expliquer sérieusement
les choses et reposa son verre. Nous paierions les pieds
de vigne, dit-il, mais tout le reste était réglé par le système en vigueur dans la vallée selon lequel chacun
contribuait de son temps libre quand il fallait procéder
à un important replantage. Au bout du compte, me
dit-il, tout cela s'équilibrait : cela évitait de la paperasserie et de fatigantes négociations avec le fisc à propos des impôts. Il sourit tout en se tapotant l'aile du
nez avec un doigt puis, comme si c'était une petite
chose qui méritait à peine qu'on en parle, il demanda
si nous aimerions faire mettre deux cent cinquante

plants d'asperges pendant que nous avions encore à notre disposition le tracteur et les hommes. Ce qui fut fait le lendemain. Autant pour notre théorie selon laquelle rien ne se passe vite en Provence.

*
* *

Au printemps, les bruits du Lubéron étaient différents. Des oiseaux qui s'étaient cachés tout l'hiver sortaient maintenant que les chasseurs étaient partis et leurs chants remplaçaient les coups de fusil. Le seul bruit discordant que j'entendais en suivant le chemin menant à la résidence de Rivière, c'était un martèlement effréné et je me demandais s'il avait décidé de planter un panneau « A vendre » en prévision du début de la saison touristique.

Je le trouvai sur l'allée derrière sa maison, en contemplation devant un piquet d'un mètre cinquante qu'il avait planté au bord d'une clairière. Il avait cloué tout en haut un morceau de tôle avec un seul mot tracé d'un trait énergique de peinture blanche : PRIVÉ ! Trois autres piquets affichant le même avis étaient alignés le long de l'allée ainsi qu'un tas de pierres. Manifestement Rivière comptait barricader la clairière. Il me marmonna un vague bonjour et prit un autre piquet qu'il enfonça à coups de marteau dans le sol, comme si ce bout de bois venait d'insulter sa mère.

Je lui demandai ce qu'il faisait.

« C'est pour empêcher les Allemands d'entrer », dit-il, et il entreprit de déverser des pierres en un alignement rudimentaire entre les piquets.

Le terrain dont il condamnait l'accès était à une certaine distance de sa maison et du côté de la forêt. Il ne lui appartenait certainement pas et je dis qu'à mon avis cela faisait partie du parc national.

69

« C'est vrai, répondit-il, mais je suis français. Alors c'est plus à moi qu'aux Allemands. » Il déchargea d'autres pierres. « Chaque été, ils viennent ici planter leurs tentes et semer la merde dans toute la forêt. »

Il se redressa pour allumer une cigarette, jetant le paquet vide dans les buissons. Je lui demandai s'il avait pensé que peut-être un des Allemands pourrait acheter sa maison.

« Les Allemands avec des tentes n'achètent rien que du pain, dit-il avec un reniflement méprisant. Je voudrais que vous voyiez leurs voitures : bourrées de saucisses allemandes, de bière allemande, de boîtes de choucroute. Ils apportent tout avec eux. S'ils sont radins ? De vrais pisse-vinaigre. »

Dans son nouveau rôle de protecteur des sites ruraux et d'autorité en matière de tourisme, Rivière entreprit de m'expliquer le problème du paysan provençal. Certes, les touristes – même les touristes allemands – apportaient de l'argent à la région et les gens qui achetaient des maisons fournissaient du travail aux ouvriers du bâtiment locaux. Mais regardez un peu de combien ils ont fait monter le prix des propriétés ! Un vrai scandale. Pas un fermier ne pouvait se permettre de payer des sommes pareilles. Nous évitâmes avec tact toute discussion sur les propres tentatives de Rivière dans la spéculation immobilière et il poussa un soupir devant tant d'injustice. Puis il se ragaillardit et me raconta une histoire d'achat de maison qui s'était terminée à sa totale satisfaction.

Un paysan depuis des années convoitait la maison de son voisin : pas pour la bâtisse elle-même, qui était pratiquement une ruine, mais pour le terrain. Il proposa d'acheter l'ensemble, mais son voisin, profitant de la montée en flèche du marché de l'immobilier, accepta une offre supérieure d'un Parisien.

Durant l'hiver, le Parisien dépensa des millions à rénover la maison et à faire installer une piscine. Enfin, le travail est terminé, le Parisien et ses élégants amis descendent pour le long week-end du 1ᵉʳ mai. Ils sont charmés par la maison et amusés par ce drôle de vieux paysan qui habite juste à côté, et notamment par son habitude d'aller se coucher à huit heures.

La maisonnée des Parisiens est tirée du sommeil à quatre heures du matin par Charlemagne, le gros et bruyant coq du voisin qui donne un récital ininterrompu de deux heures. Le Parisien vient se plaindre. Le paysan hausse les épaules. C'est la campagne. Il faut bien que les coqs chantent. C'est normal.

A quatre heures du matin, le lendemain et le surlendemain, Charlemagne est debout et lance son chant. L'énervement gagne les voisins et les invités rentrent à Paris plus tôt que prévu pour récupérer un peu de sommeil. Le Parisien retourne se plaindre auprès du paysan. De nouveau celui-ci hausse les épaules. Ils se séparent en mauvais termes.

En août, le Parisien est de retour avec une maison pleine d'invités. Chaque matin à quatre heures, Charlemagne les réveille avec ponctualité. Les tentatives de sieste après le déjeuner se trouvent contrecarrées par le voisin qui fait des travaux dans sa maison avec une massue et une bruyante bétonneuse. Le Parisien insiste pour que le paysan fasse taire son coq. L'autre refuse. Après plusieurs échanges animés, le Parisien traîne le paysan en justice, demandant un arrêt du tribunal pour mettre un frein aux élans de Charlemagne. Le verdict est rendu en faveur du coq qui continue ses aubades matinales.

Les séjours dans la maison finissent par devenir si intolérables que le Parisien la met en vente. Le voisin, agissant par l'intermédiaire d'un ami, parvient à acheter presque tout le terrain.

Le dimanche, une fois la vente conclue, le paysan

et son ami célèbrent l'événement par un grand déjeuner dont le plat principal est Charlemagne devenu un délicieux coq au vin.

Rivière trouvait que c'était une belle histoire : défaite du Parisien, victoire et un peu plus de terres pour le paysan, un bon déjeuner, rien ne manquait. Je lui demandai si elle était vraie et il me lança un regard en coulisse, en mordillant le bout de sa moustache. « Ça ne se fait pas de contrarier un paysan » fut tout ce qu'il voulut me dire et je songeai que si j'étais un campeur allemand, cet été, j'essaierais l'Espagne.

* *

Chaque jour, je voyais apparaître de nouvelles pousses et davantage de verdure. Un des coins les plus verdoyants était la piscine devenue sous l'éclat du soleil d'un vert émeraude malsain. Le moment était venu de faire venir Bernard, le *pisciniste*, avec son équipement antialgues, avant que toute cette végétation ne commence à émerger des profondeurs pour se répandre jusqu'à la porte de la maison.

En Provence, un travail comme ça ne s'effectue jamais sur la seule foi d'un coup de téléphone et d'une explication verbale. Il doit y avoir d'abord une visite préliminaire d'inspection : pour faire le tour du problème, hocher la tête d'un air entendu, boire un verre ou deux et puis convenir d'un nouveau rendez-vous. C'est une sorte d'exercice d'échauffement, dont on ne se dispense que dans les cas de véritable urgence.

Le soir où Bernard arriva pour examiner la piscine, je ratissais la guirlande de fourrure verte qui s'était développée juste au-dessus de la ligne d'eau, et il m'observa quelques instants avant de s'accroupir sur ses talons en agitant un doigt sous mon nez. Je croyais savoir quel allait être son premier mot.

« Non, dit-il, il ne faut pas gratter. Il faut traiter. Je vais vous apporter un produit. » Abandonnant la fourrure verte, nous entrâmes à l'intérieur pour prendre un verre, et Bernard expliqua pourquoi il n'avait pas pu venir plus tôt. Il souffrait d'un mal de dent et n'arrivait pas à trouver dans la région un dentiste disposé à le soigner en raison de l'étrange affliction dont il était atteint : il mord les dentistes. Il n'y peut rien : c'est un réflexe incurable. Dès l'instant où il sent dans sa bouche un doigt explorateur, tac ! il mord. Il avait jusque-là mordu le seul dentiste de Bonnieux, quatre dentistes de Cavaillon, ce qui l'avait contraint à aller jusqu'en Avignon où il était inconnu dans les milieux dentaires. Par bonheur, il avait trouvé un dentiste qui ripostait à coups d'anesthésique : il assommait complètement Bernard avant de procéder aux travaux. Le praticien lui confia ensuite qu'il avait une denture du dix-huitième siècle.

Dix-huitième siècle ou non, ses dents paraissaient très blanches et saines, et quand il riait elles se détachaient avec éclat sur une barbe noire très fournie. C'était un homme plein de charme, né et élevé en Provence, et assez original pour préférer le scotch au pastis – plus il était vieux, mieux cela valait. Il avait épousé une fille de Paris qui, selon nous, était pour quelque chose dans le choix de sa garde-robe. Ce n'était pas lui qui porterait les chaussures de toile, les vieux pantalons bleus élimés et les chemises délavées que nous avions l'habitude de voir : Bernard était tiré à quatre épingles, depuis ses chaussures de cuir souple jusqu'à sa vaste collection de lunettes de soleil Porsche ou Saint Laurent. Nous nous demandions quel genre de tenue il arborerait pour le travail de javellisation et de récurage nécessaire avant que la piscine fût prête à accueillir des créatures humaines.

Le jour du nettoyage de printemps arriva et Bernard gravit les marches d'un pas vif, lunettes de soleil, pantalon de flanelle grise, blazer, faisant tournoyer un parapluie au cas où la pluie annoncée par la météo passerait par chez nous. Le suivait non sans mal le secret de sa perpétuelle élégance : un petit homme rabougri croulant sous les bidons de chlore, les brosses et une pompe à succion. C'était Gaston qui, en réalité, faisait le travail, sous la supervision de Bernard.

Dans le courant de la matinée, je m'en allai voir comment ils s'en tiraient. Une petite bruine s'était installée. Gaston, trempé, se débattait avec les circonvolutions de la pompe à succion, tandis que Bernard, son blazer nonchalamment jeté sur ses épaules, dirigeait les opérations à l'abri de son parapluie. Voilà, me dis-je, un homme qui sait déléguer. Si quelqu'un pouvait nous aider à déplacer notre table de pierre dans la cour, assurément c'était Bernard. Je l'arrachai à ses travaux au bord de la piscine et nous allâmes étudier la situation.

Sous sa garniture de mauvaises herbes, la table paraissait plus massive, plus pesante et installée de façon plus permanente que jamais, mais il en aurait fallu davantage pour décourager Bernard. « C'est pas méchant, dit-il. Je connais un homme qui pourrait faire ça en une demi-heure. » J'imaginai un géant en sueur soulevant de grandes dalles pour se distraire un peu des épreuves de lutte à la corde contre un attelage de chevaux, mais c'était plus prosaïque que cela. L'homme dont parlait Bernard venait d'acheter une machine appelée un bob : version réduite d'un chariot élévateur, assez étroite pour passer par la porte de la cour. Et voilà ! Ça paraissait facile.

On téléphona à l'heureux propriétaire du bob qui arriva dans la demi-heure, ravi de mettre en service sa nouvelle machine. Il mesura la largeur du seuil et estima le poids de la table. Pas de problème : bob pourrait s'en charger. Il y avait un petit réglage à effectuer ici et là, mais un maçon pourrait faire ça : il s'agissait simplement d'ôter le linteau au-dessus de l'encadrement de la porte – l'affaire de cinq minutes – afin d'avoir la hauteur suffisante pour faire passer le chargement. J'examinai le linteau. C'était une autre masse de pierre, large d'un mètre vingt sur une vingtaine de centimètres d'épaisseur et profondément encastrée dans le flanc de la maison. Même pour mon œil inexpert, cela me parut un travail de démolition majeur. La table resta où elle était.

Cette maudite table était devenue un sujet quotidien d'exaspération. Dire que nous étions presque à la saison où on prend les repas dehors, le temps était doux – l'époque dont nous avions rêvé là-bas en Angleterre –, et nous n'avions nul endroit où poser un bol d'olives, pour ne pas parler d'un repas de cinq plats. Nous envisagions sérieusement d'aller trouver Yves à la carrière pour lui demander de nous présenter à l'équipe de rugby de Carcassonne quand la Providence arriva dans un crissement de freins et avec un épagneul poussiéreux.

Didier avait travaillé sur une maison de l'autre côté de Saint-Rémy et il avait été contacté par un gendarme. Serions-nous intéressés, se demandait ce dernier, par un chargement de pierres patinées par les intempéries, le genre vieux matériau couvert de mousse qu'on pouvait utiliser pour rendre ancien dans l'instant un mur tout neuf ? Il se trouvait qu'une des tâches figurant sur la longue liste de Didier était de construire un mur devant notre maison et il avait pensé à nous. Le représentant de l'ordre voulait être payé au noir, en espèces, mais de la pierre comme ça, ça ne se trouvait pas facilement. Cela nous plairait-il ?

Nous aurions volontiers accepté une demi-tonne de fiente d'oiseaux si cela voulait dire retrouver Didier et son entourage. Avant leur disparition, nous avions souvent pensé qu'ils seraient capables de déménager la table. Voilà qui me semblait un clin d'œil des dieux. Oui, nous voulions bien les pierres, et pourrait-il nous donner un coup de main pour la table ? Il jeta un coup d'œil et eut un grand sourire. « Il faut sept hommes, dit-il. J'en amènerai deux samedi quand je vous livrerai les pierres si vous pouvez trouver les autres. » Marché conclu : bientôt nous aurions une table. Ma femme commença à envisager le premier déjeuner sous le soleil.

En leur promettant nourriture et boisson, nous attirâmes trois robustes jeunes gens. Quand Didier et ses assistants arrivèrent, nous prîmes position tous les sept autour de la table pour procéder au rituel : cracher dans nos mains et décider la meilleure façon de négocier ce trajet de quinze mètres. Dans ce genre de circonstance, chaque Français est un expert et diverses théories furent avancées : on devrait rouler la table sur des bûches, non, il fallait la tirer sur une palette de bois ; ridicule : on pourrait la pousser sur presque tout le chemin avec un chariot. Didier nous ordonna de la soulever, deux de chaque côté, lui prenant tout seul le quatrième.

Avec une sorte de gargouillis de regret, la dalle s'arracha du sol et nous fîmes en trébuchant les cinq premiers mètres, les veines gonflées par l'effort, tandis que Didier ne cessait de nous prodiguer ses instructions. Encore cinq mètres, puis il nous fallut faire halte pour la tourner de façon qu'elle puisse passer par la porte. La charge était inhumaine. Déjà en sueur, nous avions tous les muscles endoloris. L'un de nous estima qu'il commençait à se faire un peu vieux pour ce genre de travail : mais la table était maintenant sur le côté et prête à être introduite dans la cour.

« Ça, déclara Didier, c'est la partie amusante. » Il n'y avait de place que pour deux hommes de chaque côté du plateau, et il faudrait supporter le poids tandis que les autres pousseraient d'un côté et tireraient de l'autre. Nous passâmes sous la table deux énormes sangles, crachâmes une nouvelle fois dans nos mains et ma femme disparut dans la maison, se refusant à voir des pieds collectivement écrasés et quatre hommes simultanément victimes de hernie. « Faites ce que vous voulez, fit Didier, mais ne la lâchez pas. Allez ! » Au milieu des jurons, des jointures écorchées et d'un chœur de grognements qu'on aurait pu attribuer à une éléphante en travail, la table lentement franchit le seuil et se retrouva enfin dans la cour.

Nous comparâmes nos plaies et nos foulures avant de mettre en place le piétement – une structure relativement insignifiante qui ne pesait pas plus de cinquante kilos – pour en badigeonner la partie supérieure de ciment. Un dernier effort et le plateau arriva. Mais Didier n'était pas satisfait : la dalle était décentrée de la largeur d'un cheveu. Il demanda à Éric, son premier assistant, de se mettre à quatre pattes sous la table. Il supportait sur son dos le plus gros du poids tandis qu'on centrait le plateau, et je me demandai si mon assurance couvrait un décès par écrasement à mon domicile. A mon grand soulagement, Éric refit surface sans dommage apparent, même si Didier déclara gaiement : « Ce sont les lésions internes qui handicapent un homme dans ce métier-là. » J'espérais qu'il plaisantait.

Des canettes de bière circulèrent et on admira la table. Elle était exactement comme nous l'avions imaginée par cet après-midi de février où nous en avions tracé le contour dans la neige. Elle était de bonne taille et superbe, se détachant sur la pierre du mur de la cour. Les taches de transpiration et les traînées de sang ne tarderaient pas à sécher, on pourrait alors servir le déjeuner.

Notre impatience à savourer tous les plaisirs de

longs repas dehors n'était ternie que par un léger regret : nous arrivions à la fin de la saison de la truffe, hideux mais délicieux champignon du Vaucluse qui vaut presque son pesant d'or.

*
* *

Le monde de la truffe est plus secret que l'organisation des Renseignements généraux. On peut en avoir un aperçu en se rendant à la bonne saison dans un des villages autour de Carpentras. Là, d'actives négociations se déroulent au petit déjeuner entre deux coups de marc et de calvados : l'apparition d'un visage inconnu par l'entrebâillement d'une porte fait brusquement taire les conversations étouffées. Dehors, des hommes se rassemblent en petits groupes à l'air préoccupé pour regarder, renifler et finalement peser des mottes incrustées de verrues et couvertes de terre que l'on manipule avec un soin respectueux. De l'argent s'échange, de grosses liasses crasseuses en coupures de cent, deux cents et cinq cents francs qu'on compte en se léchant abondamment les pouces. On regarde d'un mauvais œil les étrangers qui semblent s'intéresser à ces traditions.

Cette bourse officieuse n'est qu'une première étape dans le processus qui aboutit aux tables des restaurants à trois étoiles et aux comptoirs de magasins parisiens d'alimentation de luxe. Mais même ici, au milieu de nulle part, où on achète *directement* aux chercheurs de truffes qui ont encore de la terre sous les ongles, qui roulent dans des voitures cabossées et asthmatiques, qui entassent truffes et billets de banque dans de vieux paniers ou des sacs en plastique au lieu d'élégants porte-documents, même ici, les prix sont, comme on se plaît à le dire, *très sérieux*. Les truffes se vendent au poids et l'unité habituelle est le kilo. Au cours de 1994, un kilo de truffes acheté au marché du village coûte au moins trois mille francs payables en liquide. On n'accepte pas les chèques, on ne donne jamais de reçu, car le truffiste ne tient pas à participer à ce projet gouvernemental dément que nous autres appelons impôts.

Le prix de départ est donc de trois mille francs le kilo. Par la magie de quelques manipulations effectuées en cours de route par divers agents et intermédiaires, le temps que la truffe parvienne à son domicile habituel dans les cuisines de Bocuse ou de Troisgros, le prix aura sans doute doublé. Chez Fauchon, il atteindra facilement cinq mille francs le kilo, mais là-bas au moins on accepte les chèques.

Deux raisons font qu'on continue de payer ces prix absurdes et qui s'obstinent à monter : premièrement, manifestement rien au monde n'a le parfum ni le goût des truffes fraîches, sinon les truffes fraîches. Deuxièmement, malgré tous les efforts et toute l'ingéniosité déployés par les Français pour s'attaquer au problème, ils ne sont pas parvenus à cultiver la truffe. Ils persistent à essayer et il n'est pas rare dans le Vaucluse de tomber sur des champs plantés de chênes truffiers et hérissés de panneaux proclamant « Accès interdit ». La propagation des truffes semble être un phénomène capricieux que seule la nature comprend – ce qui ajoute ainsi à leur rareté et à leur prix. En attendant, il n'y a qu'une seule façon de savourer des truffes sans dépenser une petite fortune : c'est de les trouver soi-même.

Nous avions eu la chance de bénéficier d'un cours gratuit sur les techniques de chasse à la truffe dispensé par notre expert quasiment résident, Michel le plâtrier. Au long des années, il avait tout essayé et avouait avoir connu quelques modestes succès. Il prodiguait généreusement les conseils et, tout en lissant son plâtre et en buvant sa bière, il nous expliqua ce qu'il fallait faire. (Il ne nous dit pas où aller, mais asurément aucun homme de truffe ne le ferait).

Tout, nous dit-il, dépend du moment choisi, d'un minimum de connaissances et de patience, de la possession d'un porc, d'un chien spécialement dressé ou d'un bâton. Les truffes poussent à quelques centimètres au-dessous du sol, sur les racines de certains chênes ou noisetiers. Pendant la saison, qui va de novembre à mars, on peut la repérer au nez, à condition de disposer d'un appendice suffisamment sensible. Le suprême détecteur de truffe, c'est le cochon qui éprouve pour elle un goût inné et dont le flair dans ce domaine est supérieur à celui du chien. Il y a un hic : le porc ne se contente pas, s'il a découvert une truffe, d'agiter sa queue ni de pointer du groin. Il veut la manger. En fait, il en a désespérément envie. Et, comme disait Michel, on ne peut pas raisonner avec un cochon au bord de l'extase gastronomique. Il ne se laisse pas facilement distraire. Il n'est pas non plus d'une taille qui permette de l'écarter d'une main tandis qu'on sauve la truffe de l'autre. Il est là, gros comme un petit tracteur, animé d'une détermination porcine et refusant de s'écarter. Compte tenu de ce défaut fondamental dans la conception, nous ne fûmes pas surpris quand Michel nous confia que le chien, plus léger et plus disposé à entendre raison, était de plus en plus utilisé.

Contrairement au porc, les chiens ne fouissent pas instinctivement pour trouver les truffes : il faut les dresser, et Michel préconisait la méthode du saucisson. Vous découpez une tranche que vous frottez avec une truffe ou que vous trempez dans du jus de truffe, si bien que le chien commence à associer cette odeur à un avant-goût du paradis. Peu à peu, pas à pas, si le chien est tout à la fois intelligent et gourmet, il en arrivera à partager votre enthousiasme pour les truffes et il sera prêt pour l'épreuve sur le terrain. Si votre dressage a été intensif, si votre chien a un caractère qui se prête à ce genre d'exercice et si vous savez où aller, vous vous retrouverez peut-être avec un chien truffier qui vous montrera le chemin du trésor enfoui. Puis, juste au moment où il commence à creuser pour le déterrer, vous l'éloignez en lui offrant une tranche de saucisson traité et vous découvrez ce qui, vous l'espérez bien, va être une pépite d'or noir.

Michel, pour sa part, avait fini par appliquer une autre méthode, la technique du bâton, dont il nous fit la démonstration, traversant la cuisine à pas de loup et tenant devant lui une baguette imaginaire. Une fois de plus, il faut savoir où aller, mais on doit attendre aussi des conditions météorologiques favorables. Quand le soleil brille sur les racines de ce qui vous paraît être un chêne, approchez prudemment et, de votre bâton, sondez délicatement la base de l'arbre. Si une mouche surprise s'élève à la verticale, marquez l'endroit et creusez. Peut-être avez-vous dérangé un membre de cette famille de mouches dont la passion héréditaire est de pondre ses œufs sur la truffe – ce qui à n'en pas douter ajoute à leur parfum un certain je-ne-sais-quoi. Nombre de paysans du Vaucluse avaient adopté cette technique, car se promener avec un bâton est moins voyant que de déambuler avec un cochon, et on peut ainsi plus facilement garder le secret sur ses activités. Les chasseurs de truffes aiment à protéger leurs sources.

La découverte des truffes, si hasardeuse et imprévisible qu'elle soit, nous sembla simple comparée aux tripotages qui entourent le secteur vente et distribution. Avec le ravissement d'un journaliste d'investigation et nombre de clins d'œil et de coups de coude, Michel nous initia aux plus communes de ces ténébreuses pratiques.

Pour tout ce qui est comestible en France, certaines régions ont la réputation de produire ce qu'il y a de mieux dans le genre : les meilleures olives viennent de Nyons, la meilleure moutarde de Dijon, les meilleurs

melons de Cavaillon et la meilleure crème de Norman-
die. Les meilleures truffes, on est généralement
d'accord sur ce point, viennent du Périgord, et naturellement on les paie plus cher. Mais comment savoir si la
truffe qu'on achète à Cahors n'a pas été déterrée à
quelques centaines de kilomètres de là dans le Vaucluse ? A moins de connaître votre fournisseur et de lui
faire confiance, on ne peut pas en être sûr et, à en
croire les renseignements confidentiels de Michel,
50 % des truffes vendues dans le Périgord étaient nées
ailleurs et « naturalisées ».

Il y a ensuite le mystérieux processus par lequel la
truffe, on ne sait comment, prend du poids entre le
moment où elle sort de la terre et celui où elle arrive
sur la balance. Peut-être a-t-on préparé un emballage
de paquet-cadeau en ajoutant une couche de terre.
D'un autre côté, il se pourrait qu'une substance plus
pesante ait trouvé le moyen de s'introduire à l'intérieur de la truffe elle-même – invisible jusqu'au
moment où, en découpant une tranche, votre couteau
révèle une lamelle de métal. Ah ! l'imagination ne fait
pas défaut. Même si l'on est prêt à sacrifier le parfum
de la truffe fraîche pour la garantie assurée par la
variété en boîte, même alors, on n'est jamais sûr de
rien. On entend des rumeurs. Le bruit a couru que certaines boîtes de conserve françaises, avec des étiquettes françaises, contiennent en fait des truffes ita-
liennes ou espagnoles. (Si c'est vrai, ce doit être une
des activités de coopération les plus profitables et dont
on parle le moins qu'on ait jamais observées entre les
pays du Marché commun.)

Pourtant, malgré toutes ces rumeurs inquiétantes et
ces prix qui flambent chaque année, les Français conti-
nuent à suivre leur nez et à plonger la main dans leur
poche : nous nous surprîmes à faire comme eux en
apprenant qu'on servait les dernières truffes de la saison dans un de nos restaurants préférés de la région.

« Chez Michel », c'est le café de village de Cabrières, et le siège du club de pétanque. Il n'est pas suffisamment capitonné ni pompeux pour attirer l'attention des inspecteurs du Guide Michelin. Les vieux jouent aux cartes devant l'établissement ; les clients du restaurant savourent d'excellents repas dans l'arrière-salle. C'est le patron qui est aux fourneaux. Sa femme prend les commandes. Les membres de la famille servent à table et officient en cuisine. C'est un confortable bistrot de quartier qui n'a apparemment pas l'intention d'entrer dans ce cercle qui transforme des chefs de talent en marques déposées et d'agréables restaurants en temples de la note de frais.

Mme Michel vint s'asseoir à notre table, nous offrit un verre et nous lui demandâmes comment étaient les truffes. Elle leva les yeux au ciel et une expression proche du désespoir se peignit sur son visage. Nous crûmes un moment qu'elles avaient toutes disparu, mais c'était simplement sa façon de réagir à une des nombreuses injustices de l'existence qu'elle entreprit aussitôt de nous expliquer.

Son mari adore cuisiner avec des truffes fraîches. Il a ses fournisseurs et, comme il se doit, il paie en liquide sans réclamer de reçu. Pour lui, ce sont des frais de fonctionnement substantiels et légitimes qu'on ne peut pas déduire des bénéfices, car il n'existe aucune preuve écrite pour justifier ce débours. En outre, même quand ils sont constellés de truffes, il refuse d'élever le prix de ses menus à un niveau qui pourrait choquer ses habitués. (En hiver, la clientèle est locale et ménagère de son argent : ceux qui dépensent beaucoup ne viennent généralement pas avant Pâques.)

Elle faisait de son mieux pour évoquer le problème avec philosophie en nous montrant une marmite en cuivre contenant plusieurs milliers de francs de truffes non déductibles. Nous lui demandâmes pourquoi Michel faisait cela, et elle nous répondit par le haussement d'épaules classique : les épaules et les sourcils s'élevant à l'unisson, les commissures des lèvres s'étirant vers le bas. « Pour faire plaisir », dit-elle.

Nous commandâmes des omelettes. Elles étaient baveuses, onctueuses et légères, avec une minuscule pépite de truffe d'un noir foncé dans chaque bouchée, apportant un ultime et somptueux goût d'hiver. Nous sauçâmes nos assiettes avec du pain en essayant de deviner ce qu'un pareil festin coûterait à Londres : nous en arrivâmes à la conclusion que c'était une véritable occasion que nous venions de dévorer. Toute comparaison avec Londres est un excellent moyen de justifier une petite extravagance en Provence.

Michel émergea de la cuisine pour faire sa tournée et remarqua nos assiettes impeccablement nettoyées. « Elles étaient bonnes, les truffes ? » Mieux que bonnes, répondîmes-nous. Il nous raconta que le fournisseur qui les lui avait vendues – une vieille canaille du métier – venait de se faire cambrioler. Le voleur s'était emparé du carton bourré d'argent liquide – plus de cinquante mille francs –, mais le vendeur n'avait pas osé signaler le vol de crainte qu'on ne lui pose des questions embarrassantes sur l'origine de cette somme. Il plaidait maintenant la pauvreté. L'année prochaine, ses prix seraient plus élevés. C'est la vie.

Nous rentrâmes pour trouver le téléphone qui sonnait. C'est un son que nous détestons tous les deux, et nous nous livrons toujours à diverses manœuvres dilatoires pour voir qui peut éviter de répondre. Les coups de téléphone éveillent en nous un certain pessimisme. Ils arrivent toujours au mauvais moment, ils sont trop soudains et vous catapultent dans une conversation à laquelle on n'était pas préparé. C'est un plaisir en revanche de recevoir des lettres, mais les gens n'écrivent plus. Ils sont trop occupés, trop pressés ou bien, condamnant un service qui réussit à faire parvenir les factures avec une fiabilité sans défaut, ils n'ont plus confiance dans la poste. Nous apprenions, nous, à ne pas avoir confiance dans le téléphone : je décrochai l'appareil comme si c'était un poisson pêché la semaine dernière.

« Quel temps fait-il ? » demanda une voix que je n'identifiai pas.

Je répondis que le temps était beau. Cette nouvelle avait dû tout changer, car mon interlocuteur se présenta d'abord comme étant Tony. Ce n'était pas un ami, ni même un ami d'un ami, mais une relation d'une relation. « Je cherche une maison dans le coin », dit-il de ce ton précis, style « le temps c'est de l'argent » qu'adoptent volontiers les cadres quand ils s'adressent à leur épouse sur leur téléphone de voiture. « J'ai pensé que vous pourriez me donner un coup de main. Je veux venir avant la ruée de Pâques et avant que les Frenchies fassent monter les prix. »

Je proposai de lui donner le nom de quelques agents immobiliers. « Il y a un petit problème, dit-il. Je ne parle pas la langue. Commander un repas, bien sûr, j'y arrive, mais ça ne va guère plus loin. » J'offris de lui donner le nom d'un agent bilingue. Ça n'allait pas non plus. « Je n'ai pas envie d'être lié à une seule boîte. Ce n'est pas bon. On ne peut pas faire pression. » Nous avions atteint ce moment de la conversation où j'étais censé proposer mes services ou dire quelque chose pour mettre un terme à cette relation naissante avant qu'elle puisse s'épanouir davantage, mais cette chance me fut refusée.

« Il faut que j'y aille. Je ne peux pas bavarder toute la soirée. On aura largement le temps pour ça quand je descendrai la semaine prochaine. » Et pour conclure, ces terrifiantes paroles qui mirent un terme à tout espoir de nous cacher : « Ne vous inquiétez pas. J'ai votre adresse. Je vous trouverai. »

On raccrocha.

Avril

C'était un de ces jours où la brise matinale pendait en rideaux humides le long de la vallée sous une bande de ciel bien bleu : quand nous rentrâmes à la maison après notre promenade, les chiens luisaient d'humidité, leurs moustaches étincelant au soleil. Ils furent les premiers à voir l'étranger et se mirent à caracoler autour de lui en faisant semblant d'être féroces.

Debout au bord de la piscine, il repoussait leurs avances avec un sac de voyage et, en reculant, se rapprochait sans cesse davantage du grand bain. Il parut soulagé de nous voir.

« Ils sont gentils, ces chiens, n'est-ce pas ? Ils ne sont pas enragés ni rien ? » Nous reconnûmes la voix : c'était celle de notre interlocuteur téléphonique, Tony de Londres : son sac de voyage et lui se joignaient à nous pour le petit déjeuner. Il était grand avec autour de la taille les bourrelets d'un homme qui ne manque pas de grand-chose. Lunettes de soleil, cheveux soigneusement ébouriffés et tenue de week-end de couleur pâle que les visiteurs anglais portent toujours en Provence quel que soit le temps. Il s'assit, sortit de son sac un Filofax rebondi, un stylo en or, un paquet de cigarettes Cartier hors douane et un briquet en or. Sa montre aussi était en or. J'étais sûr que des médailles d'or étaient blotties dans la toison de sa poitrine. Il nous annonça qu'il était dans la publicité.

Il nous gratifia d'un récit succinct mais extrêmement flatteur de sa carrière dans les affaires. Il avait fondé sa propre agence de publicité, l'avait développée – « un métier dur, une concurrence d'enfer » – et venait d'en vendre une participation majoritaire moyennant ce qu'il décrivit comme une somme substantielle assortie d'un contrat de cinq ans. Maintenant, il pouvait se détendre : on n'aurait pourtant jamais cru, à le voir, que c'était un homme qui avait laissé derrière lui les soucis du bureau. Il était dans un état de perpétuelle agitation : il consultait sa montre. Tripotait toutes ces petites choses disposées sur la table devant lui. Ajustait ses lunettes et fumait à longues bouffées nerveuses. Brusquement, il se leva.

« Vous permettez que je donne un rapide coup de fil ? Quel est le code pour Londres ? »

Ma femme et moi en étions venus à considérer ce genre de requête comme un élément inévitable de l'accueil chez nous de l'Anglais qui débarque. Il entre, prend un verre ou une tasse de café, il passe un coup de fil pour s'assurer que son affaire ne s'est pas effondrée dès les premières heures de son absence. La routine ne change jamais et la substance de la conversation est tout aussi prévisible.

« Salut, c'est moi. Oui, j'appelle de Provence. Tout va bien ? Pas de message ? Bon. Aucun ? David n'a pas rappelé ? Oh, merde. Écoutez, je vais circuler un peu aujourd'hui, mais vous pouvez me joindre au (quel numéro ici déjà ?). Vous avez noté ? Quoi ? Oui, très beau temps. Je vous rappellerai plus tard. »

Tony raccrocha et nous rassura sur l'état de son entreprise qui parvenait à survivre tant bien que mal sans lui. Il était maintenant prêt à consacrer tout son énergie, et la nôtre, à l'achat d'une propriété.

Acheter une maison en Provence ne va pas sans complications : on comprend facilement pourquoi les citadins, très occupés et efficaces, habitués à des décisions fermes, à des marchés rapidement conclus, renoncent souvent après des mois de négociations tortueuses qui ne les ont menés nulle part. La première des nombreuses surprises qui les attendent, toujours accueillie avec un mélange de désarroi et d'incrédulité, c'est que toute propriété coûte plus cher que le prix annoncé. Cela tient en partie à ce que le gouvernement français perçoit une taxe d'environ 8 % sur toutes les transactions, il y a les frais de notaire qui sont élevés et parfois l'acheteur doit payer une commission d'agence de 3 à 5 %. Un acquéreur malchanceux peut fort bien se retrouver à verser jusqu'à 13 % de plus que le prix fixé.

Il existe toutefois un rituel bien établi de respectables subterfuges qui présente le double avantage, si cher au cœur de chaque Français, de faire économiser de l'argent et de rouler le gouvernement. C'est l'achat à deux prix. Prenez par exemple M. Rivarel, homme d'affaires d'Aix, qui désire vendre une vieille maison de campagne dont il a hérité. Il en demande un million de francs. Comme ce n'est pas sa résidence principale, il est passible d'une taxe élevée sur le produit de la vente, idée qui le plonge dans une détresse bien compréhensible. Il décide donc que le prix officiel, enregistré – le prix déclaré –, sera de six cent mille francs et, en grinçant des dents, il paiera une taxe sur ce montant. Sa consolation, c'est que le solde de quatre cent mille francs lui sera versé en espèces, sous forme de dessous-de-table. Voilà, comme il le fait remarquer, une *affaire intéressante* non seulement pour lui, mais aussi pour l'acquéreur, car les honoraires et les frais divers seront calculés sur le prix le plus bas, le prix déclaré ! Tour le monde est content.

Les aspects pratiques de cet arrangement exigent du notaire une grande délicatesse et un sens aigu du chronométrage. Toutes les parties intéressées – acheteur, vendeur, agent immobilier – sont réunies dans l'étude du notaire et on lit à voix haute l'acte de vente, interminable, une ligne après l'autre. Le prix figurant sur le contrat est de six cent mille francs. Les quatre cent mille francs en liquide que l'acheteur a apportés doivent être remis au vendeur, mais il serait extrêmement inconvenant que cela se passe en présence du notaire. Celui-ci éprouve donc un urgent besoin d'aller aux toilettes : il s'y attarde jusqu'au moment où les billets ont été comptés et ont changé de main. Il peut alors revenir, accepter le chèque pour le prix déclaré et superviser le cérémonial de la signature sans avoir compromis le moins du monde sa réputation d'homme de loi. Un notaire de campagne doit posséder deux caractéristiques : un œil aveugle et une vessie de diplomate.

Mais il peut y avoir bien des obstacles à surmonter avant la visite chez le notaire : l'un des plus communs est le problème de l'indivision. Aux termes de la loi française, ce sont normalement les enfants qui héritent des biens immobiliers, chacun d'eux en recevant une part égale. Tous doivent être d'accord avant qu'on procède à la vente de leur héritage, et, plus il y a d'enfants, moins l'opération devient facile. Non loin de chez nous, une vieille ferme s'est transmise d'une génération à l'autre et est aujourd'hui la propriété de quatorze cousins, dont trois sont d'origine corse, ce qui veut dire, à en croire nos amis français, qu'il est impossible de faire affaire avec eux. Les acheteurs éventuels ont bien fait des offres mais, à chaque fois, neuf cousins seraient prêts à accepter, deux seraient hésitants et les Corses disent non. La ferme n'est toujours pas vendue et va sans doute passer aux trente-huit enfants des quatorze cousins. Au bout du compte, elle sera la propriété de cent soixante-quinze parents éloignés qui se méfient les uns des autres.

Même si la propriété appartenait vraiment à un unique paysan thésauriseur comme Rivière, rien ne garantit une transaction sans problème. Le paysan peut fixer un prix qu'il estime ridiculement élevé, mais qui lui permettra de continuer à boire et à jouer au Loto jusqu'à la fin de ses jours. Un acheteur se présente et accepte ce prix gonflé. Le paysan aussitôt soupçonne quelque tricherie : c'est trop facile. Le prix doit être trop bas. Il retire la maison du marché pour six mois avant de faire une nouvelle tentative avec un chiffre plus élevé.

Et puis il y a les menus problèmes négligemment mentionnés à la dernière minute : une dépendance perdue aux cartes au profit d'un voisin. Un antique droit de passage qui, deux fois par an, autorise théoriquement des troupeaux de chèvres à traverser la cuisine. Une âpre querelle à propos d'un puits qui, depuis 1958, n'a pas trouvé de solution. Le vénérable locataire en possession des lieux ne manquera pas de mourir avant le printemps prochain : il y a toujours un élément inattendu. Il faut à l'acheteur de la patience, de la compréhension et un grand sens de l'humour pour mener l'affaire à terme.

Tandis que nous roulions vers le bureau d'un agent immobilier que nous connaissions, j'essayai de préparer Tony à ces singularités régionales, mais j'aurais pu m'épargner cette peine. Comme il l'avouait lui-même modestement, il était un négociateur habile et plein de ressources. Il avait eu des discussions serrées avec les durs de Madison Avenue, et ce n'était pas la bureaucratie ni un malheureux paysan français qui allaient lui faire peur. Je commençai à me demander si c'était bien raisonnable de le présenter à quiconque n'avait pas un téléphone de voiture ou quelqu'un pour s'occuper personnellement de ses affaires.

La directrice de l'agence nous accueillit sur le seuil de son bureau et nous installa avec deux épais dossiers contenant des photographies de propriétés et tous les détails. Elle ne parlait pas anglais. Lui ne possédait que des rudiments de français et, puisque toute communication directe était impossible, il fit comme si elle n'était pas là. C'était une forme particulièrement arrogante de mauvaises manières, aggravées par l'emploi des termes les plus désobligeants qu'il supposait pouvoir utiliser sans courir le risque d'être compris. Je passai donc une demi-heure fort embarrassante : Tony feuilletait les dossiers en marmonnant de temps en temps « merde alors ! » et « ils se foutent du monde », « les salauds, CE prix pour ÇA », tandis que je me livrais à de modestes tentatives pour transmettre des commentaires révisés à la traduction.

Il avait commencé avec la ferme intention de trouver une maison de village sans terrain. Il était bien trop occupé pour s'embarrasser d'un jardin. Mais, à mesure que défilaient sous ses yeux les propriétés, je le voyais devenir dans sa tête le châtelain provençal avec des hectares de vignes et d'oliviers. Quand il en eut terminé, il s'inquiétait de savoir s'il allait faire construire son court de tennis. A ma vive déception, trois propriétés lui semblaient mériter son attention.

« Nous les visiterons cet après-midi », annonça-t-il en prenant des notes sur son Filofax et en regardant sa montre. Je crus qu'il allait réquisitionner le téléphone de l'agence pour un appel international, mais c'était une simple réaction à un signal émis par son estomac. « Trouvons donc un restaurant, dit-il, et nous pouvons être de retour ici pour deux heures. » La dame de l'agence sourit et acquiesça tandis que Tony agitait deux doigts devant elle. Nous laissâmes la pauvre femme se remettre.

Au déjeuner, j'annonçai à Tony que je ne l'accompagnerais pas cet après-midi. Il parut surpris que je n'aie rien de mieux à faire. Il commanda une seconde bouteille de vin en me disant que l'argent était une langue internationale et qu'il ne prévoyait aucune difficulté. Malheureusement, quand la note arriva, il constata que ni sa carte American Express Gold ni la liasse de chèques de voyage qu'il n'avait pas eu le temps de changer n'intéressaient le moins du monde le propriétaire du restaurant. Je payai en faisant quelques remarques sur la langue internationale : Tony ne parut pas les trouver drôles.

Je le quittai en proie tout à la fois au soulagement et au remords. Les gens grossiers sont toujours désagréables, mais quand on est à l'étranger et qu'ils sont vos compatriotes, on se sent vaguement responsables d'eux. Le lendemain, j'appelai l'agence pour présenter mes excuses. « Ne vous inquiétez pas, me dit la femme. Les Parisiens souvent ne valent pas mieux. Avec lui, au moins, on ne comprenait pas ce qu'il disait. » Ouf !

*
* *

La tenue vestimentaire de M. Colombani vint nous fournir une ultime confirmation que le radoucissement de la température allait être durable. Il était venu se livrer à des études préliminaires pour son chantier de l'été, notre chauffage central. Il avait remplacé son bonnet de laine par un modèle en coton léger décoré d'un slogan vantant les mérites d'une marque d'équipement sanitaire et, au lieu de ses après-skis, il portait des chaussures de toile marron. Son assistant, le *petit*, était en tenue de guérillero : combinaison militaire et casquette de toile. Tous deux arpentaient la maison en prenant des mesures tandis que Colombani débitait une anthologie de ses pensées.

Le premier sujet qu'il aborda ce jour-là fut la musique. Sa femme et lui venaient d'assister à un déjeuner officiel d'artisans et de plombiers suivi d'un bal où il avait pu déployer l'un de ses nombreux talents. « Oui, monsieur Peter, nous avons dansé jusqu'à six heures. J'avais les pieds d'un jeune homme de dix-huit ans. » Je l'imaginais, agile et précis, faisant tournoyer Madame sur le parquet; je demandai s'il avait un bonnet de bal spécial pour ces occasions-là, car je ne pouvais pas l'imaginer tête nue. Je dus sourire à cette idée. « Je sais, reprit-il. Vous estimez que la valse ce n'est pas de la musique sérieuse. Mais il n'y a qu'à écouter les grands compositeurs. »

Il entreprit alors de développer une remarquable théorie qu'il avait conçue en jouant de la clarinette lors d'une de ces coupures de courant que l'EDF prodigue à intervalles réguliers. L'électricité, déclara-t-il, est affaire de science et de logique. La musique classique, c'est une question d'art et de logique. Vous voyez? On perçoit déjà un facteur commun. Et quand on écoute la progression logique et maîtrisée d'une œuvre de Mozart, la conclusion est inévitable : Mozart aurait fait un formidable électricien.

Le *petit* qui avait fini de compter le nombre de radiateurs dont nous aurions besoin m'épargna d'avoir à répondre : il était arrivé au chiffre de vingt. Colombani accueillit la nouvelle avec une grimace en agitant la main comme s'il s'était brûlé les doigts. « Oh là là ! Ça va coûter chaud. » Il évoqua un chiffre de plusieurs millions de francs, vit mon expression horrifiée et divisa alors par cent : il avait parlé en anciens francs. Malgré tout, c'était une somme considérable. Il y avait le prix élevé de la fonte auquel s'ajoutait 18,6 % de TVA. Cela l'amena à mentionner une scandaleuse anomalie fiscale bien caractéristique de la vilenie des politiciens.

« Vous achetez un bidet, dit-il en m'enfonçant l'index dans la poitrine, et vous payez la TVA. C'est la même pour un lave-vaisselle ou pour un boulon. Mais je vais vous dire quelque chose de scandaleux : vous achetez un pot de caviar et vous ne paierez que 6 % de TVA parce que c'est considéré comme produit alimentaire. Maintenant, dites-moi une chose. Qui achète un bidet, vous pauvre monsieur Peter. Qui mange du caviar ? » Je plaidai non coupable. « Je vais vous le dire. Ce sont les hommes politiques, les millionnaires, les grosses légumes de Paris : c'est eux qui mangent du caviar. C'est un scandale. » Tonnant contre les orgies de caviar du palais de l'Élysée, il partit à grands pas vérifier les calculs de radiateurs du *petit*.

La perspective de voir Colombani occuper les lieux pendant cinq ou six semaines, se frayant un chemin à travers l'épaisseur des vieux murs avec une perceuse presque aussi grosse que lui tout en emplissant l'air de poussière et de commentaires incessants, n'avait rien de réjouissant. Ça allait être une opération salissante et pénible impliquant presque chaque pièce de la maison. Mais une des joies de la Provence, nous dîmes-nous, c'était que nous pouvions vivre à l'extérieur pendant que tout cela se faisait. Même aussi tôt dans l'année, il faisait presque chaud, et nous décidâmes d'attaquer sérieusement la vie à l'extérieur un dimanche matin où le soleil passant par la fenêtre de la chambre nous réveilla à sept heures.

Un bon dimanche comprend toujours un voyage au marché et, à huit heures, nous étions à Coustellet. Le terre-plein derrière la gare désaffectée était encombré de camions et de camionnettes vieillissants, chacun avec une table à tréteaux disposée devant. Un tableau noir affichait les cours du jour pour les légumes. Les marchands, déjà hâlés par l'air des champs, dévoraient croissants et brioches sortis encore chauds. Nous regardâmes un vieil homme trancher sur toute sa longueur une baguette avec un couteau de poche à manche de bois et la tartiner d'une généreuse couche de fromage de chèvre frais avant de se verser un verre de vin rouge de la bouteille qui lui permettrait de tenir jusqu'au déjeuner.

Le marché de Coustellet est petit, comparé aux marchés hebdomadaires de Cavaillon, d'Apt et d'Isle-sur-la-Sorgue, et pas encore à la mode. Les clients ont des paniers plutôt que des caméras, et c'est seulement en juillet et en août qu'on a des chances de rencontrer de temps en temps une Parisienne avec son survêtement de chez Alaia et un petit chien nerveux. Pour le reste de la saison, du printemps à l'automne, il n'y a là que la population locale et les paysans qui apportent ce qu'ils ont cueilli quelques heures plus tôt dans les champs ou sous leurs serres.

Nous passâmes lentement devant les rangées de tréteaux, admirant l'infatigable ménagère française à l'ouvrage. Contrairement à nous, elle ne se contente pas de regarder le produit avant de l'acheter. C'est une véritable prise en main. Elle palpe les aubergines, renifle les tomates, casse entre ses doigts les haricots verts minces comme des allumettes, tâte avec méfiance le cœur humide et vert des laitues, goûte les fromages et les olives. Et s'ils ne sont pas à la hauteur de ses exigences, elle foudroie du regard le marchand comme si il l'avait trahie avant d'aller porter sa clientèle ailleurs.

A un bout du marché, une camionnette de la coopérative vinicole était entourée d'hommes qui se rinçaient les dents d'un air songeur avec le rosé nouveau. Auprès d'eux, une femme vendait des œufs de ferme et des lapins vivants. Derrière elle s'entassaient sur les tables des légumes, de petits bouquets odorants de basilic, des pots de miel de lavande, de grandes bouteilles vertes d'huile d'olive première pression, des cageots de pêches de serre, des pots de tapenade, des fleurs et des herbes, des confitures et des fromages : tout cela semblait délicieux sous le soleil matinal. Nous achetâmes des poivrons rouges pour les faire griller, de gros œufs marron, du basilic, des pêches, du fromage de chèvre, de la laitue et des oignons striés de rose. Quand le panier fut plein à déborder, nous traversâmes la rue pour acheter un demi-mètre de pain, le pain de campagne qui convient si bien pour saucer l'huile d'olive ou la vinaigrette qui reste dans l'assiette.

La boulangerie était emplie d'une foule bruyante : cela sentait la pâte chaude et les amandes dont on avait fourré les gâteaux du matin. En attendant, nous nous rappelâmes avoir entendu dire que les Français pour leur estomac dépensent une aussi grande part de leurs revenus que les Anglais pour leur voiture et leur chaîne stéréo. Nous n'avions aucun mal à le croire.

Chacun semblait faire des courses pour un régiment. Une femme ronde et joviale acheta six grandes miches – trois mètres de pain –, une brioche au chocolat de la taille d'un chapeau, une tarte aux pommes grande comme une roue, les minces tranches de fruits disposées en tranches concentriques et brillant sous le glaçage d'une purée d'abricots. Nous nous rendîmes compte que nous n'avions pas pris de petit déjeuner.

Le déjeuner vint compenser cela : poivrons grillés froids, nappés d'huile d'olive et saupoudrés de basilic frais, petits champignons enveloppés dans des tranches de bacon et grillés à la broche sur le barbecue, salade et fromage. Le soleil était chaud, le vin nous avait un peu assoupis. Là-dessus, nous entendîmes le téléphone.

C'est une loi de la nature : quand le téléphone sonne un dimanche entre midi et trois heures, c'est un Anglais qui appelle. Un Français n'irait pas songer à interrompre le repas le plus détendu de la semaine ou l'amorce d'une sieste. J'aurais dû le laisser sonner. Tony le publicitaire était de retour et, à en juger par l'absence de parasites sur la ligne, il était horriblement proche.

« Je voulais juste vous donner signe de vie. » Je l'entendis tirer une bouffée de sa cigarette et je notai dans ma tête d'acheter un répondeur pour s'occuper de quiconque aurait envie de donner signe de vie un dimanche.

« Je crois que j'ai trouvé une maison. » Il ne marqua pas de pause pour écouter l'effet que produisait sa déclaration : il n'entendit donc pas le bruit de mon cœur qui se serrait. « C'est loin de chez vous, en fait, plus près de la Côte. » Je lui dis que j'étais ravi : plus il était près de la Côte, mieux cela valait. « Il y a des tas de travaux à faire, alors je ne vais pas payer ce qu'il demande. Je pensais que j'allais faire venir mon entreprise de bâtiment pour faire le travail. Ils ont fait le bureau en six semaines, du haut en bas. Des Irlandais, mais sacrément bons. Ils pourraient m'arranger ça en un mois. »

Je fus tenté de l'encourager : l'idée d'une bande d'ouvriers irlandais exposés aux plaisirs d'un chantier de construction en Provence – le soleil, le vin bon marché, d'innombrables raisons d'être en retard et un propriétaire trop éloigné pour vous casser les pieds tous les jours –, il y avait là tous les éléments d'un superbe interlude comique : je voyais déjà M. Murphy et son équipe étirant le travail jusqu'en octobre, faisant peut-être venir la famille de Donegal pour les vacances d'août : bref, passant ici de bons moments. Je dis à Tony qu'il ferait peut-être mieux d'engager de la main-d'œuvre locale et de trouver un architecte qui s'en chargerait pour lui.

« Pas besoin d'architecte, répliqua-t-il. Je sais exactement ce que je veux. » Je n'en doutais pas. « Pourquoi est-ce que j'irais payer la peau des fesses pour deux ou trois croquis ? » Impossible de l'aider : il savait tout mieux que tout le monde. Je lui demandai quand il repartait pour l'Angleterre. « Ce soir », répondit-il, puis il me récita le contenu serré des pages de son Filofax : rendez-vous avec un client lundi, trois jours à New York, réunion de représentants à Milton Keynes. Il débita tout cela avec la feinte lassitude du boss indispensable qui a le sort de l'humanité à gérer. Je pensais : « Bon vent. » « De toute façon, dit-il, je garderai le contact. La vente ne va pas se faire avant une semaine ou deux, mais je vous préviendrai dès que j'aurai signé. »

Assis au bord de la piscine, ma femme et moi nous demandions, et ce n'était pas la première fois, pourquoi nous avions tant de mal à nous débarrasser des gens mal élevés et insensibles à toute allusion. D'autres spécimens descendraient pendant l'été, réclamant à grands cris gîte, couvert et boisson, quelques jours de baignades et un coup de voiture pour les conduire à l'aéroport. Nous ne nous considérions pas comme des antisociaux ni comme des reclus, mais notre brève expérience avec l'étourdissant et dynamique Tony avait suffi à nous rappeler que les quelques mois à venir exigeraient de nous fermeté et ingéniosité. Ainsi qu'un répondeur.

De toute évidence, Rivière pensait aussi à l'approche de l'été : je le vis quelques jours plus tard dans la forêt, occupé à perfectionner ses défenses anti-campeurs. Sous les panneaux qu'il avait plantés avec la mention PRIVÉ, il était en train de fixer une seconde série de messages brefs : Attention ! Vipères ! C'était l'arme de dissuasion parfaite : lourde de menace, mais sans besoin de preuve visible. Si vous annoncez Chiens de garde, Clôtures électrifiées ou Patrouilles armées de mitraillettes, vous aurez l'inconvénient de devoir vous exécuter pour décourager le promeneur. Même le campeur le plus résolu réfléchirait à deux fois avant de s'installer dans un sac de couchage qui abritait peut-être un reptile lové tout au fond. Je demandai à Rivière s'il y avait vraiment des vipères dans le Lubéron : il secoua la tête et leva les yeux au ciel devant ce nouvel exemple de l'ignorance des étrangers.

« Eh oui, dit-il, pas grosses. » Il écarta ses mains d'une vingtaine de centimètres. « Si vous vous faites mordre, il faut trouver un docteur dans les quarante-cinq minutes, sinon... » Il fit une abominable grimace, la tête couchée d'un côté, la langue pendante. « On dit que quand une vipère mord un homme, l'homme meurt. Quand une vipère mord une femme » – il se pencha en plissant les sourcils – « c'est la vipère qui meurt. » Il eut un ricanement amusé et m'offrit une de ses grosses cigarettes de papier maïs. « N'allez jamais vous promener sans une bonne paire de bottes. »

D'après le professeur Rivière, la vipère du Lubéron évite en général les humains et n'attaque que si on la provoque. Quand cela arrive, Rivière conseillait de courir en zigzag et de préférence en montant, car une vipère en colère peut sprinter aussi vite qu'un coureur : par détentes courtes et sèches en terrain plat. Je promenai autour de moi un regard inquiet, et Rivière éclata de rire. « Bien sûr, vous pouvez toujours essayer le truc des paysans : l'attraper derrière la tête et serrer jusqu'à ce qu'elle ouvre grand la gueule. Cracher bien fort dedans et floc : la vipère est morte. » Il cracha pour faire une démonstration, atteignant un des chiens sur la tête. « Le mieux, reprit Rivière, c'est d'emmener une femme avec vous. Elle ne coure pas aussi vite que les hommes et la vipère la rattrapera d'abord. »

Il rentra chez lui prendre son petit déjeuner, me laissant cheminer prudemment dans la forêt et m'entraîner à cracher.

*
* *

Le week-end de Pâques arriva et nos cerisiers – au nombre d'une trentaine – fleurirent à l'unisson. De la route, la maison avait l'air de flotter sur une mer rose et blanc : les automobilistes s'arrêtaient pour prendre des photos, s'avançaient d'un pas hésitant dans l'allée jusqu'au moment où les aboiements du chien leur faisaient tourner casaque. Un groupe, plus aventureux que les autres, monta jusqu'à la maison dans une voiture avec des plaques suisses. J'allai voir ce qu'ils voulaient.

« Nous allons pique-niquer ici, m'annonça le conducteur.

– Je suis désolé, c'est une propriété privée.

– Non, non, dit-il en me brandissant une carte sous le nez. C'est le Lubéron.

– Mais non, dis-je. Voilà le Lubéron. » Et je lui désignai les montagnes.

« Je ne peux pas amener ma voiture là-haut. »

Il finit par s'en aller, lâchant des bouffées d'une indignation tout helvétique et laissant de profondes traces de roues dans l'herbe que nous nous efforcions de transformer en pelouse. La saison touristique avait commencé.

Le dimanche de Pâques, le parking exigu en haut du village était plein et aucune des voitures n'était de la région. Les visiteurs exploraient les petites rues, plongeant dans les maisons des gens, se faisant photographier devant l'église. Le jeune homme qui passe toute la journée assis sur une marche à côté de l'épicerie demandait à tous ceux qui passaient dix francs pour donner un coup de téléphone et s'en allait dépenser ses bénéfices au café.

Le Café de l'Avenir a toujours déployé des efforts couronnés de succès pour éviter d'être pittoresque. On dirait un cauchemar de décorateur : des tables et des chaises branlantes et dépareillées, une peinture sinistre et des toilettes qui crachotent et gargouillent fréquemment et bruyamment tout à côté d'un petit congélateur crasseux où sont entreposées les glaces. Le propriétaire est bourru, les chiens n'ont pas été brossés depuis leur naissance, les puces en sont folles. Pourtant, de la terrasse vitrée à côté des toilettes, on a une belle vue et c'est un bon endroit pour prendre une bière et observer les jeux de lumière sur les collines du village qui s'étendent au loin jusqu'aux Basses-Alpes. Un avis manuscrit vous avertit de ne pas jeter les mégots de cigarette par la fenêtre, car les clients du restaurant en terrasse juste en dessous se sont plaints. Mais, si vous observez ce règlement, on vous laissera en paix. Les habitués restent au bar : la terrasse est pour les touristes et le dimanche de Pâques elle était pleine.

Il y avait des Hollandais, débordant de santé avec leurs chaussures de marche et leurs sacs à dos. Des Allemands, avec leurs Leica et leurs gros bijoux de fantaisie. Des Parisiens, dédaigneux et élégants, s'assurant soigneusement de la propreté des verres. Un Anglais en sandales et chemise de ville rayée à col déboutonné, en train d'établir son budget vacances sur une calculette tandis que sa femme rédigeait des cartes postales pour leurs voisins du Surrey. Les chiens rôdaient parmi les tables en quête de morceaux de sucre, provoquant des mouvements de recul des Parisiens délicats soucieux d'hygiène. A la radio, une chanson d'Yves Montand livrait un combat sans espoir aux effets sonores de la plomberie. Des verres de pastis vides s'entrechoquaient sur le comptoir, tandis que les gens du pays commençaient à rentrer doucement chez eux pour déjeuner.

Devant l'établissement, trois voitures avaient convergé, leurs propriétaires échangeaient des grognements hostiles. Si l'une d'elles avait reculé de dix mètres, elles auraient toutes pu passer : mais un conducteur français considère comme une défaite morale de céder le passage, tout comme il s'estime moralement obligé de se garer là où il peut gêner le plus et de doubler dans un virage sans visibilité. On dit que les Italiens sont dangereux au volant mais, moi, je voterais pour un Français en retard et affamé, fonçant sur la Nationale 100 sans se soucier de personne.

En rentrant du village, je faillis manquer le premier accident de la saison. Une vieille Peugeot blanche avait reculé dans un poteau télégraphique au pied de l'allée, avec assez de force pour le plier en deux. Pas d'autre véhicule en vue, la route était sèche, toute droite. On avait du mal à deviner comment l'arrière de la voiture et le poteau avaient réussi à se rencontrer avec une telle vigueur. Planté au milieu de la route, un jeune homme se grattait le crâne. Je m'arrêtai et il me fit un grand sourire.

Je lui demandai s'il était blessé. « Je n'ai rien du tout, dit-il, mais je crois bien que la voiture est foutue. » J'examinai le poteau télégraphique, penché au-dessus de la voiture et que seuls les fils empêchaient de tomber. Lui aussi était foutu.

« Il faut faire vite, dit le jeune homme. Personne ne doit savoir. » Il porta un doigt à ses lèvres. « Vous pouvez me déposer chez moi ? C'est juste un peu plus loin sur la route. J'ai besoin du tracteur. » Il monta dans ma voiture et je compris aussitôt la cause de l'accident : on aurait dit, à le sentir, qu'on l'avait fait mariner dans du Ricard. Il m'expliqua qu'il fallait ôter la voiture de là sans tarder et discrètement. Si les Postes découvraient qu'il s'était attaqué à un de leurs poteaux, on le lui ferait payer. « Personne ne doit savoir », répéta-t-il, et il souligna sa déclaration de deux ou trois hoquets.

Je le déposai et rentrai à la maison. Une demi-heure plus tard, j'allai voir si le remorquage furtif de la voiture avait bien eu lieu. Elle était toujours là. Tout comme un groupe de paysans qui discutaient avec animation. Il y avait aussi deux autres voitures et un tracteur, lequel bloquait la route. Comme j'observais la scène, une autre automobile arriva et le conducteur se mit à klaxonner pour faire déplacer le tracteur. Le conducteur de l'engin désigna l'épave en haussant les épaules. Nouveau coup de klaxon : continu cette fois, et dont les montagnes renvoyèrent un écho qu'on dut entendre jusqu'à Ménerbes, à deux kilomètres de là.

L'agitation dura encore une demi-heure avant qu'on finisse par extraire la Peugeot du fossé et que le cortège clandestin disparaisse en direction du garage local, laissant le poteau télégraphique émettre dans la brise des craquements menaçants. Les hommes de la Poste vinrent le remplacer la semaine suivante et attirèrent un petit rassemblement. Ils demandèrent à un des paysans ce qui s'était passé. L'homme eut un haussement d'épaules innocent. « Qui sait ? fit-il. Les vers ? »

*
**

Notre ami de Paris examinait avec surprise son verre vide, comme si un phénomène d'évaporation s'était produit pendant qu'il ne regardait pas. Je lui resservis du vin et il se carra sur son siège, le visage levé vers le soleil.

« A Paris, annonça-t-il, nous avons encore le chauffage. » Il but une gorgée bien fraîche du vin doux des Baumes de Venise. « Et il pleut depuis des semaines. Je comprends pourquoi vous vous plaisez ici. Mais, voyez-vous, ça ne me conviendrait pas. »

Ça semblait pourtant lui convenir assez bien : il était là à lézarder au soleil après un bon repas, mais je ne discutai pas.

« Vous détesteriez, dis-je. Vous attraperiez sans doute un cancer de la peau à force de vous mettre au soleil et une cirrhose du foie à trop picoler. Si jamais vous vous sentiez assez bien, c'est le théâtre qui vous manquerait. Et d'ailleurs, que feriez-vous toute la journée ? »

Il tourna vers moi un regard ensommeillé et chaussa ses lunettes de soleil. « Exactement. » Cela faisait partie de ce qui était devenu pour nous une litanie familière :

« Vos amis ne vous manquent pas ?
– Non. Ils viennent nous voir ici.
– La télévision anglaise ne vous manque pas ?
– Non.

– Il doit bien y avoir *quelque chose* de l'Angleterre qui vous manque ?

– La marmelade d'oranges. »

Alors venait la vraie question, posée moitié en plaisantant, moitié sérieusement : « Mais qu'est-ce que vous faites toute la journée ? » Notre ami parisien la posa autrement.

« Vous ne vous ennuyez pas ? »

Mais non, nous n'avions jamais le temps. Nous trouvions amusantes et intéressantes les curiosités quotidiennes de la vie rurale française. Nous savourions l'évolution progressive de la maison pour l'adapter à notre mode de vie. Il fallait dessiner et planter le jardin. Aménager un terrain de pétanque. Apprendre une nouvelle langue. Découvrir des villages, des vignobles et des marchés : les journées passaient vite sans aucune autre distraction, même si certains jours n'en manquaient pas. La semaine précédente, justement, avait été particulièrement riche en interruptions.

Cela avait commencé le lundi par une visite de Denis le Colis, notre facteur. Il était agacé : ce fut à peine s'il prit le temps de nous serrer la main avant de demander où j'avais caché la boîte à lettres. Il avait sa tournée à faire. Midi approchait. Comment pourrais-je m'attendre à le voir distribuer le courrier s'il devait jouer à cache-tampon avec les boîtes à lettres ? Nous ne l'avions pas cachée. A ma connaissance, elle était au bout de l'allée, solidement plantée sur un piquet d'acier. « Non, déclara le facteur. On l'a déplacée. » Pas d'autre solution que de descendre l'allée tous les deux et de passer vainement cinq minutes à fouiller les buissons pour voir si elle n'était pas tombée. Rien ne montrait qu'une boîte à lettres eût jamais été là, sauf un petit trou fait par un piquet dans le sol. « Là, dit le facteur, qu'est-ce que je vous disais ? » J'avais du mal à croire qu'on puisse voler une boîte à lettres, mais il savait de quoi il parlait. « C'est tout à fait normal,

déclara-t-il. Les gens ici sont mal finis. » Je lui demandai ce que cela voulait dire. « Fous. »

Nous regagnâmes la maison pour lui faire retrouver
sa bonne humeur avec un verre, et pour discuter l'installation d'une nouvelle boîte à lettres qu'il se ferait un
plaisir de me vendre. Nous convînmes qu'il faudrait la
poser sur le côté d'un vieux puits, à la hauteur régle-
mentaire de soixante centimètres au-dessus du sol pour
qu'il puisse déposer les lettres sans avoir à descendre
de sa camionnette. Il fallut évidemment examiner le
puits, prendre des mesures et ce fut alors l'heure du
déjeuner. Le service des Postes reprendrait ses activités à deux heures.

Deux jours plus tard, un coup de klaxon m'appela
dehors et je trouvai les chiens qui tournaient autour
d'une Mercedes blanche toute neuve. Le conducteur
n'était pas disposé à quitter l'abri de sa voiture, mais il
se risqua à entrouvrir une vitre. En regardant à l'intérieur, j'aperçus un petit couple au teint brun et au sourire un peu nerveux. Ils me félicitèrent de la férocité
des chiens et sollicitèrent l'autorisation de descendre
de voiture. Ils étaient tous deux en tenue de ville,
l'homme en costume de coupe italienne, sa femme en
chapeau, manteau et bottes de cuir verni.

Quelle chance de me trouver chez moi, dirent-ils, et
quelle magnifique maison. Ça faisait longtemps que
j'habitais là ? Non ? Alors j'avais certainement besoin
de quelques authentiques tapis d'Orient. C'était vraiment mon jour de chance, car ils revenaient tout juste
d'une importante exposition de tapis en Avignon, et il
se trouvait par hasard que quelques pièces de choix
demeuraient invendues. Avant de les remonter à Paris
– où des gens de goût se battraient pour les acheter –,
le couple avait décidé de faire un tour en voiture dans
le pays et, bienfait des dieux, le destin les avait
conduits jusqu'à moi. Pour célébrer cet heureux
hasard, ils étaient prêts à me laisser choisir parmi leurs

106

plus magnifiques trésors à des prix qu'ils décrivaient comme *très* intéressants.

Tandis que le pimpant petit homme m'annonçait la bonne nouvelle, sa femme avait déchargé les tapis de la voiture et les avait artistiquement déposés le long de l'allée, en s'exclamant bruyamment sur les charmes de chacun : « Ah, quelle beauté ! » et : « Regardez-moi les couleurs au soleil » et encore : « Celui-ci... oh, je vais être triste de le voir partir. » Elle vint nous rejoindre en clopinant sur ses bottes en verni. Son mari et elle tournèrent vers moi un regard plein d'expectative.

Le marchand de tapis ne jouit pas en Provence d'une bonne réputation, et dire d'un homme que c'est un marchand de tapis, c'est impliquer qu'il est au mieux roublard et au pis quelqu'un qui volerait le corset de votre grand-mère. On m'avait dit aussi que ces commerçants ambulants venaient souvent en éclaireurs afin de repérer les lieux pour leurs complices cambrioleurs. Et puis il y avait toujours la possibilité de se faire refiler des tapis faux ou volés.

Ceux-là, pourtant, n'avaient pas l'air faux et il y en avait un petit qui me parut très beau. Je commis l'erreur de le dire et la propriétaire des bottes vernies regarda son mari avec une surprise bien répétée. « Extraordinaire ! fit-elle. Quel œil a monsieur. C'est indiscutablement notre préféré aussi. Une pièce rare. Mais pourquoi aussi ne pas prendre quelque chose d'un peu plus grand ? » Hélas, dis-je, je n'avais pas d'argent, mais on écarta d'un geste vif du dos de la main cet argument comme un inconvénient mineur et provisoire. Je pourrais toujours payer plus tard avec une substantielle réduction si c'était en liquide. Je regardai de nouveau le tapis. Un des chiens s'était allongé dessus et ronflait doucement. Madame roucoula d'un air ravi : « Vous voyez, monsieur, le toutou l'a choisi pour vous. » Je cédai. Après trois minutes de maladroit marchandage de ma part, le prix original se trouva réduit de 50 % et je m'en fus chercher mon chéquier. Ils m'observèrent attentivement pendant que je rédigeais le chèque en me disant de laisser en blanc le nom du bénéficiaire. Sur la promesse de revenir l'an prochain, ils contournèrent lentement notre nouvelle acquisition et le chien endormi, madame souriant et nous saluant d'un geste royal depuis son nid de tapis. Leur visite avait pris toute la matinée.

Avec la dernière interruption, la semaine s'acheva sur une note déplaisante. Un camion était venu livrer du gravier : je le regardais reculer vers l'endroit où le chauffeur avait choisi de décharger quand les roues arrière s'enfoncèrent soudain dans le sol. Il y eut un craquement et le camion prit une forte gîte vers l'arrière. Une violente odeur bien reconnaissable emplit l'air. Le chauffeur descendit pour inspecter les dégâts, prononça avec une précision inconsciente le seul mot qui convenait à la situation : « Merde ! » Il s'était garé sur la fosse septique.

« Alors vous voyez, dis-je à notre ami de Paris, d'une façon ou d'une autre, on ne s'ennuie jamais. »

Comme il ne répondait pas, je me penchai pour lui ôter ses lunettes noires.

Le soleil dans les yeux le réveilla.

« Quoi ? »

Mai

Le 1er mai commença bien, par un beau lever de soleil : comme c'était un jour férié, il nous parut que nous devrions le fêter à la française en rendant hommage au sport estival : la bicyclette.

Depuis des semaines, des cyclistes plus endurcis et plus sérieux s'entraînaient, protégés des vents de printemps par d'épais collants noirs et des cagoules, mais l'air était maintenant assez doux pour permettre à des amateurs délicats comme nous de faire une sortie en short et en chandail. Nous avions acheté deux machines légères et performantes à un homme de Cavaillon du nom d'Edouard Cunty – « Vélos de qualité » – et nous avions hâte de rejoindre les groupes des membres des clubs vélocipédiques locaux qui gracieusement et sans effort apparent gravissaient et dévalaient tour à tour les petites routes de campagne. Nous estimions qu'après tout un hiver de bonnes marches, nos jambes d'acier seraient en forme pour un petit tour d'une quinzaine de kilomètres jusqu'à Bonnieux en passant par Lacoste : une heure d'exercice pas trop poussé pour nous échauffer, rien de trop épuisant.

C'était bien suffisant pour commencer, même si les selles étroites et dures nous firent tout de suite forte impression : nous comprîmes pourquoi certains cyclistes glissent une livre de rumsteak au fond de leur culotte pour protéger le coccyx des cahots de la route.

109

Pour les deux ou trois premiers kilomètres, il n'y avait rien à faire qu'à se laisser glisser et apprécier le paysage. Les cerises mûrissaient, les silhouettes squelettiques des vignes en hiver avaient disparu sous un amas de feuilles d'un vert vif, les montagnes verdoyaient à l'horizon. On entendait le chuintement régulier des pneus. De temps en temps la brise nous apportait une bouffée de romarin, de lavande ou de thym sauvage. C'était plus grisant que de marcher, plus silencieux et plus sain que de rouler en voiture, sans être pourtant trop éprouvant : bref, c'était délicieux. Pourquoi ne l'avions-nous pas fait plus tôt ? Pourquoi ne pas pédaler ainsi chaque jour ?

Notre euphorie dura jusqu'au moment où nous abordâmes la montée qui mène à Bonnieux. La bicyclette soudain prit du poids. Je sentais chaque muscle de mes cuisses se plaindre tandis que la pente se faisait plus raide. Mon postérieur trop tendre souffrait. J'oubliai les beautés de la nature en regrettant de ne pas avoir mis de steak dans mon short. Quand nous arrivâmes au village, même respirer nous faisait mal.

La femme qui tient le café Clerici était plantée devant son établissement, les mains posées sur ses larges hanches. Elle contempla les deux créatures haletantes, hoquetantes aux visages cramoisis penchées sur leur guidon. « Mon Dieu ! Le Tour de France est en avance cette année. » Elle nous apporta de la bière et nous nous assîmes dans de confortables sièges conçus pour des fesses humaines. Lacoste nous semblait maintenant bien loin.

La route en lacet qui monte jusqu'aux ruines du château du marquis de Sade nous parut longue, rude et torturante. Nous étions à mi-côte et nos forces nous abandonnaient quand nous entendîmes le déclic d'un dérailleur. Un autre cycliste nous dépassa : un homme brun et sec qui paraissait âgé d'une soixantaine d'années. « Bonjour, lança-t-il gaiement. Bon vélo », et il continua sa montée pour disparaître bientôt. Nous continuâmes à peiner, la tête basse, les cuisses en feu, regrettant d'avoir bu une bière.

Le vieil homme redescendit, fit demi-tour et vint rouler à nos côtés. « Courage, dit-il, pas même essoufflé, ça n'est pas loin, allez ! » Et il entra avec nous dans Lacoste, ses vieilles jambes maigres, rasées en cas de chute et d'écorchures, actionnant les pédales au rythme sans heurt de deux pistons.

Nous nous effondrâmes à la terrasse d'un autre café qui dominait la vallée. Du moins la plupart du trajet de retour serait-elle en descente : je renonçai à l'idée d'appeler une ambulance. Le vieil homme commanda un pepermint frappé. Il nous dit qu'il avait fait jusqu'à maintenant trente kilomètres et qu'il allait en faire encore une vingtaine avant le déjeuner. Nous le félicitâmes de sa forme. « Oh, ce n'est plus ce que c'était. J'ai dû m'arrêter de faire le mont Ventoux à soixante ans. Maintenant je me borne à ces petites promenades. » La modeste satisfaction que nous avions éprouvée à grimper la colline s'évanouit sur-le-champ.

Le trajet du retour fut plus facile, mais nous étions quand même en nage et endoloris quand nous rentrâmes à la maison. Mettant pied à terre, nous gagnâmes la piscine d'un pas raide, nous dépouillant de nos vêtements au passage, et nous plongeâmes : le paradis ! Allongés ensuite au soleil avec un verre de vin, nous prîmes la décision de faire de la bicyclette un élément régulier de notre vie estivale. Il nous fallut toutefois un certain temps avant de pouvoir affronter les selles sans tressaillir de douleur.

*

Tout autour de la maison les champs étaient désormais animés de personnages qui évoluaient à pas lents et méthodiques dans le paysage, arrachant les mauvaises herbes des vignobles, traitant les cerisiers et binant la terre sablonneuse. Rien ne se faisait dans la hâte. On s'arrêtait de travailler à midi pour déjeuner à l'ombre d'un arbre et, pendant deux heures, on n'entendait plus que des bribes de conversations lointaines qui, dans l'air calme, portaient à des centaines de mètres.

Amédée passait le plus clair de son temps sur notre terrain, arrivant juste après sept heures avec son chien et son tracteur et s'arrangeant en général pour organiser son travail de façon à terminer près de la maison : suffisamment à proximité pour entendre le tintement des bouteilles et des verres. Sa ration normale, c'était un verre pour rincer la poussière et faire des mondanités. Si la visite se prolongeait jusqu'à deux verres, il allait être question d'affaires : une nouvelle étape dans la coopération agricole à laquelle il avait songé durant les heures passées au milieu des vignes. Jamais il n'abordait un sujet de front : il s'en approchait en crabe, avec prudence.

« Vous aimez les lapins ? »

Je le connaissais suffisamment pour comprendre qu'il ne voulait pas parler des charmes du lapin en tant qu'animal de compagnie. Il confirma mes soupçons en se tapotant le ventre et en marmonnant quelques propos respectueux concernant civets et pâtés. Mais l'ennui avec les lapins, poursuivit-il, c'était leur appétit. Ils engloutissaient comme des goinfres, kilo après kilo. J'acquiesçai sans savoir le moins du monde à quel point se croisaient nos intérêts et ceux du lapin affamé.

Amédée se leva et me fit signe de venir jusqu'à la porte de la cour. Il me désigna du doigt deux petits champs en terrasses. « De la luzerne, dit-il. Les lapins adorent ça. Vous pourriez faire trois récoltes dans ces champs-là entre maintenant et l'automne. » Ma connaissance de la vie végétale locale avait ses lacunes et j'avais cru que les champs étaient couverts d'une sorte d'épaisses mauvaises herbes provençales que j'avais l'intention de nettoyer. Heureusement que je n'en avais rien fait : les lapins d'Amédée ne me l'auraient jamais pardonné. C'était un triomphe inattendu du jardinage par omission. Au cas où je n'aurais pas compris, Amédée brandit son verre en direction des champs et répéta : « Les lapins adorent la luzerne. » Il imita leur grignotement. Je lui dis qu'il pourrait en avoir autant que ses lapins seraient capables d'en dévorer et il cessa son imitation.

« Bon. Si vous êtes sûr que vous n'en aurez pas besoin. » Mission accomplie, il regagna son tracteur d'un pas lourd.

A bien des égards, Amédée est un homme lent, mais il ne tarde jamais à manifester sa gratitude. Le lendemain soir, il était de retour avec une énorme botte d'asperges, joliment nouée avec du ruban bleu, blanc et rouge. Sa femme Huguette le suivait, chargée d'une pioche, d'une pelote de ficelle et d'une bassine pleine de jeunes plants de lavande. Voilà longtemps qu'on aurait dû les planter, expliqua-t-elle, mais son cousin venait tout juste de les apporter des Basses-Alpes. Il fallait les mettre en terre tout de suite.

Ils se partagèrent le travail d'une façon qui me parut assez inéquitable : Amédée se chargeait de tendre la ficelle bien droite et de boire du pastis. Huguette maniait la pioche, creusait chaque trou où planter à un manche de pioche du suivant. Nous proposâmes de l'aider : en vain. « Elle a l'habitude », déclara fièrement Amédée, tandis qu'Huguette abattait son outil, mesurait et plantait dans le crépuscule en riant. « Huit heures comme ça et on dort comme un bébé. » En une demi-heure, c'était terminé : un carré de cinquante plants qui dans six mois seraient gros comme des hérissons, haut comme le genou en deux ans, disposés avec une méticuleuse symétrie pour marquer les limites de l'usine à luzerne des lapins.

On oublia tout ce qui était au menu du dîner pour préparer les asperges. Il y en avait trop pour un seul repas : plus que je ne pouvais en tenir à deux mains, le ruban tricolore et patriotique portant imprimés le nom et l'adresse d'Amédée. Il nous expliqua que la loi en France exigeait du producteur qu'il s'identifie de cette façon et nous espérions un jour avoir notre ruban à nous quand nos plants d'asperge auraient poussé.

Les pâles pousses étaient grosses comme le doigt, de couleur délicate et pointues à l'extrémité. Nous les mangeâmes tièdes avec du beurre fondu. Accompagnées de pain cuit cet après-midi même dans la vieille boulangerie de Lumières. Nous bûmes avec cela le vin rouge léger du vignoble de la vallée : à chaque bouchée, nous subventionnions l'industrie locale.

Par la porte ouverte, nous pouvions entendre le coassement de notre pensionnaire grenouille et le long chant glissant d'un rossignol. Nous emportâmes dehors un dernier verre de vin pour admirer à la lueur de la lune le nouveau carré de lavande tandis que les chiens cherchaient des souris dans la luzerne. Les lapins allaient festoyer cet été et, Amédée l'avait promis, ils n'en auraient que meilleur goût cet hiver. Nous comprîmes que la nourriture devenait pour nous une aussi grande obsession que pour les Français, et nous rentrâmes pour faire un sort au fromage de chèvre que nous n'avions pas terminé.

Bernard, le *pisciniste*, nous avait apporté un cadeau qu'il était en train d'assembler avec beaucoup d'enthousiasme. C'était un fauteuil flottant pour la piscine, avec compartiment pour les boissons. Il arrivait tout droit de Miami en Floride, qui à en croire Bernard était la capitale mondiale des accessoires de piscine.

« Les Français, dit-il d'un ton méprisant, ne comprennent pas ces choses-là. Il y a des ateliers qui fabriquent des coussins gonflables, mais comment peut-on boire sur un coussin gonflable ? » Il serra les derniers écrous à ailette et se recula pour admirer le fauteuil dans tout son éclat de Miami : un bloc éblouissant de mousse de polystyrène de plastique et d'aluminium. « Voilà. Le verre se place ici dans l'accoudoir. Vous pouvez vous reposer confortablement. C'est une merveille. » Il lança le fauteuil sur l'eau en prenant soin de ne pas éclabousser sa chemise rose ni son pantalon blanc. « Il faut le ranger tous les soirs, dit-il. Les gitans ne vont pas tarder à venir pour la cueillette des cerises. Ils volent tout. »

Voilà qui nous rappelait que nous comptions prendre une assurance pour la maison, mais avec des ouvriers qui perçaient des trous dans les murs, je n'imaginais aucune compagnie prête à assumer ce risque. Bernard, horrifié, ôta ses lunettes de soleil. Nous ne savions pas ? Le taux de cambriolage dans le Vaucluse était supérieur à celui de toute la France à l'exception de Paris. Il me regarda comme si j'avais commis un acte de pure folie : « Il faut que vous soyez protégés immédiatement. Je vais vous envoyer un homme cet après-midi. Soyez sur vos gardes jusqu'à son arrivée. » Cela me parut peut-être un peu dramatique, mais Bernard semblait convaincu que des bandes de voleurs rôdaient aux alentours, attendant seulement que nous allions jusque chez le boucher du village pour fondre sur les lieux avec un camion de déménagement et vider toute la maison. La semaine dernière encore, nous raconta-t-il, il avait trouvé sa voiture sur cric devant sa propre porte, avec les quatre roues enlevées. Ces gens-là étaient de vrais salauds.

Nous étions négligents, certes, mais cette omission venait aussi de notre horreur des compagnies d'assurances, avec leurs formules trompeuses, leurs échappatoires, leurs circonstances atténuantes et leurs réserves en caractères minuscules et illisibles. C'était néanmoins stupide de se fier à la chance. Nous nous résignâmes donc à l'idée de passer l'après-midi avec un homme grisâtre en complet veston qui allait nous dire de poser des verrous sur notre réfrigérateur.

En début de soirée, la voiture stoppa dans un nuage de poussière. Son conducteur s'était manifestement trompé de maison. Il était jeune, brun, beau garçon, resplendissant dans son costume de saxophoniste des années 50 : veston croisé aux épaules larges chatoyant de fils de soie, chemise vert citron, large pantalon qui se rétrécissait aux chevilles, chaussures de daim bleu marine aux épaisses semelles de crêpe, au-dessus desquelles on entrevoyait l'éclat de chaussettes turquoise.

« Printemps, Édouard. Agent d'assurances. » Il entra dans la maison à petits pas bondissants. Je m'attendais presque à le voir claquer des doigts en esquissant quelques pas de danse. Je lui proposai une bière pendant que je me remettais de ma surprise et il s'assit, me révélant toute la splendeur de ses chaussettes scintillantes.

« Une belle maisong. » Il avait un fort accent provencal qui contrastait étrangement avec sa tenue et que je trouvai rassurant. Il était sérieux et pratique et nous demanda si nous habitions là toute l'année : le taux élevé de cambriolages dans le Vaucluse, expliquat-il, était en partie dû au nombre important de résidences de vacances. Quand on laisse les maisons vides dix mois par an, ma foi... Sons sa veste au capitonnage généreux, il esquissa un haussement d'épaules. Les histoires qu'on entendait dans sa profession vous donnaient envie de vivre dans un coffre-fort.

Mais cela ne nous concernait pas. Nous étions des résidents permanents. Et, en outre, nous avions des chiens. C'était une bonne chose dont il tiendrait compte dans le calcul de la prime. Étaient-ils méchants ? Sinon, on pouvait peut-être les dresser. Il connaissait un homme qui pouvait transformer des caniches en armes mortelles. Il prit quelques notes d'une petite écriture bien propre et termina sa bière. Nous allâmes faire le tour de la maison. Il approuva les lourds volets de bois et les solides vieilles portes, mais il ne put retenir un tss tss devant une petite fenêtre – un fenestron qui faisait moins de trente centimètres sur trente. Le cambrioleur professionnel moderne, nous dit-il, travaille souvent comme les ramoneurs de l'époque victorienne : il fait passer un enfant par des ouvertures inaccessibles à des adultes. Comme nous étions en France, il y avait une dimension officielle pour les cambrioleurs juvéniles : ils avaient tous plus de douze centimètres de large et toute ouverture plus étroite était donc à l'épreuve des enfants. Comment on avait fait ce calcul, M. Printemps l'ignorait, mais il faudrait mettre des barreaux à la petite fenêtre pour la préserver des déprédations de gamins de cinq ans anorexiques.

Pour la seconde fois ce jour-là, on nous brandit la menace que constituaient pour la sécurité des foyers les cueilleurs de cerises itinérants : des Espagnols ou des Italiens, dit M. Printemps, travaillant pour le salaire dérisoire de trois francs par kilo, aujourd'hui ici et demain ailleurs, ils constituaient un risque à ne pas négliger. On ne saurait être trop prudent. Je promis de rester en alerte et de barricader le plus tôt possible la fenêtre. Je ne manquerais pas non plus de dire aux chiens d'être méchants. Rassuré, il démarra dans le crépuscule, la stéréo de sa voiture retentissant des accents de Bruce Springsteen.

Les cueilleurs de cerises commençaient à exercer sur nous une horrible fascination. Nous tenions à voir en chair en os quelques échantillons de ces canailles aux doigts agiles : à n'en pas douter, d'un jour à l'autre maintenant, ils allaient fondre sur nous, car les cerises étaient bonnes à cueillir. Nous les avions goûtées. Nous prenions maintenant le petit déjeuner sur une petite terrasse orientée au soleil levant, à vingt mètres d'un vieil arbre qui ployait sous sa charge de fruits. Tandis que ma femme préparait le café, je cueillais des cerises. Elles étaient fraîches, juteuses, presque noires, et c'était notre premier régal de la journée.

Nous sûmes que la cueillette organisée avait commencé le matin où nous entendîmes une radio qui jouait quelque part entre la maison et la route. Les chiens s'en allèrent enquêter, le poil hérissé, grognant d'un air important, et je leur emboîtai le pas, m'attendant à tomber sur une bande d'étrangers escortés de leurs chenapans d'enfants anorexiques. Les feuilles des arbres les dissimulaient à partir de la taille. Je ne pouvais voir que des paires de jambes en équilibre sur des échelles en bois triangulaires, puis un grand visage brun et lunaire sous un chapeau de paille apparut à travers le feuillage.

« Elles sont bonnes les cerises. » Il me tendit un doigt au bout duquel pendait une paire de cerises. C'était Amédée. Huguette et lui, avec quelques parents, avaient décidé de cueillir eux-mêmes les fruits en raison des gages que réclamait la main-d'œuvre étrangère. Quelqu'un avait bel et bien demandé cinq francs le kilo. Vous vous rendez compte ! J'essayai. Une journée de dix heures d'un travail inconfortable, juché sur une échelle et harcelé par les mouches et les guêpes, des nuits passées à la dure dans une grange ou à l'arrière d'une camionnette : cela ne me semblait pas une somme trop généreuse à payer. Mais Amédée n'en démordait pas. C'était du vol pur et simple, mais enfin que pouvait-on attendre de cueilleurs de cerises ? Il estimait pouvoir récolter environ deux tonnes de fruits pour la confiturerie d'Apt : les bénéfices resteraient ainsi dans la famille.

Au cours des quelques jours suivants, les vergers étaient peuplés de cueilleurs de toutes nationalités et de toutes tailles, et un soir j'en pris deux en stop pour les conduire à Bonnieux. C'étaient des étudiants australiens, rougis par le soleil et tachés de jus de cerise. Ils étaient épuisés et se plaignaient des horaires, du manque d'intérêt du travail et de la ladrerie des paysans français.

« Bah, au moins vous voyez un peu de France.

– La France ? dit l'un d'eux. Tout ce que j'ai vu, c'est le feuillage d'un cerisier. »

Ils étaient bien décidés à rentrer en Australie sans bons souvenirs de leur passage en Provence. Ils trouvaient les gens antipathiques. Ils se méfiaient de la nourriture. La bière française leur donnait la courante. Pour des Australiens, même le paysage était étriqué. Ils n'arrivaient pas à croire que j'avais choisi de vivre ici. J'essayai d'expliquer, mais nous parlions de deux pays différents. Je les déposai devant le café où ils allaient passer la soirée à remâcher le mal du pays. C'étaient les seuls Australiens malheureux que j'eusse jamais rencontrés et c'était déprimant d'entendre si durement condamner un endroit que j'adorais.

Bernard me ragaillardit. Je m'étais rendu à son bureau de Bonnieux avec la traduction d'une lettre qu'il avait reçue d'un client anglais, et il m'ouvrit la porte en riant.

On venait de demander à son ami Christian, qui était aussi notre architecte, de refaire la décoration d'un bordel de Cavaillon. Il y avait naturellement un cahier des charges sévère : l'emplacement des miroirs, par exemple, était d'une importance cruciale. Il fallait loger certaines installations de plomberie qu'on ne trouve pas dans les chambres à coucher de tout un chacun. Les bidets devraient faire des heures supplémentaires et fonctionner sans défaillance. Je pensai à M. Colombani et au *petit* s'efforçant d'ajuster leurs robinets et leurs clapets tandis que des voyageurs de commerce de Lille poursuivaient dans les couloirs de jeunes personnes légèrement vêtues. Je songeai à Michel le plâtrier, un homme au regard résolument pétillant, lâché parmi les filles de joie. Il resterait là jusqu'à la fin de ses jours. C'était une magnifique perspective.

Malheureusement, expliqua Bernard, même si Christian considérait cela comme un intéressant défi architectural, il allait refuser le chantier. La tenancière qui dirigeait l'établissement voulait voir le travail terminé dans un délai incroyablement court. Elle n'était pas disposée à fermer sa maison pendant les travaux, ce qui imposerait de sévères restrictions au pouvoir de concentration des ouvriers. Elle ne voulait pas non plus payer la TVA en affirmant qu'elle ne la faisait pas supporter à ses clients, alors pourquoi devrait-elle en payer une ? Au bout du compte, elle allait engager une paire de maçons douteux qui feraient un travail bâclé : les chances de voir le bordel de Cavaillon photographié dans les pages d'*Art et décoration* seraient à jamais perdues. Triste jour pour la postérité.

Nous apprenions ce que c'était que vivre de façon plus ou moins permanente avec des invités. L'avant-garde était arrivée à Pâques, d'autres s'étaient inscrits jusqu'à la fin octobre. Des invitations à demi oubliées, lancées dans la lointaine sécurité de l'hiver, nous valaient des arrivées de gens qui venaient s'abriter, boire et prendre des bains de soleil. L'employée de la blanchisserie supposait, à voir le nombre de draps que nous donnions à laver, que nous étions une hôtellerie et nous nous rappelâmes les mises en garde de résidents ayant plus d'expérience.

A vrai dire, les premiers visiteurs avaient dû suivre des cours de formation pour invités idéaux. Ils louèrent une voiture, si bien qu'ils ne dépendaient pas de nous pour les trimballer dans la région. Ils s'occupaient dans la journée et nous dînions ensemble le soir. Ils s'en allèrent à la date annoncée. S'ils étaient tous comme ça, disions-nous, l'été allait passer fort agréablement.

Le plus gros problème, nous ne tardâmes pas à le comprendre, c'était que nos hôtes étaient en vacances. Pas nous. Nous nous levions à sept heures. Ils traînaient souvent au lit jusqu'à dix ou onze heures, terminant parfois leur petit déjeuner juste à temps pour plonger dans la piscine avant le déjeuner. Nous travaillions tandis qu'ils prenaient des bains de soleil. Revigorés par une sieste, ils reprenaient vie vers le soir, débordant d'activité mondaine au moment où nous piquions du nez dans la salade. Ma femme, qui a un tempérament extrêmement hospitalier et horreur de voir des gens sous-alimentés, passait des heures dans la cuisine et nous lavions la vaisselle jusqu'à une heure avancée de la nuit.

Les dimanches, c'était différent. Tous ceux qui venaient passer quelque temps avec nous voulaient voir un des marchés du dimanche et ils ouvrent de bonne heure. Un jour par semaine, nos invités et nous avions les mêmes horaires.

Le regard vitreux et observant un silence inhabituel, ils sommeillaient à l'arrière de la voiture durant les vingt minutes de trajet. Nous allions prendre le petit déjeuner dans le café dominant la rivière à L'Isle-sur-la-Sorgue.

Après nous être garés près du pont, nous éveillions nos amis. Ils étaient allés se coucher, à regret et encore pleins d'animation, à deux heures du matin : la lumière vive avait des effets ravageurs sur leur gueule de bois. Ils se cachaient derrière leurs lunettes de soleil et ingurgitaient de grandes tasses de café crème. Dans la pénombre du fond du bar, un gendarme avalait subrepticement un pastis. L'homme qui vendait des billets de loterie promettait des fortunes immédiates à quiconque hésitait auprès de sa table. Deux routiers de nuit aux mentons bleus et râpeux attaquaient un petit déjeuner de steak frites et réclamaient à grands cris un autre pichet de vin. L'odeur fraîche de la rivière entrait par la porte ouverte et des canards arrivaient en nageant pour attendre qu'on balayât les miettes de la terrasse.

Nous partîmes pour la grand-place, louvoyant entre des groupes de gitanes au teint basané en jupes noires moulantes qui vendaient des citrons et de longs colliers d'ail en interpellant le chaland d'une voix claire. Les éventaires s'entassaient au petit bonheur le long de la rue : bijoux d'argent auprès des tranches plates de morue salée, barils pleins d'olives luisantes, paniers de vannerie, cannelle, safran et vanille, gros bouquets de girofle, tout un carton plein de petits chiots au pedigree incertain, T-shirts de Johnny Hallyday aux couleurs criardes, corsets rose saumon et soutiens-gorge aux proportions héroïques, pains de campagne et sombres terrines.

Un Sénégalais efflanqué et bien noir circulait dans le tourbillon de la place, tout festonné de son stock de montres digitales et d'authentiques articles de cuir en provenance directe des tribus africaines et fabriqués en Espagne. Roulement de tambour. Un homme en képi accompagné d'un chien en blouson rouge s'éclaircit la voix et régla son porte-voix d'où sortit un gémissement insupportable. Nouveau roulement de tambour. « *Prix-chocs ! Agneau de Sisteron ! Charcuterie ! Tripes ! Allez tout de suite à la boucherie Crassard, rue Carnot. Prix-chocs !* » Il tripota de nouveau son appareil et consulta une feuille fixée sur une planchette. C'était la radio mobile de la ville : il annonçait tout depuis les naissances jusqu'au programme du cinéma local, avec assortiment d'effets musicaux. J'aurais voulu le présenter à Tony le publicitaire. Ils auraient pu avoir une intéressante conversation en comparant les techniques de promotion.

Trois Algériens au visage brun et creusé de rides profondes bavardaient au soleil, avec dans leurs mains leur déjeuner la tête en bas ; les poulets vivants qu'ils tenaient par les pattes avaient un air fataliste, comme s'ils savaient que leurs heures étaient comptées. Partout où se portaient nos regards, des gens mangeaient. Les marchands ambulants offraient des échantillons gratuits : tranches de pizza chaudes, petits bouts de jambon, saucisses aux herbes et au poivre, petits cubes de nougat. Une vision de l'enfer pour un homme à la diète. Nos amis commencèrent à s'enquérir du déjeuner.

Nous étions à des heures du déjeuner, et il nous fallait avant cela visiter la partie non comestible du marché : les brocanteurs avec leurs collections hétéroclites d'objets domestiques récupérés dans tous les greniers de la Provence. L'Isle-sur-la-Sorgue est depuis des années une ville d'antiquaires. Il y a près de la gare un vaste entrepôt où trente ou quarante marchands ont leur éventaire en permanence, et on peut trouver pratiquement tout sauf une bonne occasion. Mais c'était un matin trop ensoleillé pour le passer dans la pénombre d'un entrepôt et nous restâmes sous les platanes où les pourvoyeurs de ce qu'ils se plaisent à appeler le « haut bric-à-brac » exposaient leurs marchandises sur des tables, des chaises, sur le sol ou accrochées à des clous plantés dans les troncs d'arbres. Des cartes postales au sépia fané, de vieilles blouses de toile s'entassaient à côté d'amas d'argenterie, de panneaux à l'émail écaillé vantant les mérites de purgatifs et de pommade pour moustaches rebelles, de fers à repasser et de pots de chambre, de bijoux Art déco et de cendriers de café, de recueils de poèmes jaunissants et de l'inévitable fauteuil Louis XIV, en parfait état à l'exception d'un pied manquant. A l'approche de midi, les prix baissaient et on se mettait à marchander dur. Pour ma femme, qui dans ce domaine approche du niveau des professionnels, c'était le moment d'attaquer. Elle tournait autour d'un petit buste en plâtre de Delacroix. Le marchand le laissait à soixante-quinze francs et elle fonça pour la mise à mort.

« Quel est votre meilleur prix ? demanda-t-elle au marchand.

– Mon meilleur prix, madame, c'est cent francs. Mais il semble peu probable maintenant que j'obtienne ça et l'heure du déjeuner approche. Pour cinquante il est à vous. »

Nous installâmes le Delacroix dans la voiture d'où par la lunette arrière il nous regardait d'un air songeur, et nous allâmes rejoindre le reste de la population qui comme le pays tout entier s'apprêtait à s'abandonner aux plaisirs de la table. Une des caractéristiques que nous aimions, que nous admirions même chez les Français, c'est leur bonne volonté à soutenir la bonne cuisine si lointain que puisse être l'endroit où on la mijote. La qualité de la nourriture est plus importante que la commodité et ils rouleront volontiers une heure ou davantage en salivant pendant tout le trajet afin de bien manger. Cela permet à un cuisinier doué de prospérer dans ce qui pourrait sembler le plus décourageant des emplacements, et le restaurant que nous avions choisi était si isolé que lors de notre première visite nous avions utilisé une carte routière.

Buoux est à peine assez grand pour qu'on puisse qualifier l'endroit de village. Perdu dans les collines à une quinzaine de kilomètres de Bonnieux, il a une vieille mairie, une cabine téléphonique moderne, quinze ou vingt maisons éparpillées là et l'*Auberge de la Loube*, bâtie au flanc de la colline au-dessus d'une vallée déserte et magnifique. Nous l'avions trouvé non sans difficulté en hiver, mettant en doute l'exactitude de la carte à mesure que nous nous enfoncions davantage dans une région désertique. Nous étions ce soir-là les seuls clients, attablés devant un grand feu de bûches tandis que le vent agitait les volets.

On n'aurait pu rêver plus grand contraste entre cette rude nuit et un brûlant dimanche de mai. En débouchant du virage qui mène au restaurant, nous constatâmes que le petit parking était déjà plein, occupé pour la moitié par trois chevaux attachés au pare-chocs d'une Citroën décrépite. Le chat du restaurant, allongé sur les tuiles tièdes du toit, contemplait d'un air songeur des poulets dans le champ voisin. Des tables et des chaises étaient disposées le long d'une grange aux portes ouvertes et l'on entendait dans la cuisine le bruit des glaçons qu'on versait dans les seaux.

Maurice, le chef, sortit avec quatre coupes de champagne de pêche, et nous emmena admirer son dernier investissement. C'était une vieille calèche aux roues de bois et aux banquettes de cuir craquelé, assez grande pour transporter une demi-douzaine de passagers. Maurice comptait organiser des excursions en voiture à cheval à travers le Lubéron, s'arrêtant, bien sûr, pour un bon déjeuner en route. Pensions-nous que c'était une idée amusante? Viendrions-nous? Bien sûr. Il nous fit un sourire timide et ravi, puis retourna à ses fourneaux.

Il était un autodidacte en matière de cuisine, mais il n'avait aucune envie de devenir le Bocuse de Buoux. Tout ce qu'il voulait, c'était assez de clients pour lui permettre de rester dans sa vallée avec ses chevaux. Le succès de son restaurant se fondait sur des prix modestes, une nourriture simple et bonne plutôt que sur des envolées de fantaisies gastronomiques, de ce qu'il appelait « la cuisine snob ».

Il n'y avait qu'un menu à cent dix francs. La jeune

fille qui sert le dimanche apporta une corbeille d'osier qu'elle déposa au milieu de la table. Nous dénombrâmes quatorze hors-d'œuvre différents : cœurs d'artichauts, beignets de petites sardines frites, taboulé bien relevé, morue à la crème, champignons marinés, bébés calamars, tapenade, petits oignons frits dans une sauce à la tomate fraîche, céleri et pois chiches, radis et petites tomates, moules froides. En équilibre sur le haut du plateau chargé d'épaisses tranches de pâté avec des cornichons, de petites assiettes d'olives et de poivrons froids. Le pain avait une superbe croûte craquante. Il y avait du vin blanc dans le seau à glace et une bouteille de Châteauneuf-du-Pape qu'on avait laissée respirer à l'ombre.

Les autres clients étaient tous français, des gens des villages voisins, dans leurs belles tenues sombres du dimanche, et un ou deux couples plus sophistiqués, d'une élégance hors de propos. A une grande table dans le coin, trois générations de la même famille remplissaient leurs assiettes en se souhaitant bon appétit. Un des enfants, faisant montre d'un talent prometteur pour un gourmet de six ans, déclara qu'il préférait ce pâté-ci à celui qu'il mangeait à la maison et demanda à sa grand-mère de lui faire goûter une gorgée de son vin. Le chien de la famille attendait patiemment auprès de lui, sachant comme tous les chiens que les enfants laissent tomber plus de nourriture que les adultes.

Le plat principal arriva : des tranches bien rosées d'agneau cuit avec des gousses d'ail entières, des haricots verts nouveaux, une patate bien dorée et une galette à l'oignon. On servit le Châteauneuf-du-Pape, sombre et corsé, « un vin qui a de l'épaule », comme avait dit Maurice. Nous renonçâmes à nos plans d'un après-midi actif et tirâmes au sort pour voir qui profiterait du fauteuil flottant de Bernard.

Le fromage venait de Banon, tout humide dans ses feuilles de vigne qui l'emballaient, puis vinrent les triples parfums et la multiple texture des desserts : sorbet au citron, tarte au chocolat et à la crème anglaise, tout cela dans la même assiette. Café. Un verre de marc de Gigondas. Soupirs de satisfaction. En quel autre endroit du monde, s'émerveillaient nos amis, pourrait-on si bien déjeuner dans un cadre aussi détendu et aussi bon enfant pour un prix aussi raisonnable ? En Italie peut-être, mais de tels endroits étaient rares. Ils avaient l'habitude de Londres, avec ses restaurants aux décorations surchargées, sa cuisine à thème et ses prix ridicules. Ils nous parlèrent d'un plat de pasta à Mayfair qui coûte plus que le repas tout entier que chacun de nous venait d'engloutir. Pourquoi était-ce si difficile de manger bien et bon marché à Londres ? Tout emplis de la facile sagesse postprandiale, nous en arrivâmes à la conclusion que les Anglais vont moins souvent au restaurant que les Français et que, quand il le faut, ils veulent être impressionnés aussi bien que nourris : ils veulent des bouteilles de vin dans des paniers, des rince-doigts, des menus longs comme un court roman et des additions dont ils puissent se vanter.

Maurice arriva pour nous demander si sa cuisine nous avait plu. il s'assit tout en faisant une addition sur un bout de papier. « La douloureuse », dit-il en poussant le papier sur la table. Cela dépassait tout juste six cent cinquante francs : à peu près ce que deux personnes paieraient pour un déjeuner élégant à Fulham. Un de nos amis lui demanda s'il avait jamais pensé à venir s'installer dans un endroit plus accessible, comme Avignon ou même Ménerbes. Il secoua la tête. « C'est bien ici. J'ai tout ce que je veux. » Il se voyait faisant la cuisine dans vingt-cinq ans d'ici, et nous espérions être encore en état de la savourer quitte à tituber un peu après.

En rentrant à la maison, nous observâmes que la combinaison de la bonne cuisine et du dimanche avait une influence calmante sur l'automobiliste français. Il a l'estomac plein. Il jouit de son congé hebdomadaire. Il flâne sans céder à la tentation grisante de doubler dans un virage sans visibilité. Il s'arrête pour prendre l'air et se soulager dans les buissons au bord de la route, communiant avec la nature, saluant aimablement les voitures qui passent. Demain, il endossera de nouveau son blouson de pilote kamikaze, mais aujourd'hui c'est dimanche en Provence, il faut profiter de la vie.

Juin

L'industrie locale de la publicité était en plein essor. D'alléchants petits prospectus s'abattaient sur le pare-brise de toute voiture garée plus de cinq minutes près d'un marché. En regagnant la nôtre, nous la trouvâmes avec une guirlande de messages flottant au vent : on nous annonçait des attractions à venir, des occasions à ne pas manquer, des produits alimentaires à des prix de rêve et des services plus exotiques.

Un concours d'accordéon se tenait à Cavaillon, avec intermède des « *Lovely Girls adorablement déshabillées (douze tableaux)* » pour nous distraire entre les prestations des concurrents. Un supermarché lançait « *l'Opération porc* ». Il y avait des tournois de pétanque et des bals, des courses de bicyclette et des expositions canines, des discothèques mobiles avec disc-jockey intégré, des feux d'artifice et des récitals d'orgue. Mme Florian, voyante et alchimiste, avait une telle confiance dans ses dons qu'elle assurait à chacun de ses clients une garantie de satisfaction. Les « gagneuses », comme disent les Français, étaient aussi proposées sur notre pare-brise : Ève se présentait comme une délicieuse créature très disponible, Mlle Rose pouvait satisfaire au téléphone tous nos fantasmes, un service, annonçait-elle fièrement, qui avait été interdit à Marseille. Et puis un jour, une note désespérée rédigée à la hâte qui nous demandait non pas notre argent mais notre sang. La photocopie racontait l'histoire d'un petit garçon qui attendait d'aller en Amérique pour y subir une transplantation d'organe et qui avait besoin de transfusions constantes pour le maintenir en vie jusqu'au moment où l'hôpital là-bas pourrait l'accueillir. « Venez nombreux et vite », disait la note. L'unité de transfusion se trouverait dans la salle municipale de Gordes le lendemain matin à huit heures.

Quand nous arrivâmes vers huit heures et demie, la salle était déjà pleine. On avait disposé le long du mur une douzaine de lits, tous occupés, et, à voir la rangée de pieds alignés devant nous, nous pûmes constater qu'un bon échantillonnage de la population locale s'était présenté. Il y avait des sandales et des espadrilles, des hauts talons, de grosses chaussures de toile montantes et ces chaussons baptisés charentaises que les Français affectionnent. Les vieilles femmes gardaient une main crispée sur leur panier à provisions tandis qu'elles serraient et desserraient l'autre poing pour accélérer l'écoulement du sang dans les poches en plastique. On discutait ferme pour savoir qui apportait la contribution la plus enrichissante, la plus substantielle et du plus beau rouge.

Dans la file d'attente pour la prise de sang, nous nous trouvions derrière un vieil homme trapu au nez bourgeonnant, en casquette effrangée et salopette, qui regardait avec amusement l'infirmière se livrer à de vaines tentatives pour piquer la peau endurcie de son pouce.

« Vous voulez que j'aille chercher le boucher ? » proposa-t-il. Elle piqua encore une fois, avec plus d'énergie. « Merde. » Une goutte de sang apparut. L'infirmière la transvasa soigneusement dans une petite éprouvette, ajouta un liquide et secoua vigoureusement le mélange. Elle leva les yeux vers le donneur, son visage exprimant une désapprobation non dissimulée.

« Comment êtes-vous venu jusqu'ici ? » demanda-t-elle au vieil homme.

Il cessa de sucer son pouce. « A bicyclette, répondit-il, j'ai fait tout le chemin depuis les Imberts. »

L'infirmière eut un petit reniflement. « Ce qui m'étonne, c'est que vous ne soyez pas tombé. » Elle examina de nouveau le tube de verre. « Vous êtes techniquement ivre.

— Impossible, répondit l'homme. J'ai peut-être pris un petit coup de rouge au petit déjeuner comme d'habitude, mais c'est tout. Et d'ailleurs, dit-il en brandissant sous le nez de l'infirmière son pouce ensanglanté, une goutte d'alcool, ça enrichit les corpuscules. »

L'infirmière n'était pas convaincue. Elle renvoya le vieil homme prendre un second petit déjeuner, arrosé cette fois de café, en lui disant de revenir en fin de matinée. Il s'éloigna d'un pas lourd en grommelant, brandissant son pouce blessé devant lui comme un étendard.

On nous prit une goutte de sang, on confirma que nous n'étions pas en état d'ébriété et on nous montra nos lits. On raccorda nos veines à des sacs en plastique. Nous entreprîmes de serrer et de desserrer consciencieusement le poing. Une bonne humeur un peu bruyante régnait dans la salle : des gens qui normalement se croiseraient dans la rue sans se dire bonjour avaient soudain une attitude amicale, comme cela arrive souvent quand des étrangers se trouvent unis pour accomplir une bonne action. Peut-être aussi cela avait-il un rapport avec le bar au fond de la salle.

En Angleterre, on récompense le donneur de sang avec une tasse de thé et un biscuit. Mais ici, après nous avoir débranchés de nos tubes, on nous guida jusqu'à une longue table où opéraient des serveurs volontaires. Qu'est-ce qui nous ferait plaisir ? Café, chocolat, croissants, brioches, sandwiches au jambon ou au saucisson

131

à l'ail, un verre de rouge ou de rosé ? Il faut manger !
Boire ! Remplacer ces globules ! Un jeune infirmier
s'escrimait avec un tire-bouchon et le docteur en
blouse blanche qui surveillait la transfusion nous souhaita à tous bon appétit. A en juger par l'amoncelle-
ment de bouteilles vides qui s'entassaient derrière le
bar, l'appel aux donneurs de sang était une incontes-
table réussite, tant sur le plan clinique que sur le plan
mondain.

Quelques jours plus tard, nous reçûmes par la poste
notre exemplaire du *Globule*. Des litres de sang
avaient été recueillis ce matin-là à Gordes, mais on ne
trouvait nulle part trace de l'autre statistique qui
m'intéressait : le nombre de litres de vin consommés.

*
* *

De la terrasse du café *Fin de Siècle* à Cavaillon,
notre ami, avocat londonien, un homme empreint
d'une réserve toute britannique, observait ce qu'il
appelait les bouffonneries des mangeurs de gre-
nouilles. C'était jour de marché, les trottoirs étaient
encombrés de gens qui avançaient lentement, se bous-
culant dans le plus grand désordre.

« Regardez-moi ça, dit-il, tandis qu'une voiture
s'arrêtait au milieu de la rue et que le conducteur en
descendait pour serrer dans ses bras un ami, ils passent
leur temps à se tripoter. Vous avez vu ça ? *Des
hommes qui s'embrassent.* Rudement malsain, si vous
voulez mon avis. » Il ricana dans sa bière, son sens des
convenances profondément choqué par un comportement aussi perverti, aussi éloigné du respectable
Anglo-Saxon qu'il était.

Il m'avait fallu quelques mois pour m'y habituer.
Comme tout bon Britannique élevé en Angleterre,
j'avais assimilé certaines attitudes à adopter en société.

J'avais appris à garder mes distances, à saluer de la tête au lieu de serrer la main, à limiter mes embrassades à l'élément féminin de la famille et à réserver à l'espèce canine toute démonstration publique d'affection. Se trouver la proie d'un accueil à la provençale, aussi complet et minutieux qu'une fouille effectuée par des agents de la police de l'air, était au début une expérience traumatisante. Je l'appréciais maintenant, j'étais fasciné par les subtilités du rituel mondain, par la gestuelle qui constitue un élément essentiel de toute rencontre en Provence.

Quand deux hommes aux mains libres se rencontrent, ce sera à tout le moins une poignée de main conventionnelle. S'ils ont les mains encombrées, on vous tendra un petit doigt à serrer. Si les mains sont sales ou mouillées, on vous proposera un avant-bras ou un coude. Se trouver à bicyclette ou au volant d'une voiture ne vous dispense pas de l'obligation de *toucher les cinq sardines*, et vous verrez accomplir dans le flot de la circulation de périlleuses contorsions quand des mains se glissent par des vitres de voiture ouvertes ou lâchent un guidon de vélo pour se rencontrer. Il ne s'agit pourtant là que de connaissances du premier niveau et de formes d'expression les plus réservées. Une relation plus étroite mérite un témoignage plus démonstratif.

Comme l'avait remarqué notre ami avocat, les hommes s'embrassent entre eux. Ils se serrent les épaules, se donnent des claques dans le dos, se martèlent mutuellement les reins, se pincent la joue. Quand un Provençal est sincèrement content de vous voir, vous courez le risque de sortir de ses étreintes avec des meurtrissures superficielles.

Pour les femmes, les risques de dommages corporels sont plus réduits. Mais un amateur peut aisément commettre une gaffe s'il calcule mal le nombre de baisers requis. Aux premiers temps de ma découverte, je plantais un unique baiser pour m'apercevoir aussitôt au moment où je reculais qu'on me tendait l'autre joue. Il n'y a que les snobs pour embrasser une seule fois, me dit-on, ou ces malheureux qui souffrent de *froideur congénitale*. J'assistai alors à ce que je supposai être la procédure correcte : le triple baiser, gauche-droite-gauche. Je l'essayai sur une amie parisienne. J'étais encore dans l'erreur. Elle m'expliqua que le triple baiser était une habitude vulgaire et qu'entre gens civilisés deux baisers suffisaient. Dès que je revis la femme de mon voisin, je l'embrassai à deux reprises. « Non, dit-elle, trois fois. »

Je fais maintenant très attention aux mouvements de la tête féminine. Si elle cesse de pivoter après deux baisers, je suis à peu près sûr d'avoir rempli mon quota, mais je reste prêt à un troisième plongeon au cas où la tête continuerait à bouger.

C'est un problème différent mais tout aussi délicat pour ma femme qui, elle, reçoit les baisers et doit estimer le nombre de fois où il lui faut tourner la tête, si tant est qu'elle doive le faire. Un matin, elle entendit un rugissement dans la rue et, en se retournant, vit Michel le plâtrier qui s'avançait vers elle. Il s'arrêta et s'essuya ostensiblement les mains sur son pantalon. Ma femme s'attendait à une poignée de main et ce fut donc sa main qu'elle tendit. Michel l'écarta et à trois reprises l'embrassa chaleureusement. On ne peut jamais savoir.

Quand on en a fini avec les salutations préliminaires, la conversation peut commencer. On dépose paniers à provisions et paquets, on attache les chiens à une table de café, on appuie bicyclettes et outils contre le mur le plus proche. Indispensable précaution, car toute discussion sérieuse et satisfaisante exige qu'on ait les mains libres : il faut assurer une ponctuation visuelle, terminer des phrases laissées en suspens, souligner ou simplement enjoliver des propos qui, s'il s'agit seulement de remuer la bouche, n'ont pas par eux-mêmes un caractère assez physique pour le Provençal. Les mains et les épaules d'une éternelle éloquence jouent donc un rôle essentiel dans un aimable échange de vues : à vrai dire, on peut même suivre une conversation de loin sans en entendre un mot, en observant les expressions, les mouvements des corps et des mains.

Le vocabulaire muet, parfaitement défini, commence par des gestes de la main auxquels nos ouvriers du bâtiment nous avaient initiés. Ils l'utilisaient en signe de dénégation, quand on parlait délai ou prix, c'est un geste d'une flexibilité presque sans limite. Il peut décrire votre état de santé, l'état de vos relations avec votre belle-mère, la marche de vos affaires, votre opinion sur un restaurant ou vos prévisions sur la récolte de melons de cette année. Quand il s'agit d'un sujet d'importance secondaire, le geste de la main est à peine esquissé et accompagné d'un haussement de sourcils. Les questions plus sérieuses – politique, l'inquiétant état de son foie, les chances d'un coureur local dans le Tour de France –, on les traite avec une intensité plus grande. Le geste s'effectue au ralenti, la partie supérieure du corps oscillant légèrement tandis que la main s'agite, et qu'une expression concentrée se peint sur le visage.

Pour mettre en garde et pour argumenter, on utilise l'index dans l'une de ses trois positions opérationnelles. Pointé, raide et immobile sous le nez de votre interlocuteur, c'est un signal de prudence : prenez garde, attention, les choses ne sont pas ce qu'elles ont l'air d'être. Brandi juste au-dessous du visage et rapidement agité d'un côté à l'autre comme un métronome en folie, il indique que l'autre personne est regrettablement mal informée et que ce qu'elle vient de dire est absolument faux. On exprime alors l'opinion correcte et le doigt abandonne son mouvement latéral pour aborder une série de petits coups en avant : soit pour frapper légèrement le torse si l'ignorant est un homme, soit pour s'arrêter discrètement à quelques centimètres de la poitrine si l'on s'adresse à une femme.

Évoquer un départ brusqué exige l'emploi des deux mains : la gauche, les doigts bien droits, effectue depuis la taille un mouvement ascendant pour aller claquer la paume de la main droite en plein mouvement descendant : version réduite du populaire et extrêmement vulgaire broyage de biceps, que l'on observe sous sa forme la plus pure durant les embouteillages du plein été quand des conducteurs se disputent, descendent de voiture afin de se donner l'amplitude nécessaire pour un uppercut du gauche arrêté net par la main droite qui se referme sur le biceps.

La conversation terminée, on se promet de rester en contact. Les trois doigts du milieu se replient dans la paume et on lève une main jusqu'à l'oreille, pouce tendu et le petit doigt imitant la forme d'un téléphone. Pour finir, il y a la poignée de main d'adieu. On rassemble paquets, chiens et bicyclettes jusqu'à ce que tout le processus recommence cinquante mètres plus loin dans la rue. Pas surprenant après cela que l'aérobic n'ait jamais été populaire en Provence. Les gens prennent bien assez d'exercice en bavardant dix minutes.

Tous ces divertissements ne contribuaient guère à développer notre esprit d'aventure. Avec tant de distractions à notre porte, nous négligions les coins les plus fameux de la Provence : c'est du moins ce que nous répétaient nos amis de Londres. Avec cet air entendu et agaçant de vieux voyageurs en chambre, ils ne cessaient de nous faire remarquer dans quelle situation idéale nous nous trouvions pour visiter Nîmes, Arles et Avignon, pour aller admirer les flamants de Camargue, goûter la bouillabaisse de Marseille. Ils paraissaient surpris et déçus par notre sédentarisme. Il y avait une seule exception à cette existence casanière, une excursion que nous étions toujours heureux d'entreprendre : tous les deux nous adorions Aix.

La route en lacet que nous prenons à travers les montagnes est trop étroite pour les camions et trop sinueuse pour quelqu'un de pressé. A part une ferme isolée avec son troupeau de chèvres, il n'y a rien à voir, que des paysages abrupts et déserts de roches grises et chênes verts auxquels l'extraordinaire luminosité confère une rare netteté. La route descend au milieu des collines sur le versant sud du Lubéron avant de rejoindre le circuit du Grand Prix amateurs qui se dispute tous les jours sur la Nationale 7 : une épreuve qui au long des années a vu la disparition de plus d'automobilistes qu'on n'aime à se dire quand on attend une brèche dans le flot de la circulation.

La route débouche en ville sur l'extrémité de la plus belle avenue de France. Le cours Mirabeau est superbe à toute époque de l'année. Il atteint son apogée entre le printemps et l'automne, quand les platanes forment un tunnel vert pâle de cinq cents mètres de long. Le soleil qui filtre entre les feuilles, les quatre fontaines au beau milieu du cours, les parfaites proportions conformes à la règle de Vinci que « la rue soit aussi large que la hauteur des maisons », l'aménagement de l'espace, des arbres et des édifices, tout est si plaisant au regard que c'est à peine si on remarque les voitures.

Au long des années, une subtile délimitation géographique a séparé peu à peu le travail des activités plus frivoles. Du côté ombragé de l'avenue se trouvent, comme il convient, les banques, les compagnies d'assurances, les cabinets d'agents immobiliers et d'avocats. Du côté ensoleillé, les cafés.

J'ai aimé presque tous les cafés où j'aie jamais mis les pieds en France, même les petits bistrots de villages où les mouches sont plus nombreuses que les clients, mais j'ai un faible pour les cafés qui s'étendent le long du cours Mirabeau et un faible tout particulier pour *Les Deux Garçons*. Des générations de propriétaires se sont succédé, glissant leurs bénéfices sous leur matelas, résistant à toute idée de refaire la décoration : tentations qui, en France, aboutissent d'ordinaire à un fouillis de matières plastiques et d'éclairages mal agencés. L'intérieur a donc gardé à peu près le même aspect qu'il devait avoir au début du siècle.

La fumée d'un million de cigarettes a fait prendre au plafond une teinte caramel. Le comptoir est en cuivre bien astiqué, une longue succession de fesses et de coudes ont donné aux tables et aux chaises leur patine, les serveurs ont des tabliers et les pieds plats, comme ce devrait être le cas pour tous les vrais garçons de café. Il y fait sombre et frais, c'est l'endroit idéal pour rêvasser en prenant tranquillement un verre. Et puis il y a le spectacle de la terrasse.

Aix est une ville universitaire, et il y a de toute évidence quelque chose dans le programme des cours qui attire les étudiantes aux silhouettes de mannequin. Elles abondent toujours à la terrasse des *Deux Garçons* et, selon moi, elles sont là pour parfaire leur éducation plutôt que pour se rafraîchir. Elles appliquent un cours de maintien qui s'articule en quatre parties.

1 : l'arrivée

L'arrivée doit être aussi spectaculaire que possible, de préférence à l'arrière d'une Kawasaki 750 rouge pilotée par un jeune homme vêtu de la tête aux pieds de cuir noir, avec une barbe de trois jours. Inutile de rester sur le trottoir pour lui faire des gestes d'adieu, il dévale le cours dans un bruit de tonnerre pour se rendre chez son coiffeur. Le geste tendre est juste bon pour les petites jeunes filles empruntées qui arrivent

138

d'Auvergne. L'étudiante sophistiquée n'a pas le temps de faire du sentiment : elle se concentre en vue de l'étape suivante.

2 : *l'entrée*

On doit garder ses lunettes de soleil jusqu'au moment où l'on aperçoit à une des tables quelqu'un de connaissance. Surtout ne pas avoir l'air de chercher de la compagnie. On donnera plutôt l'impression qu'on entre dans le café pour passer un coup de fil à un admirateur italien titré quand – divine surprise ! – on aperçoit un ami. On peut alors ôter les lunettes de soleil et redresser la tête en se laissant persuader de s'asseoir une minute.

3 : *le baiser rituel*

On doit embrasser tous ceux qui sont installés à la table au moins deux fois, souvent trois, et dans certains cas quatre fois. Les bénéficiaires de ces baisers doivent rester assis pour permettre à la nouvelle arrivée de fondre sur la table, de se pencher suffisamment pour que la vue d'une paire de cuisses parfaites n'échappe à personne, de rejeter ses cheveux en arrière d'un vif mouvement de tête, de boucher le passage aux serveurs, bref de faire sentir sa présence.

4 : *le savoir-vivre à table*

Une fois assise, on devra remettre ses lunettes de soleil afin de pouvoir discrètement étudier son propre reflet dans les vitres de l'établissement : non pas par narcissisme, mais pour contrôler quelques détails techniques de première importance : la façon d'allumer une cigarette, de sucer la paille d'un Perrier menthe ou de grignoter délicatement un morceau de sucre. Quand on est satisfaite, on peut abaisser les lunettes pour les laisser reposer de façon charmante à l'extrémité du nez et consacrer alors son attention aux autres occupants de la table.

Ce spectacle se poursuit sans interruption du milieu de la matinée jusqu'au début de la soirée et ne manque jamais de me ravir. Il doit y avoir de temps en temps une pause pour les travaux universitaires entre ces séances acharnées d'études sociales : je n'ai pourtant jamais vu un manuel venir assombrir le marbre d'aucune des tables, pas plus que je n'ai entendu de discussion touchant au calcul différentiel ou aux sciences politiques. Les étudiantes sont totalement occupées à se montrer en forme et le résultat c'est que le cours Mirabeau est un régal pour l'œil.

Je ne passe pas le plus clair de mon temps à papillonner d'un café à l'autre, et comme nos voyages à Aix sont peu fréquents, nous éprouvons l'agréable obligation d'en faire le plus possible le matin : acheter une bouteille d'eau-de-vie chez l'épicier de la rue d'Italie, des fromages chez M. Paul rue des Marseillais. Se mêler à la foule du marché aux fleurs. Jeter encore un coup d'œil à la magnifique petite place d'Albertas, avec ses pavés et sa fontaine. Et s'assurer en arrivant rue Frédéric-Mistral qu'il y a encore des places *Chez Gu*.

Il existe à Aix des restaurants plus grands, plus luxueux et où la cuisine est plus raffinée mais, depuis qu'un jour de pluie nous nous sommes engouffrés *Chez Gu*, nous n'avons pas cessé d'y retourner. C'est Gu en personne qui préside sur la salle : un homme bienveillant, exubérant, qui arbore la moustache la plus large, la plus cavalière, la plus luxuriante et la plus ambitieuse que j'aie jamais vue : ses efforts pour établir le contact avec les sourcils de Gu l'amènent constamment à lutter contre les efforts combinés de la pesanteur et du rasoir. C'est le fils de Gu qui prend les commandes et une femme invisible à la voix redoutable – Mme Gu, peut-être – règne sur la cuisine. La clientèle se compose d'hommes d'affaires du quartier, des vendeuses de chez Agnès B. dont le magasin est juste au coin, et d'élégantes avec leur sac et leur teckel, de temps en temps des couples furtifs et visiblement illicites qui se murmurent des serments d'amour en oubliant leur aïoli. On sert le vin dans des pichets, un bon repas de trois plats coûte quatre-vingts francs et tous les jours à midi et demi toutes les tables sont prises.

Comme toujours, nos vertueuses intentions de faire un repas rapide et léger disparaissent avec le premier pichet de vin et, comme toujours, nous justifions notre sybaritisme en nous répétant qu'aujourd'hui c'est jour de congé. Nous n'avons pas à regagner un bureau, pas d'agenda bourré de rendez-vous, et notre plaisir se trouve scandaleusement avivé par la certitude que les gens autour de nous auront déjà regagné leur bureau quand nous serons encore assis devant notre seconde tasse de café en songeant à ce que nous allons faire ensuite. Il y a beaucoup de choses à voir à Aix, mais le déjeuner apaise notre fringale de tourisme : le sac de fromages se vengerait en nous asphyxiant sur le chemin du retour si nous le trimbalions dans la chaleur de l'après-midi. A la sortie d'Aix je comptais m'arrêter dans un drôle d'endroit que nous avions remarqué en nous rendant en ville, une sorte de bric-à-brac médiéval jonché de reliques massives, d'ornements de jardin mutilés. C'est là, assurément, que nous trouverons le vieux banc de pierre que nous cherchons et ces gens nous paieront sans doute pour les en débarrasser.

« Les Matériaux d'Antan » occupe un terrain grand comme un cimetière de bonne taille sur le bord de la Nationale 7. Fait inhabituel dans un pays si résolu à

141

protéger ses biens qu'il abrite la plus forte densité de cadenas d'Europe, l'endroit était ouvert à tous les vents : pas de clôture, pas de panneau menaçant, pas de bergers allemands au poil hérissé tirant sur leurs chaînes et pas trace de propriétaire. Fallait-il être confiant, songions-nous en nous garant, pour mener une affaire sans aucun moyen apparent de protéger le stock. Nous comprîmes alors pourquoi l'heureux propriétaire pouvait se permettre d'être aussi détendu : rien de ce qui était exposé ne devait peser moins de cinq tonnes. Il aurait fallu dix hommes et un treuil hydraulique pour soulever la moindre babiole et un camion pour l'emporter.

Si nous avions envisagé de bâtir une réplique de Versailles, nous aurions pu trouver là tout ce qu'il nous fallait en un après-midi. Une grande baignoire taillée dans une seule dalle de marbre ? Là dans le coin, avec des bruyères qui poussaient par le trou de vidange. Un escalier pour le hall d'entrée ? Il y en avait trois, de longueurs diverses, des marches de pierre usées disposées en courbes gracieuses, chacune d'elles large comme une table de salle à manger. De grands serpentements de balustrades en fer forgé gisaient non loin de là, avec ou sans la petite touche finale du pamplemousse géant. Il y avait des balcons de pierre entiers avec gargouilles, chérubins de marbre grands comme de robustes adultes, qui tous avaient l'air atteints des oreillons, des amphores en terre cuite de trois mètres de long, couchées sur le côté, des meules de moulins, des colonnes, des architraves et des plinthes. Bref, tout ce qu'on pouvait imaginer en pierre, à l'exception d'un simple banc.

« Bonjour. » Un jeune homme surgit de derrière une copie plus grande que nature de la Victoire de Samothrace en demandant s'il pouvait nous aider. Un banc ? Il réfléchit, replia son index par-dessus son nez, puis secoua la tête d'un air navré. Les bancs, ça n'était pas sa spécialité. Toutefois, il avait un ravissant belvédère dix-huitième en fer forgé, ou bien si nous avions un jardin assez grand, un magnifique arc de triomphe de style romain qu'il pouvait nous montrer : dix mètres de haut et assez large pour laisser le passage à deux chariots de front. C'était des pièces rares, nous dit-il. La tentation nous saisit un moment de voir Amédée passer sous un arc de triomphe au volant de son tracteur pour aller jusqu'aux vignes, une couronne de feuilles d'olivier encerclant son chapeau de paille. Mais ma femme perçut tout de suite les problèmes pratiques que pourrait poser l'achat sur un coup de tête d'un bibelot de deux cent cinquante tonnes. Nous quittâmes le jeune homme en promettant de revenir si jamais nous achetions un château.

A notre retour, le répondeur nous accueillit en clignant de son petit œil rouge pour nous annoncer que des gens lui avaient parlé. Trois messages. Un Français, dont je ne reconnus pas la voix, poursuivait un monologue empreint de méfiance, refusant d'accepter le fait qu'il s'adressait à une machine. Notre message, demandant à ceux qui nous appelaient de laisser un numéro où on pouvait les joindre, l'avait démonté. Pourquoi voulez-vous que je vous donne mon numéro quand je suis déjà en train de vous parler ? Il attendit une réponse, le souffle rauque. Qui est à l'appareil ? Pourquoi ne répondez-vous pas ? Nouveau souffle rauque. Allô ? Allô ? Merde. Allô ? Le temps qui lui était imparti sur la cassette s'épuisa au milieu de ses grommellements et nous n'entendîmes plus jamais parler de lui.

Didier, concis et efficace, nous annonçait que son équipe et lui étaient prêts à reprendre le travail et qu'ils allaient attaquer deux pièces à l'arrière de la maison. Normalement, ils arriveraient demain, ou peut-être après-demain. Et combien de chiots voulions-nous ? Pénélope était enceinte des œuvres d'un inconnu hirsute de Goult.

Puis il y avait une voix britannique, un homme que nous nous rappelâmes avoir rencontré à Londres. Il nous avait paru charmant, mais nous le connaissions à peine. Cette regrettable situation ne se prolongerait pas davantage : sa femme et lui allaient passer. Il ne précisait pas quand et ne laissait pas de numéro. Sans doute, à la façon habituelle de l'Anglais itinérant, allait-il surgir un jour prochain juste avant le déjeuner. Jusqu'alors, nous avions eu un mois paisible, avec peu d'invités et peu d'ouvriers, et nous étions disposés à avoir un peu de compagnie.

Ils arrivèrent au crépuscule alors que nous nous apprêtions à dîner dans la cour : Ted et Susan. Ils se répandirent en excuses et exprimèrent d'une voix claire l'enthousiasme que leur inspirait la Provence, qu'ils n'avaient encore jamais visitée, notre maison, nos chiens, notre table de pierre, la beauté du ciel, nous, bref, tout. Ils nous le répétèrent à plusieurs reprises, dès les premières minutes, tout était super. Tant d'entrain et si peu de souffle étaient désarmants. Ils s'exprimaient en tandem, dans un dialogue sans couture qui n'exigeait ni d'ailleurs ne permettait aucune contribution de notre part.

« Sommes-nous arrivés au mauvais moment ? C'est bien de nous, hélas.

– Ah, ça oui.

– Vous devez avoir *horreur* des gens qui débarquent comme ça. Un verre de vin, ce serait merveilleux.

– Chéri, regarde la piscine, n'est-ce pas qu'elle est *ravissante*.

– Saviez-vous qu'à la poste de Ménerbes il y a un petit plan pour montrer comment trouver votre maison ? Ils vous appellent *les Anglais* et ils vont pêcher cette carte sous le comptoir.

– Nous serions arrivés plus tôt, mais nous sommes tombés sur ce charmant vieil homme du village...

– ... Enfin, plutôt sur sa voiture, en fait...

– Oui, sa voiture, mais il a été délicieux, n'est-ce pas, chéri, et ce n'était même pas un accrochage, plutôt une éraflure.

– Alors nous l'avons emmené au café, nous lui avons offert un verre...

– Pas mal de verres, n'est-ce pas, chéri ?

– Ainsi qu'à quelques-uns de ses amis... des gens si drôles.

– Bref, nous voilà, et je dois dire que c'est absolument ravissant.

– C'est si gentil de votre part de nous laisser vous envahir comme ça. »

Ils s'arrêtèrent pour boire une gorgée de vin et reprendre haleine, tout en regardant autour d'eux en émettant de petits murmures approbateurs. Ma femme, toujours sensible au plus léger symptôme de sous-alimentation, observa que Ted lorgnait notre dîner, encore intact sur la table. Elle leur demanda s'ils voulaient le partager avec nous.

« Oh, à condition que ça ne vous dérange pas surtout : juste un croûton de pain, un bout de fromage, et peut-être encore un petit verre de vin. »

Ted et Susan s'installèrent, sans cesser de pépier, et nous sortîmes saucisses, fromages, salade, et quelques tranches de cette omelette froide qu'on appelle crespaou avec une sauce de tomate toute fraîche. Tout cela fut accueilli avec un tel ravissement que je me demandai à quand remontait leur dernier repas et quelles dispositions ils avaient prises pour le suivant.

« Où êtes-vous descendus ? »

Ted emplit son verre. Eh bien, en fait, ils n'avaient rien retenu – « C'est bien de nous, vraiment » –, mais une petite auberge leur conviendrait, pensaient-ils, quelque chose de propre et de simple, et pas trop loin car ils adoreraient voir la maison dans la journée si cela ne nous dérangeait pas. Il devait y avoir une demi-douzaine de petits hôtels que nous pourrions leur recommander.

Il y en avait, en effet, mais il était dix heures passées. Ted et Susan feraient mieux de rester ici pour la nuit et de trouver quelque chose le lendemain matin. Ils se regardèrent et attaquèrent un duo d'actions de grâces qui dura jusqu'au moment où on eut monté leurs bagages au premier. Par la fenêtre de la chambre d'amis, ils roucoulèrent un ultime bonne nuit, et en allant nous coucher nous les entendions encore babiller. On aurait dit deux enfants exaltés, nous nous dîmes que ce serait peut-être amusant de les avoir quelques jours.

Les aboiements des chiens nous réveillèrent peu après trois heures du matin. Ils étaient apparemment intrigués par les bruits en provenance de la chambre d'amis, la tête penchée de côté pour écouter ; nous entendîmes des gémissements et le déferlement de la chasse d'eau. Quelqu'un était manifestement en triste état.

Je ne sais jamais comment réagir aux maux d'autrui. Quand je suis malade, je préfère qu'on me laisse tranquille, me souvenant de ce qu'un oncle m'avait dit voilà longtemps. « Vomis dans l'intimité, mon cher garçon, m'avait-il recommandé. Ça n'intéresse personne de voir ce que tu as mangé. » Mais il y a d'autres affligés que la compassion d'un public réconforte.

Les bruits persistaient et je montai demander si nous ne pouvions rien faire. Le visage soucieux de Ted apparut par l'entrebâillement de la porte. Susan avait mangé quelque chose. La pauvre chérie avait l'estomac délicat. Toute cette excitation. Il n'y avait rien d'autre à faire que laisser la nature suivre son cours, ce à quoi Susan s'employa de nouveau bruyamment. Nous nous retirâmes dans notre lit.

Peu après sept heures, un bruit de tonnerre éclata. Didier était arrivé, comme promis, et il s'échauffait avec une massue à manche court et une grosse pointe en fer, tandis que ses assistants trimbalaient des sacs de ciment et rudoyaient la bétonneuse pour la remettre en marche. Notre malade descendit l'escalier à pas hésitants en se tenant le front pour se protéger du vacarme et du brillant soleil. Elle affirma pourtant qu'elle était assez bien pour prendre un petit déjeuner. Elle se trompait et dut quitter précipitamment la table pour retourner dans la salle de bains. C'était un matin parfait, sans vent, sans nuages, avec un ciel d'un bleu lavande. Nous le passâmes à trouver un docteur qui acceptât de venir jusqu'à la maison, et puis nous nous en fûmes acheter des suppositoires à la pharmacie.

Au cours des quatre ou cinq jours suivants, une certaine intimité nous lia vite au pharmacien. L'infortunée Susan et son estomac ne s'entendaient pas. L'ail lui portait sur le foie. Le lait du pays, un produit assez étrange, j'en conviens, lui bouleversait les entrailles. L'huile, le beurre, l'eau, le vin, rien ne lui convenait, et vingt minutes au soleil la transformaient en cloque ambulante. Elle était allergique au Midi.

C'est assez courant. La Provence constitue un tel choc pour l'organisme septentrional : tout y est vigoureux. Les températures sont extrêmes, frôlant les quarante degrés pour descendre jusqu'à moins dix. La pluie, quand elle survient, tombe avec un tel entrain qu'elle emporte les routes et oblige à fermer l'autoroute. Le mistral est un vent brutal, épuisant, d'un froid mordant en hiver, dur et sec en été. La nourriture est gorgée de fortes saveurs de terroir un peu dures pour un système digestif habitué à un régime moins capiteux. Le vin est jeune et trompeur : il se boit facilement, mais il a parfois un degré d'alcool supérieur à celui de crus plus vieux qu'on aborde avec prudence. Il faut du temps pour s'habituer aux effets combinés de l'alimentation et du climat, tous deux si différents de ce qu'offre l'Angleterre. Il n'y a rien de doux en Provence et cela peut assommer les gens comme ç'avait été le cas pour Susan. Ted et elle nous quittèrent pour aller en convalescence dans un environnement plus tempéré.

Leur visite nous fit comprendre quelle chance nous avions d'avoir une constitution de chèvres et des peaux qui supportaient le soleil. La routine de nos journées avait changé et nous vivions dehors. Trente secondes pour nous habiller. Au petit déjeuner, figues fraîches et melons. On faisait les courses de bonne heure, avant que la douce chaleur du soleil ne tourne à la fournaise du milieu de matinée. Les dalles autour de la piscine étaient brûlantes, l'eau encore assez fraîche pour nous faire sursauter au premier plongeon. Nous nous abandonnions à la pratique de ce judicieux plaisir méditerranéen, la sieste.

Le port des chaussettes n'était plus qu'un lointain souvenir. Ma montre restait dans un tiroir et je constatais que je pouvais à peu près dire l'heure d'après la position des ombres dans la cour, même si je savais rarement quel jour on était. Cela semblait sans importance. Je devenais peu à peu un légume satisfait, gardant un contact sporadique et téléphonique avec la vie réelle en parlant à des gens dans de lointains bureaux. Ils nous demandaient toujours avec nostalgie quel temps il faisait et n'étaient guère satisfaits de notre réponse. Ils se consolaient en me mettant en garde contre le cancer de la peau, les effets débilitants du sommeil sur le cerveau. Je ne discutais pas avec eux : ils avaient sans doute raison. Mais, malgré ma débilité mentale, ma peau ridée par le soleil et à la merci du cancer, jamais je ne m'étais senti mieux. Les maçons ravis travaillaient torse nu. Leur principale concession à la chaleur était une pause déjeuner légèrement prolongée et qui se passait sous l'étroite surveillance de nos chiens. Au premier bruit des paniers qu'on ouvrait et de la vaisselle qu'on en retirait, ils traversaient la cour à fond de train pour prendre place auprès de la table, ce qu'ils ne faisaient jamais avec nous. Patients et l'œil fixe, ils guettaient chaque bouchée avec des airs d'enfants du tiers monde. Et invariablement ça marchait. Le repas terminé, ils se lovaient dans leur tanière sous la haie de romarin, les joues gonflées de camembert ou de couscous. Didier prétendait que tout cela était tombé de la table.

Les travaux progressaient conformément au programme prévu : pour chaque chambre il fallait trois mois entre le jour où les maçons y entraient jusqu'au jour où nous pouvions y mettre les pieds. Et, pour le mois d'août, nous avions la perspective de voir arriver Colombani et ses radiateurs. Ailleurs, sous un climat moins parfait, ç'aurait été déprimant, mais pas ici. Le soleil était un merveilleux tranquillisant et le temps s'écoulait dans une brume de bien-être : de longues et lentes journées passées dans une quasi-torpeur, il faisait si bon vivre que rien d'autre ne comptait. On nous avait dit que ce temps-là persistait souvent jusqu'à la fin octobre. On nous avait dit aussi que juillet et août étaient les deux mois où les résidents raisonnables quittaient la Provence pour des lieux plus tranquilles et moins encombrés comme Paris. Pas nous.

Juillet

Mon ami avait loué une maison à Ramatuelle, à quelques kilomètres de Saint-Tropez. Malgré notre répugnance connue à braver les horreurs de la circulation en plein été, nous avions envie de nous voir. Nous tirâmes à pile ou face pour savoir qui ferait le déplacement : je perdis et déclarai que je serais là pour le déjeuner.

Après avoir roulé une demi-heure, je me trouvai dans un autre pays, principalement peuplé de caravanes. Elles déferlaient vers la mer, décorées de pimpants rideaux orange et bruns avec sur les vitres des autocollants célébrant le souvenir de migrations passées. Elles s'arrêtaient par groupes dans les parkings au bord de l'autoroute, miroitant dans la chaleur. Ignorant la rase campagne derrière eux, leurs propriétaires dressaient tables de pique-nique et fauteuils pliants là ils pouvaient ne rien manquer du défilé ininterrompu des camions et respirer sans mal les fumées des diesels. En quittant l'autoroute pour descendre vers Sainte-Maxime, j'aperçus des caravanes en plus grand nombre, s'étirant devant moi en un convoi dont les formes bulbeuses tanguaient au soleil, et j'écartai toute idée de déjeuner tôt. Les cinq derniers kilomètres du trajet me prirent une heure et demie. Bienvenue sur la Côte d'Azur.

La région autrefois était belle et il y subsiste des enclaves, aussi coûteuses que rares. Mais auprès de la paix et de la relative solitude du Lubéron, on se serait cru dans une région de fous, défigurée par une construction anarchique, le surpeuplement et des mérites surfaits : lotissements, steaks pommes frites, canots pneumatiques, authentiques souvenirs de Provence en bois d'olivier, pizzas, leçons de ski nautique, boîtes de nuit, pistes de kart, partout des affiches proposaient tout.

Les gens qui gagnent leur vie sur la Côte d'Azur ont une saison limitée : leur empressement à vous dépouiller de votre argent avant qu'arrive l'automne et que s'arrête la demande pour les radeaux pneumatiques est assez déplaisant. Les serveurs attendent leur pourboire avant de vous avoir apporté un verre, les commerçants vous harcèlent pour que vous ne mettiez pas trop longtemps à vous décider et refusent ensuite des billets de deux cents francs parce qu'il y a trop de faux en circulation. Il plane sur tout cela une cupidité agressive, aussi perceptible que les relents d'ail et d'ambre solaire. Les étrangers sont automatiquement classés comme touristes et traités en gêneurs, toisés d'un regard hostile et à peine tolérés. D'après la carte, c'était toujours la Provence, ce n'était pas celle que je connaissais.

Mon ami avait une maison dans les forêts de pins à la sortie de Ramatuelle, au bout d'une longue allée privée, totalement à l'écart de la folie qui se déchaînait à trois kilomètres de là sur la Côte. Il ne fut pas surpris d'apprendre qu'un trajet que normalement on effectue en deux heures m'en avait pris plus de quatre. Il m'expliqua que, si l'on voulait être sûr de pouvoir garer sa voiture pour dîner à Saint-Tropez, le mieux était d'y être à sept heures et demie du matin, que descendre sur la plage était une leçon de frustration et que la seule façon certaine d'être à l'aéroport de Nice à l'heure pour prendre un avion, c'était d'utiliser l'hélicoptère.

En rentrant le soir à contre-courant du flot des caravanes, je me demandais ce qu'il y avait sur la Côte d'Azur pour qu'elle continue à attirer chaque été de telles hordes. De Marseille à Monte-Carlo, les routes n'étaient qu'un long cauchemar, et tout le bord de mer était recouvert d'un tapis vivant de corps rôtissant au soleil, flancs huileux contre flancs huileux. Égoïstement, j'étais content qu'ils aient voulu passer leurs vacances là plutôt que dans les espaces dégagés du Lubéron, au milieu d'indigènes plus affables.

Certains de ceux-ci, bien sûr, l'étaient moins que d'autres, et j'en revis un spécimen le lendemain matin. Rivière était en colère : il donnait des coups de pied dans les broussailles de la petite clairière proche de sa maison, et mâchonnait sa moustache d'un air ulcéré.

« Vous voyez ça ? Ces salauds. Ils arrivent la nuit comme des voleurs et partent tôt le matin. Des saloperies partout. » Il me montra deux boîtes de sardines vides et une bouteille de vin : c'était la preuve irréfutable que ses ennemis jurés, les campeurs allemands, avaient abusivement pénétré dans son domaine privé du parc national. C'était déjà odieux en soi, mais les campeurs n'avaient eu que mépris pour son subtil système de défense, faisant rouler les grosses pierres pour faire une brèche dans le rempart et – les sales voleurs ! – arrachant les panneaux annonçant la présence des vipères.

Rivière ôta sa casquette de toile et frotta sa calvitie en songeant à l'énormité du crime. Il se tourna vers sa maison, planté sur la pointe des pieds d'abord d'un côté du chemin, puis de l'autre.

« Ça pourrait marcher, grommela-t-il, mais il faudrait que j'abatte les arbres. »

S'il supprimait le petit bois qui se dressait entre sa maison et sa clairière, il pourrait voir les phares de toute voiture descendant le chemin et, de la fenêtre de sa chambre, lâcher quelques coups de semonce. D'un autre côté, ces arbres étaient extrêmement précieux et ajoutaient au charme de la maison qu'il s'efforçait de vendre. Il n'avait pas encore trouvé d'acquéreur, mais ce n'était qu'une question de temps avant que quelqu'un s'aperçût que c'était une véritable occasion. Mieux valait conserver les arbres. Rivière se replongea dans ses réflexions et son visage soudain s'éclaira. Peut-être la solution était-elle des *pièges à feu*. Oh oui, ça lui plaisait.

J'avais entendu parler des pièges à feu et cela me paraissait d'horribles engins : des collets camouflés qui explosaient au moindre contact, comme des mines miniatures. J'envisageai avec inquiétude la perspective de voir s'envoler des fragments de campeurs allemands mais l'idée manifestement amusait Rivière : il arpentait la clairière en faisant « boum ! » tous les trois ou quatre pas, à mesure qu'il traçait le plan de son champ de mines.

Il ne parlait tout de même pas sérieusement, lui dis-je. Je croyais d'ailleurs que les pièges à feu étaient illégaux. Rivière interrompit ses explosions et se tapota l'aile du nez d'un air de conspirateur.

« C'est peut-être vrai, dit-il, mais aucune loi n'interdit les panneaux. » Il eut un grand sourire et leva les deux bras au-dessus de sa tête. « Boum ! »

Peut-être les instincts antisociaux de Rivière étaient-ils intensifiés par la chaleur. Il faisait souvent dans les trente degrés en milieu de matinée et à midi le ciel virait du bleu au blanc incandescent. Inconsciemment, nous nous adaptions à la température en nous levant plus tôt et en consacrant la partie fraîche de la journée à faire tout ce qui demandait une dépense d'énergie. Il était hors de question entre midi et le début de la soirée de se livrer à une activité brusque ou soutenue : comme les chiens, nous recherchions l'ombre plutôt que le soleil. La terre se craquelait et l'herbe n'essayait plus de pousser. Pendant de longues périodes de la journée, on n'entendait que les cigales autour de la maison, les abeilles dans la lavande, les corps qui plongeaient dans la piscine.

Chaque matin, entre six et sept heures, j'allais promener les chiens et ils découvrirent un nouveau sport, plus gratifiant que la chasse aux lapins et aux écureuils. Ils étaient tombés en arrêt sur ce qui leur parut être un gros animal en nylon bleu clair. Le contournant à prudente distance, ils aboyèrent jusqu'au moment où la bête s'agita et finit par s'éveiller. Un visage fripé apparut à une extrémité, suivi quelques instants plus tard d'une main qui tendait un biscuit. Dès lors, la vue d'un sac de couchage sous les arbres devint pour eux synonyme de nourriture. Pour les campeurs, ce devait être un choc que de trouver au réveil deux museaux moustachus à quelques centimètres de leur visage, mais une fois remis du premier choc, ils réagissaient assez bien.

Chose étrange, Rivière avait à moitié raison. C'étaient surtout des Allemands : mais pas les insouciants semeurs de détritus dont il déplorait les excès. Ces Allemands-là ne laissaient pas de trace. Tout venait s'entasser dans de gigantesques sacs à dos avant qu'ils s'éloignent d'un pas traînant dans la chaleur du jour comme des escargots sur deux jambes. Ma brève expérience des papiers gras dans le Lubéron le montrait : les coupables le plus souvent étaient les Français, mais aucun d'eux ne voulait en convenir. A toute époque de l'année, mais surtout en été, on savait bien que c'étaient toujours ces étrangers qui causaient le plus de problèmes dans la vie.

Les Belges, disait-on, étaient responsables de la majorité des accidents de la route en raison de leur habitude de conduire au milieu de la chaussée, obligeant le conducteur français, dont la prudence est légendaire, à rouler dans le fossé pour éviter d'être embouti. Les Suisses et les éléments non campeurs de souche allemande étaient accusés de monopoliser hôtels et restaurants et de faire grimper les prix de l'immobilier. Quant aux Anglais... ah, les Anglais. Ils étaient réputés pour la fragilité de leur appareil digestif et leur obsession de la tuyauterie et des installations sanitaires. « Ils ont le don de la diarrhée, observa un ami français. Si un Anglais n'en est pas atteint, il cherche un endroit où l'attraper. »

Il y a juste assez de vérité dans ces insultes à notre nation pour leur donner quelque crédit et, dans un des cafés les plus fréquentés de Cavaillon, je fus témoin d'un incident qui a dû confirmer les Français dans leur opinion sur certains points faibles des Britanniques.

Un couple prenait le café avec leur jeune fils et l'enfant manifesta son envie d'aller aux toilettes. Le père leva les yeux de son *Daily Telegraph* de l'avant-veille. « Tu ferais mieux d'aller voir si c'est propre, dit-il à la mère du jeune garçon. Rappelle-toi ce qui est arrivé à Calais. »

La mère soupira et disparut docilement dans les ténèbres au fond du café. Quand elle revint, c'était au pas de course, on aurait dit qu'elle venait de mordre un citron.

« C'est *dégoûtant*. Pas question que Roger aille là-dedans. »

L'intérêt de Roger se trouva aussitôt éveillé à l'idée d'explorer les toilettes interdites.

« Il faut que j'y aille, dit-il en jouant son atout maître. C'est la grosse commission. Il faut que j'y aille.

— Il n'y a même pas de siège. Ça n'est qu'un trou.

— Ça m'est égal. Il faut que j'y aille.

— C'est toi qui vas l'accompagner, dit la mère. Je ne retourne pas là-bas. »

Le père replia son quotidien et se leva, traîné par le jeune Roger.

« Tu ferais mieux de prendre le journal, conseilla la mère.

— Je le terminerai quand je reviendrai.

– *Il n'y a pas de papier*, siffla-t-elle.

– Ah. Bon, je vais essayer de sauver les mots croisés. »

Quelques minutes s'écoulèrent et je me demandais si je pouvais obtenir de la mère le récit de ce qui s'était exactement passé à Calais quand une bruyante exclamation jaillit du fond du café.

« *Pouah !* »

Roger émergea, suivi de son père, pâle comme la mort et qui tenait les restes de son journal. La conversation dans le café s'interrompit tandis que Roger faisait à tue-tête le récit de son expédition. Le patron regarda sa femme en haussant les épaules. On pouvait compter sur les Anglais pour faire un spectacle d'une simple visite aux oua-oua.

L'installation qui avait plongé Roger et ses parents dans un tel désarroi était une toilette à la turque : une cuvette de porcelaine avec un trou au milieu et des repose-pieds de chaque côté. Elle avait été conçue, sans doute, par un ingénieur des services d'hygiène turcs pour offrir le maximum de désagrément, mais les Français avaient ajouté un raffinement de leur cru : un système de chasse d'eau à haute pression d'une telle vélocité que les utilisateurs sans méfiance risquent de se trouver inondés des talons jusqu'aux jarrets. Il y a deux façons d'éviter d'avoir les pieds trempés : la première consiste à n'actionner le levier de la chasse d'eau qu'une fois réfugié sur le terrain sec du seuil des toilettes, mais cela exige de longs bras et un équilibre d'acrobate. La seconde option – ne pas actionner la chasse d'eau – est malheureusement celle qui l'emporte. Pour aggraver le problème, certains établissements font installer un système d'économie d'énergie particulier : le bouton électrique, toujours situé de l'autre côté de la porte des toilettes, est équipé d'une minuterie qui, au bout de trente-huit secondes, plonge l'occupant dans l'obscurité, économisant ainsi la précieuse électricité et décourageant les flâneurs.

Chose étonnante, on fabrique toujours des toilettes à la turque, et il n'est pas rare de voir le café le plus moderne avoir tout au fond une telle chambre d'horreurs. Quand j'en parlai à M. Colombani, il vola au secours des installations sanitaires françaises : il affirma vigoureusement que dans le haut de gamme il se trouvait des toilettes tellement sophistiquées et d'une perfection ergonomique telle que *même un Américain* en serait impressionné. Il en profita pour nous proposer un rendez-vous. Il avait quelques merveilles à nous montrer pour l'installation des nôtres, dit-il, et nous serions enchantés du choix qu'il avait à proposer.

Il arriva avec une valise pleine de catalogues dont il vida le contenu sur la table de la cour tout en prodiguant de mystérieuses remarques à propos de l'évacuation verticale ou horizontale. Il l'avait bien dit, le choix était large, mais tous les modèles étaient d'une conception et d'une couleur agressivement modernes : des sculptures trapues bordeaux foncé ou abricot brûlé. Nous, nous cherchions quelque chose de simple et de blanc.

« *C'est pas facile* », dit-il. Les gens aujourd'hui voulaient des formes nouvelles, des couleurs originales. Cela faisait partie de la révolution sanitaire française. Les décorateurs n'étaient plus partisans du blanc traditionnel. Il existait toutefois un modèle qu'il avait vu récemment et qui pourrait être justement ce que nous voulions. Il fouilla dans ses catalogues et – mais oui, c'était bien sûr – voilà celui qu'il nous fallait.

« *Le WC haute couture !* » Il poussa le catalogue vers nous et nous découvrîmes, éclairées et photographiées comme un vase étrusque, les toilettes Pierre Cardin.

« Vous voyez ? dit Colombani. C'est même signé Cardin. »

C'était vrai : tout en haut, à l'abri de tout vandale.

A part la signature, c'était parfait : un beau dessin qui ressemblait à une cuvette de WC et non pas à un aquarium géant pour poisson rouge. Nous passâmes commande de deux.

Un Colombani consterné nous téléphona une semaine plus tard pour nous annoncer que la maison Cardin ne fabriquait plus nos toilettes. *Une catastrophe*, mais il allait poursuivre ses recherches.

Dix jours encore passèrent avant qu'il réapparût, triomphant cette fois, gravissant les marches en brandissant au-dessus de sa tête un autre catalogue.

« *Toujours couture !* fit-il. *Toujours couture !* »

Cardin avait peut-être abandonné les salles de bains, mais il avait été remplacé par le vaillant Courrèges dont la conception était très similaire et qui avait fait montre d'une étonnante discrétion en matière de signature puisqu'il s'en était totalement abstenu. Nous félicitâmes Colombani et il s'octroya un Coca-Cola pour fêter cela. Il leva son verre.

« Aujourd'hui les toilettes, demain le chauffage central », dit-il. Nous restâmes assis un moment par plus de trente degrés au soleil à l'écouter nous expliquer comment nous allions être au chaud et nous exposer son plan de bataille. Il allait falloir abattre des murs, il y aurait de la poussière partout, le fracas du marteau piqueur allait remplacer la rumeur des abeilles et des criquets. Tout cela n'avait qu'un bon côté, déclara Colombani : cela nous éviterait les invités pendant quelques semaines. Eh oui.

Mais, avant cette période de retraite imposée et tapageuse, nous attendions un dernier invité. Un homme maladroit, enclin au désastre, distrait dans une maison, constamment responsable d'accidents domestiques. Nous lui avions précisément demandé de venir juste avant les travaux de démolition, de telle façon que les débris qu'il laisserait derrière lui puissent se trouver enfouis sous les décombres d'août. C'était

Bennett, un ami de quinze ans qui convenait volontiers être Le Plus Redoutable Invité du Monde. Nous l'adorions, cela va sans dire, mais nous l'attendions toujours avec quelque appréhension.

Il appela de l'aéroport, quelques heures après le moment où il devait arriver à la maison. Est-ce que je pourrais venir le chercher ? Il y avait eu un petit problème avec l'agence de location de voitures et il était coincé là-bas.

Je le trouvai au bar du premier étage de Marignane, confortablement installé avec une bouteille de champagne et un exemplaire de l'édition française de *Playboy*. Quarante et quelques années, il était svelte, fort bel homme, vêtu d'un élégant costume de toile blanc cassé au pantalon vilainement roussi. « Désolé de te faire descendre jusqu'ici, dit-il, mais ils sont à court de voitures. Un peu de champagne ? » Il me raconta ce qui s'était passé, et, comme c'est généralement le cas avec Bennett, c'était si invraisemblable que ce devait être vrai. L'avion était arrivé à l'heure, la voiture qu'il avait réservée, un cabriolet, l'attendait. Il l'avait décapotée, c'était un après-midi superbe, et Bennett, d'excellente humeur, avait allumé un cigare avant de s'engager sur l'autoroute. Le cigare s'était consumé rapidement comme toujours quand une forte brise vint attiser sa combustion et Bennett l'avait jeté au bout d'une vingtaine de minutes. Il vit les automobilistes qu'il croisait lui faire de grands signes et il les salua à son tour : comme les Français sont devenus aimables, songea-t-il. Il avait fait quelques kilomètres sur l'autoroute quand il se rendit compte que l'arrière de la voiture brûlait : le mégot de cigare avait mis le feu au capitonnage de la banquette. Avec ce qui lui parut une stupéfiante présence d'esprit, il s'arrêta sur le bas-côté, se mit debout sur la banquette avant et pissa sur les flammes. C'est alors que la police l'avait découvert.

« Ils ont été extrêmement gentils, dit-il, mais ils ont estimé qu'il serait préférable que je ramène la voiture à l'aéroport. Là-dessus, les gens de l'agence de location ont piqué une crise et n'ont pas voulu m'en passer une autre. » Il termina son champagne et me tendit l'addition. Avec toutes ces péripéties, il n'avait pas réussi à changer ses chèques de voyage. C'était bon de le revoir, toujours le même, charmant, d'une terrifiante maladresse, d'une élégance sans reproche et perpétuellement à court de fonds. Ma femme et moi avions fait semblant un jour d'être sa femme de chambre et son maître d'hôtel à un dîner où nous étions tous si fauchés qu'à la fin nous avions partagé le pourboire. Nous nous amusions toujours avec Bennett, et le dîner ce soir-là se prolongea jusqu'au petit matin.

La semaine passa avec aussi peu d'incidents qu'on pouvait s'y attendre. Notre hôte renversa son verre de vin sur lui en regardant sa montre, mais ce geste lui était si familier que cela nous parut dans l'ordre des choses. Il cassa un ou deux petits objets, il y eut bien un instant d'affolement quand il se rendit compte qu'il avait envoyé son passeport chez le teinturier, quelques moments d'inquiétude quand il crut avoir avalé une guêpe, mais pas de véritable catastrophe. Nous étions navrés de le voir partir : nous espérions qu'il reviendrait bientôt pour terminer les quatre verres de calvados à moitié vides que nous retrouvâmes sous son lit et pour reprendre le caleçon qu'il avait laissé en guise de décoration accroché au porte-chapeau.

*
* *

C'était Bernard qui nous avait parlé du vieux *Café de la Gare* de Bonnieux. Il nous l'avait décrit comme un établissement sérieux, un restaurant de famille comme il en existait jadis dans toute la France avant que la cuisine devienne élégante et que les bistrots se mettent à servir des lamelles de canard au lieu de daube et de tripes. « Ne tardez pas, avait dit Bernard, car la patronne parle de prendre sa retraite, et arrivez avec un bon appétit. Elle aime bien voir ses clients nettoyer les assiettes. »

La gare de Bonnieux est fermée depuis plus de quarante ans et le chemin qui y mène est abandonné et semé de nids-de-poule. De la route, on ne voit rien : pas de panneau, pas de menu. Nous étions passés devant des douzaines de fois en supposant que le bâtiment était inoccupé, sans savoir qu'un parking bourré de voitures se dissimulait derrière les arbres.

Nous trouvâmes une place entre l'ambulance locale et la camionnette balafrée d'un maçon. Nous restâmes un moment à écouter le tintement de la vaisselle et le murmure des conversations qui arrivaient par les fenêtres ouvertes. Le restaurant était à une cinquantaine de mètres de la gare, un bâtiment carré sans prétention, avec une enseigne aux capitales fanées et à peine lisibles : *Café de la Gare.*

Une petite camionnette Renault s'arrêta dans le parking et deux hommes en salopette en descendirent. Ils se lavèrent les mains au vieil évier installé contre le mur extérieur, en se servant de la banane de savon accrochée au-dessus des robinets, puis poussèrent la porte du coude, les mains encore mouillées. C'étaient des habitués : ils se dirigèrent droit vers la serviette pendue à un crochet au bout du comptoir. Le temps de s'essuyer les mains, et deux verres de pastis avec une carafe d'eau bien fraîche les attendaient.

C'était une salle spacieuse, sombre sur le devant et ensoleillée au fond, dont les fenêtres donnaient sur des champs et des vignes se détachant sur la masse brumeuse du Lubéron. Il devait y avoir une quarantaine de personnes, tous des hommes, qui avaient attaqué leur déjeuner. Il n'était que midi à peine passé, mais le

Provençal a une horloge dans l'estomac et le déjeuner constitue son unique concession à la ponctualité. *On mange à midi*, et pas une seconde plus tard.

Chaque table avait sa nappe de papier blanc et deux bouteilles de vin sans étiquette, une de rouge et une de rosé, provenant de la coopérative de Bonnieux à deux cents mètres de là de l'autre côté de la route. Pas de menu. La patronne préparait cinq repas par semaine, le déjeuner du lundi au vendredi, et les clients devaient se satisfaire de ce qu'elle avait décidé qu'ils mangeraient. Sa fille nous apporta une corbeille de bon pain un peu collant et nous demanda si nous voulions de l'eau. Non ? Alors, il faudrait lui dire quand nous voudrions encore du vin.

La plupart des autres convives semblaient se connaître, certains, d'humeur badine, échangeaient des insultes d'une table à l'autre. Un homme monumental s'entendit accuser de suivre un régime. Il leva le nez de son assiette et interrompit sa mastication juste le temps de grommeler. Nous aperçûmes notre électricien et Bruno le carreleur qui déjeunaient ensemble dans un coin de la salle, et nous reconnûmes deux ou trois autres visages que nous n'avions pas vus depuis que tout travail avait cessé à la maison. Les hommes avaient le visage hâlé, ils avaient l'air détendus et en pleine forme comme s'ils étaient allés en vacances. L'un d'eux nous interpella.

« C'est tranquille chez vous ? C'est calme sans nous ? »

Nous exprimâmes l'espoir qu'ils allaient revenir quand les travaux recommenceraient en août.

« *Normalement, oui.* » La main s'agita. Nous savions ce que ça voulait dire.

La fille de la patronne revint en nous expliquant qu'aujourd'hui, à cause de la chaleur, c'était un repas léger. Elle déposa sur la table un plat ovale couvert de tranches de saucisson et de jambon fumé avec de petits cornichons, des olives noires et des carottes râpées dans une marinade bien relevée. Une bonne couche de beurre sur le saucisson. Encore un peu de pain.

Deux hommes en veston entrèrent avec un chien et s'installèrent à la dernière table libre. On racontait, nous dit la jeune serveuse, que l'aîné des deux hommes avait été ambassadeur de France dans un pays du Moyen-Orient. *Un homme distingué.* Il était assis là au milieu des maçons, des plombiers et des camionneurs, donnant à son chien des petits bouts de saucisson.

La salade arriva dans des coupes de verre, une laitue luisante de vinaigrette accompagnée de nouilles nappées de sauce tomate et de tranches de rôti de porc baignant dans une somptueuse sauce à l'oignon. Nous essayâmes d'imaginer ce que Madame servait en hiver, quand il n'était pas question de repas léger. Nous espérions bien qu'elle allait y regarder à deux fois avant de prendre sa retraite. Installée derrière le comptoir, c'était une petite femme aux proportions confortables, les cheveux encore sombres et drus. Elle semblait taillée pour durer éternellement.

Sa fille débarrassa, vida le fond de la bouteille de rouge dans nos verres et, sans qu'on lui eût rien demandé, apporta une autre bouteille avec le fromage. Les premiers clients commençaient à partir pour retourner au travail, en s'essuyant les moustaches et en demandant à la cuisinière ce qu'elle comptait leur servir demain. « Quelque chose de bon », répondit-elle.

Après le fromage, je dus m'arrêter. Ma femme, qui n'a encore jamais connu la défaite devant un menu, prit une tranche de tarte au citron. Une odeur de café et de gitanes se répandait dans la salle, le soleil qui entrait par la fenêtre bleuissait la fumée qui flottait au-dessus de la tête des trois hommes assis devant des verres de marc grands comme des dés à coudre. Nous commandâmes du café et demandâmes l'addition, mais cela ne faisait pas partie du programme. Les clients réglaient à la caisse en sortant.

La patronne nous dit ce que nous devions : cinquante francs par tête pour le repas et quatre francs pour le café. Vin compris. Pas étonnant que ce fût plein tous les jours.

Etait-ce réellement vrai qu'elle allait prendre sa retraite ?

Elle s'arrêta d'astiquer le comptoir. « Quand j'étais petite fille, raconta-t-elle, j'ai dû choisir entre travailler aux champs ou à la cuisine. Même en ce temps-là, j'avais horreur de la terre. C'est un travail pénible et salissant. » Elle regarda ses mains, soignées et qui semblaient étonnamment jeunes. « Alors j'ai choisi la cuisine et, quand je me suis mariée, nous nous sommes installés ici. Ça fait trente-huit ans que je suis aux fourneaux. Ça suffit. »

Nous lui dîmes combien nous étions navrés et elle haussa les épaules.

« On finit par se fatiguer. »

Elle allait s'installer à Orange, nous confia-t-elle, dans un appartement avec un balcon, et s'asseoir là au soleil.

Il était deux heures et il n'y avait plus personne sauf un vieil homme, sa barbe blanche en buisson sur ses joues boucanées, qui trempait un morceau de sucre dans son calvados. Nous remerciâmes la patronne de cet excellent déjeuner.

« C'est normal », fit-elle.

Dehors, la chaleur tomba sur nous comme un coup sur le crâne : le trajet pour revenir à la maison ne fut qu'un long mirage, fluide et frémissant sous le soleil, les feuilles de vigne s'alanguissant, les chiens de ferme silencieux, la campagne assommée et déserte. C'était un après-midi fait pour la piscine, le hamac et un livre peu fatigant, un de ces rares après-midi sans ouvrier ni invité et qui nous parut passer au ralenti.

Le soir, la peau picotant encore du soleil, nous étions suffisamment remis du déjeuner pour nous apprêter à l'événement sportif de la semaine. Nous avions accepté le défi de quelques amis qui, comme nous, avaient pris goût à un des jeux les plus plaisants qu'on ait jamais inventés : nous allions tenter de défendre l'honneur de Ménerbes sur le terrain de pétanque.

Il y a longtemps, au cours de vacances, nous avions acheté notre premier jeu de boules après avoir observé les vieux du Roussillon passer un charmant après-midi à discuter sur la place du village au pied du bureau de poste. Nous avions rapporté nos boules en Angleterre, mais ce n'est pas un jeu qui convient à un climat humide et elles se couvraient de poussière dans une grange. C'était pratiquement ce que nous avions emballé en premier quand nous étions venus vivre en Provence. Lisses, douces au toucher, elles s'emboîtaient dans la paume de la main, de lourdes sphères d'acier qui faisaient un bruit agréable à l'oreille quand elles s'entrechoquaient.

Nous étudiâmes la technique des professionnels qui jouaient tous les jours auprès de l'église de Bonnieux – des hommes capables de vous lancer une boule devant l'orteil à six mètres de distance – et nous rentrions chez nous pour mettre en pratique ce que nous avions vu. Les vrais maîtres, avions-nous observé, fléchissaient les genoux en tenant la boule du bout des doigts, la paume vers le bas, si bien que, quand on la lançait, la friction des doigts lui donnait de l'effet. Il y avait aussi des éléments de style moins importants : les grognements et les encouragements qui aidaient chaque lancer, les haussements d'épaules et les jurons sous cape quand la boule atterrissait trop court ou trop long. Nous ne tardâmes pas à devenir des experts : il ne nous manquait que la précision.

Il y a deux types principaux de lancer : le lancer bas, en roulant, où la boule file sur le sol, ou bien le tir en hauteur destiné à faire gicler hors du terrain la boule de l'adversaire. La précision de certains des joueurs dont nous suivions les exploits était remarquable, et, malgré nos genoux fléchis et nos grognements, il faudrait des années d'efforts assidus avant qu'on nous accueillît sur un terrain sérieux comme celui de Bonnieux.

La pétanque est un jeu fondamentalement simple. Il y a différents systèmes pour compter et toutes sortes de règles et de variations locales. En s'y prenant avec soin, elles peuvent faire bénéficier l'équipe locale de grands avantages.

Ce soir-là, nous jouions sur notre terrain, et la partie était donc soumise au règlement du Lubéron :

1. Quiconque joue sans un verre est disqualifié.
2. La tricherie, à condition d'être stimulante, est permise.
3. Les discussions concernant la distance par rapport au cochonnet sont obligatoires. Personne n'a le dernier mot.
4. La partie s'arrête à la tombée de la nuit, à moins qu'il n'y ait pas de vainqueur. Auquel cas on joue à l'aveugle jusqu'à ce qu'intervienne une décision à la lueur des torches ou que le cochonnet soit égaré.

Nous nous étions donné du mal pour aménager un terrain avec des pentes trompeuses et des creux pour déconcerter les visiteurs. Nous avions rendu rugueuse la surface où l'on jouait pour que le hasard bienveillant nous laisse une chance équitable contre un talent supérieur. Nous étions pleins d'une tranquille assurance. J'avais en outre l'avantage d'être préposé au pastis : au moindre signe de précision persistante dans l'équipe des visiteurs, nous opposerions des verres plus remplis, et je savais par expérience personnelle l'effet de pastis bien tassés sur l'exactitude du tir.

Parmi nos adversaires se trouvait une jeune fille de seize ans qui n'avait encore jamais joué, mais les trois autres avaient à eux tous au moins six semaines de pratique. Il ne fallait donc pas les traiter à la légère. Comme nous inspections le terrain, ils se répandirent en commentaires désobligeants sur son absence de régularité, déplorèrent l'angle du soleil couchant et exigèrent qu'on éloigne les chiens du terrain. Pour leur faire plaisir, on passa à plusieurs reprises le vieux rouleau de pierre. On leva des doigts humides pour estimer la force de la brise et la partie commença.

La pétanque possède son rythme personnel, même s'il est lent. On lance une boule et le jeu s'arrête tandis que le joueur suivant s'approche pour regarder de plus près, en essayant de décider s'il va tirer ou tenter en faisant rouler sa boule de contourner sournoisement les autres pour aller toucher le cochonnet. On boit d'un air songeur une gorgée de pastis, on fléchit les genoux, la boule décrit dans l'air une longue trajectoire, vient s'écraser à terre et roule dans un doux crissement jusqu'à l'endroit où elle s'immobilise. Pas de mouvement précipité et pratiquement pas de blessure : une exception toutefois pour Bennett qui avait réussi au cours de sa première et dernière partie à briser la tuile d'un toit et à s'écraser l'orteil.

Les pratiques machiavéliques et l'art d'interpréter les règles compensent l'absence de performances athlétiques et les joueurs ce soir-là se conduisirent de façon abominable. On déplaçait furtivement les boules d'une petite poussée du pied accidentelle. Les joueurs concentrés étaient distraits par des commentaires, l'offre d'un autre pastis. On les accusait de dépasser la ligne de départ, on les mettait en garde contre les chiens traversant le terrain, on signalait la présence d'escargots imaginaires et les avis contradictoires pleuvaient de tous côtés. A la mi-temps il n'y avait pas de vainqueur. Nous arrêtâmes pour regarder le coucher du soleil.

A l'ouest de la maison, le soleil était au centre du V tracé par deux pics montagneux dans une spectaculaire démonstration de symétrie naturelle. Cela dura cinq minutes, puis nous reprîmes la partie dans la nuit tombante. Mesurer les distances par rapport au cochonnet devint une opération de plus en plus délicate et de plus en plus sujette à discussion, et nous allions nous mettre d'accord sur une déshonorante partie nulle quand la jeune fille qui jouait pour la première fois plaça trois boules à l'intérieur d'un cercle de vingt centimètres. La tricherie et l'alcool avaient été vaincus par la jeunesse et le jus de fruits.

Nous dînâmes dans la cour, les dalles chauffées par le soleil sous nos pieds nus, la lumière des bougies allumant des reflets tremblotants sur le vin rouge et sur nos visages hâlés. Nos amis avaient loué pour août leur maison à une famille anglaise et s'en allaient avec cet argent passer le mois à Paris. A les en croire, tous les Parisiens seraient descendus en Provence, ainsi que des milliers d'Anglais, d'Allemands, de Suisses et de Belges. Il y aurait des encombrements inextricables sur les routes. Les marchés et les restaurants seraient bondés. Les villages paisibles deviendraient des pétaudières, tous les gens sans exception seraient d'une humeur exécrable. On nous avait prévenus. En effet : nous avions déjà entendu tout cela. Juillet avait été bien moins terrible qu'on ne nous l'avait annoncé et nous étions certains qu'août se passerait très bien. Nous débrancherions le téléphone, nous nous allongerions auprès de la piscine et écouterions, que cela nous plaise ou non, le concerto pour marteau piqueur et lampe à souder sous la direction du maestro Colombani.

Août

« On raconte partout, dit Colombani, que Brigitte Bardot a acheté une maison dans le Roussillon. » Il posa sa clé à molette sur le mur et s'approcha pour éviter que le *petit* en apprenne davantage sur les projets personnels de Mlle Bardot.

« Elle compte quitter Saint-Tropez. » Colombani braquait son index contre ma poitrine. « Je ne le lui reproche pas. Vous savez » – tap, tap, tap, fit le doigt –, « tous les jours au mois d'août il y a cinq mille personnes qui pissent dans la mer ! »

Il secoua la tête devant une telle absence d'hygiène. « Ça vous plairait d'être un poisson là-bas ? »

Nous restions au soleil à nous apitoyer de concert sur le triste sort de tout échantillon de la vie marine ayant la malchance de vivre à Saint-Tropez. Pendant ce temps le *petit* gravissait les marches en portant un radiateur de fonte, une guirlande de tuyaux de cuivre autour des épaules, son T-shirt de l'université de Yale trempé de sueur. Colombani avait fait une importante concession vestimentaire à la chaleur : il avait renoncé à son gros pantalon de velours habituel en faveur d'un short brun assorti à ses chaussures de toile.

C'était le premier jour des grands travaux et, devant la maison, on aurait dit un dépôt de ferraille. Autour d'un banc très ancien taché de cambouis s'entassaient certains des éléments de notre installation de chauffage central : boîtes de joints de cuivre, soupapes, lampes à souder, bouteilles de gaz, scies à métaux, radiateurs, perceuses, rondelles, clés à molette et bidons pleins d'une substance qui ressemblait à de la mélasse. Ce n'était que le premier arrivage : le réservoir d'eau, la citerne à mazout, la chaudière et le brûleur n'allaient pas tarder.

Colombani me fit faire une visite guidée des composants de l'installation, en insistant sur leur qualité. « *C'est pas de la merde, ça.* » Il me montra alors quels murs il allait percer et je pris pleinement conscience des semaines de poussière et de chaos qui nous attendaient. Je regrettais presque de ne pas pouvoir passer le mois d'août à Saint-Tropez pour y retrouver le demi-million de vacanciers incontinents qui s'y trouvaient déjà.

Avec deux millions d'autres, ils étaient arrivés du Nord... un week-end extrêmement condensé : on avait signalé un bouchon d'une trentaine de kilomètres sur l'autoroute à la hauteur de Beaune, quiconque franchissait le tunnel de Fourvières en moins d'une heure pouvait s'estimer heureux. Radiateurs de voitures et tempéraments s'échauffaient. Pour les dépanneurs, c'était le meilleur week-end de l'année. A la fatigue et à l'impatience succédaient des accidents et la mort. C'était traditionnellement le terrible début du mois, et l'épreuve allait se répéter quatre semaines plus tard dans la direction opposée avec le week-end des retours.

Pour l'essentiel, le flot des envahisseurs s'écoulait vers la Côte à quelque distance de nous, mais il y en avait quand même des milliers qui passaient par le Lubéron, bouleversant le caractère des marchés et des villages, fournissant à la population locale un nouveau thème autour duquel philosopher à l'heure du pastis. Les habitués des cafés trouvaient leur place prise par des étrangers et s'installaient au comptoir en maugréant sur les inconvénients de la saison des vacances : boulangerie à court de pain, voitures garées devant votre porte, horaires étranges et tardifs des visiteurs. On convenait avec des hochements de tête ponctués de soupirs que, bien sûr, les touristes rapportaient de l'argent à la région. Néanmoins, on reconnaissait en général que c'étaient de drôles de numéros ces aoûtiens.

Impossible de les manquer : ils avaient des chaussures impeccables, la peau grise de gens qui vivent calfeutrés, des paniers à provisions flambant neufs et des voitures immaculées. Ils déambulaient par les rues de Lacoste, de Ménerbes et de Bonnieux en proie à la transe du touriste, regardant les habitants des villages comme s'ils étaient d'étranges monuments classés. Chaque soir, sur les remparts de Ménerbes, on vantait bruyamment les beautés de la nature, et j'appréciai particulièrement les commentaires d'un vieux couple anglais planté là à contempler la vallée.

« Quel magnifique coucher de soleil, dit-elle.

– Oui, répondit son mari. Très impressionnant pour un si petit village. »

Même Amédée était d'humeur vacancière. Pour le moment, son travail sur les vignes était terminé : il n'y avait rien d'autre à faire que d'attendre le mûrissement des grappes et d'essayer sur nous son répertoire d'histoires anglaises. « Qu'est-ce qui en trois heures, me demanda-t-il un matin, passe de la couleur d'un rat mort à celle d'un homard mort ? » Ses épaules commençaient à s'agiter de soubresauts, il s'efforçait de réprimer son rire devant l'insupportable drôlerie de la réponse. « *Les Anglais en vacances, dit-il, vous comprenez ?* » Au cas où je n'aurais pas saisi tout le sel de la plaisanterie, il entreprit alors de m'expliquer avec beaucoup de soin : les Anglais, on le savait, avaient le teint si clair qu'à la moindre exposition au soleil ils tournaient au rouge vif. « Même sous un rayon de lune, dit-il, frémissant d'allégresse, même un rayon de lune les fait virer au rose. »

D'humeur badine en début de matinée, Amédée s'assombrit dans la soirée. Il avait reçu des nouvelles de la Côte d'Azur qu'il nous rapporta avec une délectation morbide. Il y avait eu un incendie de forêt près de Grasse et on avait fait venir les Canadairs. Ces avions opéraient comme des pélicans : ils s'en allaient voler au ras des vagues afin de ramasser une cargaison d'eau qu'ils répandaient sur le brasier. A en croire Amédée, un des avions avait ramassé un nageur et l'avait laissé tomber dans le feu où il avait été carbonisé.

Bizarrement, on ne faisait pas état de la tragédie dans *Le Provençal* et nous demandâmes à un ami s'il en avait entendu parler. Il nous regarda en secouant la tête. C'est la vieille histoire du mois d'août, dit-il. Chaque fois qu'il y a un incendie de forêt, quelqu'un lance une rumeur de ce genre. L'année dernière, on disait qu'un vacancier qui faisait du ski nautique avait été happé par un Canadair. L'année prochaine, ça pourrait être le portier du *Négresco* à Nice. Amédée nous faisait marcher.

Difficile de savoir ce qu'il fallait croire. En août, les événements les plus étranges étaient possibles : nous ne fûmes donc pas surpris quand des amis qui séjournaient dans un hôtel voisin nous racontèrent avoir vu à minuit un aigle dans leur chambre. Enfin, peut-être pas l'aigle lui-même, mais l'ombre gigantesque et bien reconnaissable d'un aigle. Ils appelèrent le veilleur de nuit qui monta enquêter dans leur chambre.

Est-ce que l'aigle avait l'air de sortir de la penderie dans le coin de la pièce ? « Oui », répondirent nos amis. « Ah bon, fit l'homme : le mystère est éclairci. Il ne s'agit pas d'un aigle, mais d'une chauve-souris. On l'a déjà vue sortir de cette penderie. C'est une bête inoffensive. – Inoffensive peut-être, déclarèrent nos amis, mais nous préférerions ne pas dormir en compagnie d'une chauve-souris et nous aimerions une autre chambre. – Pas question, dit l'homme, l'hôtel est complet. » Ils restèrent tous les trois dans la chambre à discuter des techniques pour attraper les chauves-souris. Soudain l'homme de l'hôtel eut une idée. « Attendez, dit-il. Je vais revenir avec la solution. » Il réapparut quelques minutes plus tard, leur donna un grand pulvérisateur d'insecticide et leur souhaita bonne nuit.

*
* *

La réception avait lieu dans une maison en dehors de Gordes et on nous avait priés de nous joindre pour dîner à quelques amis de l'hôtesse avant l'arrivée des autres invités. Nous abordions cette soirée avec des sentiments mêlés : contents d'être invités, mais loin d'être sûrs de pouvoir surnager dans le torrent d'un dîner français. Nous allions, à notre connaissance, être là-bas les seuls invités anglophones et nous espérions ne pas être séparés l'un de l'autre par trop de conversations provençales menées à bride abattue. On nous avait demandé d'arriver à ce qui était pour nous une heure extrêmement sophistiquée : neuf heures, et nous montions la colline qui mène à Gordes, l'estomac grondant d'avoir à attendre si tard. Le parking derrière la maison était plein. Des voitures bordaient la route sur une cinquantaine de mètres et toutes étaient immatriculées à Paris. Nos compagnons de table n'allaient pas se limiter à quelques amis du village. Nous commençâmes à nous dire que nous aurions dû nous habiller un peu plus.

Nous entrâmes pour nous retrouver en pays de magazine : décoration de *Maisons et Jardins*, toilettes de *Vogue*. Sur la pelouse et la terrasse, des tables éclairées aux bougies. Cinquante à soixante personnes, l'air calmes et alanguies, vêtues de blanc, tenant une coupe de champagne de leurs mains constellées de bijoux. Des échos de Vivaldi arrivaient par la porte ouverte d'une grange baignée du feu des projecteurs. Ma femme voulait rentrer se changer. J'étais douloureusement conscient de mes chaussures poussiéreuses. Nous étions tombés sur ce qu'on appelle une soirée.

Nous n'avions pas eu le temps de nous échapper que notre hôtesse nous aperçut. Elle au moins portait une tenue rassurante : pantalon et chemise habituels.

« Vous avez pu vous garer ? » Elle n'attendit pas notre réponse. « C'est un peu difficile sur la route à cause de ce maudit fossé. »

Nous fîmes remarquer qu'on n'avait pas du tout l'impression d'être en Provence et elle haussa les épaules. « C'est août. » Elle nous offrit un verre et nous laissa nous mêler à cette élégante cohue.

On se serait cru à Paris. Pas de visages bronzés ni boucanés. Les femmes étaient d'une pâleur distinguée, les hommes rasés de près et sans un faux pli. Personne ne buvait de pastis. Pour la Provence, on ne faisait pas la conversation, on chuchotait. Notre façon de percevoir les choses avait résolument changé. A une époque, tout cela nous aurait paru normal. Aujourd'hui, tout ceci nous paraissait en demi-teinte et très chic : nous étions vaguement mal à l'aise. Le doute n'était pas permis, nous étions devenus des péquenots.

Nous gravitâmes vers le couple le moins élégant que nous pûmes trouver et qui se tenait un peu à l'écart de la foule avec leur chien. Tous trois se montrèrent fort aimables et nous nous installâmes à une des tables de la terrasse. Le mari, un petit homme au visage aigu de Normand, nous raconta qu'il avait acheté une maison dans le village vingt ans auparavantvant pour trois mille francs. Depuis lors, il descendait ici chaque été, en changeant de maison tous les cinq ou six ans. Il venait d'apprendre que sa première demeure était de nouveau sur le marché, restaurée, décorée à mort et estimée un million de francs. « C'est de la folie, dit-il, les gens aiment retrouver le Tout-Paris. » De la tête il désigna les autres invités : « Ils veulent être avec leurs amis en août. Quand l'un achète, ils suivent tous le mouvement. Et ils paient des prix de Parisiens. »

Les gens commençaient à s'attabler, apportant du buffet des bouteilles de vin et des assiettes bien remplies. Les hauts talons des femmes s'enfonçaient dans le gravier de la terrasse. On entendait des couinements d'admiration distingués devant ce cadre si délicieusement simple – *un vrai dîner campagnard* –, même si l'ensemble n'était guère plus simple qu'un jardin de Beverly Hills ou de Kensington.

Soudain, et fort mal à propos, le mistral se leva, alors qu'il restait encore en abondance sur les tables de la salade de crevettes. Feuilles de laitue et morceaux de pain prirent leur envol, arrachés des assiettes et précipités sur les seins neigeux et les pantalons de soie, réussissant parfois à heurter de plein fouet un plastron de chemise. Les nappes se mirent à claquer et à gonfler comme des voilures, renversant bougeoirs et verres de vin. Savantes coiffures et maintiens élégants se trouvèrent ébouriffés. C'était un peu trop sauvage. Tout ce beau monde battit précipitamment en retraite et le dîner reprit à l'abri.

D'autres invités arrivaient. Dans la grange, les accents de Vivaldi cédèrent la place à quelques secondes de crépitements électroniques suivis des clameurs d'un homme opéré à cœur ouvert sans anesthésique : Little Richard nous invitait à venir danser le boogie.

Nous étions curieux de voir quel effet la musique

177

allait avoir sur cette élégante assemblée. J'imaginais ces gens agitant la tête au rythme d'une mélodie civilisée ou dansant avec cette flexion complice du bassin qu'adoptent les Français chaque fois qu'ils entendent Charles Aznavour. Mais *ça*, c'était le grand cri rauque de la jungle. *AWOPBOPALOOWOPAWOPBAMBOOM!* Nous gravîmes les marches qui menaient jusqu'à la grange pour voir ce que cela donnait.

Une lumière colorée de discothèque battait en éclairs saccadés, au rythme de la caisse claire, en se reflétant sur les miroirs appuyés contre les parois. Un jeune homme, épaules voûtées et yeux mi-clos dans la fumée de sa cigarette, était planté derrière les deux tourne-disques jumelés, ses doigts parvenant à faire sortir des boutons de la console des basses plus profondes et un volume plus assourdissant.

GOODGOLLYMISSMOLLY! hurlait Little Richard. Le jeune homme fut secoué d'un spasme ravi et arracha un décibel de plus à ses appareils. *YOUSURELOVETO-BALL!* La grange vibrait et le Tout-Paris avec elle, bras, jambes, fesses et seins s'agitant, secoués de soubresauts et de mouvements spasmodiques, les poings battant l'air, bijoux au vent, boutons sautant sous l'effort, l'élégance de façade envolée tandis que chacun se contorsionnait.

L'air était chargé d'une odeur de chair tiède et parfumée, la grange n'était plus qu'une grande masse palpitante et frénétique, dont la traversée s'avérait difficile sans risquer d'être éperonné par un coude ou fouetté par un collier tournoyant.

Étaient-ce les mêmes qui un peu plus tôt ressemblaient à des gravures de mode et dont on aurait dit que pour eux se déchaîner, c'était reprendre une coupe de champagne? Ils bondissaient comme des adolescents bourrés d'amphétamines et semblaient partis pour la nuit. Nous nous frayâmes tant bien que mal un chemin au milieu de cette cohue torturée pour les laisser à leurs jeux. Nous devions être levés de bonne heure demain matin : nous allions à une course de chèvres.

*
* *

Nous avions pour la première fois vu l'affiche une semaine auparavant, fixée à la fenêtre d'un tabac. Ce devait être une *Grande Course de Chèvres* dans les rues de Bonnieux, le départ étant donné du *Café César*. Une liste donnait les noms des dix concurrentes et de leurs maîtres. Il y avait de nombreux prix, on pouvait faire des paris et, annonçait l'affiche, un grand orchestre assurerait l'animation. De toute évidence, il s'agissait d'un événement sportif d'une certaine ampleur, l'équivalent pour Bonnieux de la Gold Cup de Cheltenham ou du Derby du Kentucky. Nous arrivâmes très en avance sur la course pour être sûrs d'être bien placés.

A neuf heures, il faisait déjà trop chaud pour porter une montre et la terrasse du *Café César* était emplie de clients qui prenaient leur petit déjeuner de tartines beurrées et de bière fraîche. Adossée au mur de l'escalier qui descendait jusqu'à la rue Voltaire, une forte femme était installée à une table à l'ombre d'un parasol qui annonçait *véritable jus de fruits*. Elle nous gratifia d'un sourire radieux, en feuilletant une liasse de tickets et en agitant une cassette : c'était le bookmaker officiel, même s'il y avait un homme qui prenait des paris clandestins au fond du café, et elle nous invita à tenter notre chance. « Regardez avant de parier, conseilla-t-elle. Les concurrentes sont là-bas. »

Nous sentions leur odeur et celle de leurs crottes qui cuisaient au soleil. Nous regardâmes par-dessus le muret, les concurrentes fixèrent sur nous leurs yeux pâles et affolés, mastiquant lentement quelque gâterie d'avant la course, le menton frangé d'une barbiche effilochée. Elles auraient eu l'air de dignes mandarins si on ne les avait pas affublées chacune de casquettes de jockey bleu et blanc et de casaques avec un numéro correspondant à la liste des participantes. Nous réussîmes à identifier Bichou, Tisane et toutes les autres, mais ce n'était pas suffisant pour parier. Il nous fallait des tuyaux. Nous interrogeâmes un vieil homme adossé au mur, persuadés par son regard d'expert.

« C'est une question de crottin, expliqua-t-il. Les chèvres qui font le plus de crottes avant la course ont des chances de bien courir. Une chèvre vide va plus vite qu'une chèvre pleine. C'est logique. » Nous étudiâmes quelques minutes le tableau et le numéro 6, Totoche, qui, sur le plan du transit intestinal, avait fourni un généreux effort. « Voilà, dit notre pronostiqueur. Maintenant il faut que vous examiniez les conducteurs. Cherchez-en un costaud. »

La plupart des conducteurs de chèvre se rafraîchissaient au café. Comme leurs bêtes, ils portaient des numéros et des casquettes de jockey et nous parvînmes à repérer le responsable du numéro 6, un gaillard musclé qui sembler y aller raisonnablement avec la bière. Avec Totoche récemment débarrassée de son excédent de bol alimentaire, il semblait avoir tous les éléments d'une équipe victorieuse. Nous allâmes donc parier.

« Non. » La bookmaker nous expliqua que nous devions donner la première, la seconde et la troisième dans l'ordre pour toucher quelque chose, ce qui bouleversa nos calculs. Comment pouvions-nous savoir quel avait été le taux de crottin évacué pendant que nous examinions les conducteurs ? De la certitude, nous étions passés au pari risqué. Nous jouâmes quand même le numéro 6 gagnant, choisissant en seconde place la seule conductrice de la course et en troisième position une chèvre prénommée Nénette, dont les fanons bien tendus nous parurent le signe d'une certaine agilité du sabot. Nos affaires ainsi réglées, nous rejoignîmes la gentry des amateurs de sport sur la petite place devant le café.

Le grand orchestre promis par l'affiche – une camionnette d'Apt avec une sono à l'arrière – diffusait Sonny and Cher chantant *I've Got You Babe*. Une Parisienne élégamment vêtue que nous avions vue la veille au soir se mit à battre la mesure d'un pied menu chaussé de blanc, et un homme pas rasé avec un verre de pastis à la main et une lourde bedaine l'invita à danser, en tortillant d'un air engageant ses hanches bien enveloppées. La Parisienne lui lança un regard à faire rancir du beurre et parut s'intéresser soudain au contenu de son sac Vuitton. Aretha Franklin vint remplacer Sonny and Cher, les enfants se mirent à jouer à la marelle parmi les crottes de chèvre. La place était noire de monde. Nous nous glissâmes entre un Allemand armé d'une caméra vidéo et l'homme à la brioche pour observer les événements tandis qu'on préparait la ligne d'arrivée.

On tendit une corde en travers de la place à environ deux mètres cinquante au-dessus du sol. On attacha tout le long à intervalles réguliers de gros ballons numérotés de 1 à 10 que l'on emplit d'eau. Notre voisin à la brioche expliqua le règlement : on allait remettre à chacun des conducteurs de chèvre une baguette qui remplissait une double fonction : encourager toute chèvre qui répugnait à courir, et crever leur ballon à la fin de la course pour se qualifier. Évidemment, conclut-il, les conducteurs se feraient tremper.

Ceux-ci venaient maintenant de sortir du café et avançaient en se pavanant comme Dominguez dans l'arène pour aller chercher leurs chèvres. Notre favori, le numéro 6, tirait son canif de sa poche et aiguisait chaque extrémité de sa baguette, ce qui nous sembla être un bon signe. Un des autres conducteurs vint aussitôt déposer une plainte auprès des organisateurs.

On appela les concurrentes sur la ligne de départ et les conducteurs vérifièrent si les cordes étaient bien attachées autour du cou de leurs chèvres. Celles-ci ne semblaient nullement troublées par l'importance de l'événement. Le numéro 6 s'efforçait de brouter la casaque du numéro 7. Le numéro 9, notre outsider Nénette, insistait pour se présenter à reculons sur la ligne de départ. Son conducteur l'empoigna par les cornes et lui fit effectuer un demi-tour, la coinçant entre ses genoux pour lui montrer la bonne direction. Sa casquette de jockey avait basculé sur un œil, lui donnant un air tout à la fois un peu fou et désinvolte : nous nous demandions si nous avions été bien avisés de parier sur elle. Nous comptions la voir arriver troisième mais, avec un champ de vision réduit et aucun sens de l'orientation, la chose semblait peu probable.

Les chèvres étaient aux ordres. Des semaines d'entraînement les avaient préparées à cet instant. Cornes contre cornes, casaque contre casaque, elles attendaient le signal du départ. L'un des conducteurs rota bruyamment et elles s'élancèrent.

Au bout de cinquante mètres, il apparut clairement que ces chèvres-là n'étaient pas des athlètes-nées ou bien alors s'étaient méprises sur les raisons de la rencontre. Deux d'entre elles freinèrent énergiquement au bout de quelques mètres et il fallut les traîner. Une autre se rappela ce qu'elle aurait dû faire une demi-heure plus tôt et s'arrêta au premier virage pour satisfaire un besoin naturel. Nénette, sans doute parce que sa casquette lui faisait d'un côté office d'œillère, prit mal le virage et entraîna son conducteur dans la foule. Les autres concurrentes s'effilochaient dans la côte, stimulées par diverses méthodes de persuasion.

« Botte-lui le derrière ! » cria notre ami bedonnant.

La course suivait un circuit passant par la partie haute du village, redescendait en tournant jusqu'à la vieille fontaine transformée pour l'occasion en rivière des tribunes avec une feuille de plastique tendue entre des bottes de foin. Il fallait à cet endroit patauger ou nager juste avant le sprint final jusqu'à la ligne de ballons devant le café : rude épreuve de coordination musculaire et de ressources physiques.

Nous étions tenus au courant des péripéties de la course par des spectateurs postés à mi-parcours, et la nouvelle nous parvint que le numéro 1 et le numéro 6 luttaient en tête. On n'avait compté au passage que neuf chèvres : la dixième avait disparu. « Elle a dû se faire égorger », affirma l'homme à la brioche.

On entendit en provenance de la fontaine un bruit de clapotis puis une voix de femme qui lançait une réprimande. L'obstacle avait fait sa première victime : une petite fille qui avait mal calculé la profondeur était dans l'eau jusqu'à la taille, échevelée et poussant des hurlements de surprise.

« Elles arrivent, les chèvres ! »

La mère de la fillette, désespérée à l'idée de voir la chair de sa chair réduite en bouillie par les concurrentes, retroussa sa jupe et plongea dans l'eau. « Quelles cuisses ! » dit l'homme à la brioche en baisant le bout de ses doigts.

Dans un fracas de sabots, les concurrentes de tête abordèrent la fontaine, vinrent déraper jusqu'aux bottes de paille, manifestant un enthousiasme très modéré pour se mouiller. Les conducteurs grommelaient, juraient, tiraient sur le licol et finirent par pousser leurs chèvres dans l'eau et par les en tirer de l'autre côté jusqu'à la dernière ligne droite, leurs espadrilles détrempées gargouillant sur le macadam, leurs baguettes braquées comme des lances. A mi-course, les positions étaient inchangées et c'étaient toujours le numéro 1 et le numéro 6, Titine et Totoche, qui filaient vers la ligne des ballons.

Le numéro 1, d'un large revers, fit exploser son ballon le premier, arrosant la Parisienne qui recula à petits pas distingués dans un tas de crottin. Le **numéro 6**, qui avait pourtant aiguisé sa baguette avant la course, eut plus de difficulté, réussissant de justesse à crever son ballon avant que les concurrentes suivantes atteignent la ligne d'arrivée. L'une après l'autre, ou par petits groupes dégoulinants, elles déboulèrent sur la place jusqu'au moment où il ne resta plus d'accroché qu'un seul ballon gonflé d'eau. Le numéro 9, la **capricieuse** Nénette, n'avait pas terminé la course. « C'est **le** boucher qui l'a eue », dit l'homme à la bedaine.

Nous l'aperçûmes en regagnant la voiture. Elle avait brisé son licol, échappé à son conducteur, et, juchée bien haut au-dessus de la rue dans un petit jardin entouré d'un muret, sa casquette accrochée à une corne, elle broutait les géraniums.

*
* *

« Bonjour, maçon.
– Bonjour, plombier. »
L'équipe était arrivée. On échangeait des saluts et des poignées de main avec le formalisme de gens qui se rencontraient pour la première fois, se désignant par le nom de leur métier plutôt que par leur prénom. Christian, l'architecte qui travaillait avec eux depuis des années, ne les mentionnait jamais par leur prénom, mais toujours par un vocable à trait d'union qui combinait le nom de famille et la profession : ainsi, Francis, Didier et Bruno devenaient Colombani-Plombier, Andreis-Maçon et Trufelli-Carreleur. On en arrivait parfois à la longueur et à la solennité d'un obscur titre aristocratique : ainsi de Jean-Pierre le tapissier, officiellement connu sous le nom de Gaillard-Poseur de Moquette.

Ils étaient rassemblés autour d'un des nombreux trous percés par Colombani pour faire passer ses canalisations de chauffage central, et ils discutaient dates et horaires avec la gravité d'hommes dont la ponctualité régentait toute l'existence. On allait suivre une sévère ordonnance : Colombani devait terminer la pose de ses tuyaux. Les maçons devaient alors intervenir pour réparer les dégâts. Venaient ensuite l'électricien, le plâtrier, le carreleur, le menuisier et le peintre. Comme c'étaient tous de bons Provençaux, il n'y avait pas la moindre chance de voir toutes ces dates respectées, mais c'était prétexte à formuler d'amusantes conjectures.

Colombani savourait sa position de personnage clé, l'homme dont la progression dicterait l'horaire de tous les autres.

« Tu verras, dit-il, j'ai été obligé de transformer les murs en gruyère, mais qu'est-ce que ça représente, maçon ? Une demi-journée pour remettre tout en état ?

– Peut-être une journée, répondit Didier, mais quand ?

– Ne me bouscule pas, répliqua Colombani. Quarante ans dans la plomberie m'ont appris qu'on ne peut pas brusquer les choses quand il s'agit de chauffage central. C'est très, très délicat.

– A Noël ? » suggéra Didier.

Colombani le regarda en secouant la tête. « Tu plaisantes, mais disons cet hiver. » Il nous mima l'hiver en s'enveloppant les épaules d'un manteau imaginaire. « Il fait moins dix degrés. » Il frissonna en rabattant son bonnet sur ses oreilles. « Tout d'un coup, les canalisations se mettent à fuir ! Et pourquoi ? Parce qu'elles ont été posées à la va-vite et sans précaution. » Il contempla ses auditeurs, les laissant estimer tout le drame d'un hiver froid dispensateur de fuites. « Qui rira bien alors ? Hein ? Qui se moquera du plombier ? »

Certainement pas moi. L'expérience du chauffage

central avait été jusque-là un cauchemar, que seul le fait de pouvoir rester dehors pendant la journée avait rendu supportable. Les précédents travaux de construction s'étaient limités du moins à une seule partie de la maison, mais le chauffage, c'était partout. Impossible d'éviter Colombani et ses tentacules de cuivre. Poussière, décombres, fragments torturés de tuyaux marquaient chaque jour son passage, comme la piste d'un termite aux mâchoires d'acier. Et, ce qui était peut-être pire que tout, aucune vie privée. Nous risquions aussi bien de découvrir le *petit* dans la salle de bains avec une lampe à souder que de tomber sur l'arrière-train de Colombani dépassant par un trou de la cloison du salon. Le seul refuge était la piscine, et, même là, mieux valait vivre en plongée. Nous nous disions parfois que nos amis avaient raison et que nous aurions dû partir pour le mois d'août, ou bien nous cacher dans le congélateur.

Les soirées apportaient un tel soulagement qu'en général nous restions à la maison, en convalescence après le vacarme de la journée : nous manquâmes ainsi presque toutes les manifestations mondaines et culturelles organisées pour distraire les gens venus l'été visiter le Lubéron. A part une soirée éprouvante pour le fondement à l'abbaye de Sénanque, pour écouter des chants grégoriens assis sur des bancs d'un inconfort dûment monastique, et un concert organisé dans une ruine éclairée par des projecteurs au-dessus d'Oppède, nous ne quittions guère notre cour. Nous étions trop contents d'être seuls et au calme.

La faim finit par nous pousser dehors un soir où nous découvrîmes que ce que nous avions prévu pour dîner était couvert d'une épaisse couche de sable provenant des forages effectués dans la journée. Nous décidâmes de nous rendre dans un petit restaurant de Goult, un minuscule village à la population invisible, et sans la moindre attraction touristique. Ce serait comme dîner à la maison, mais en plus propre. Nous débarrassâmes nos vêtements de leur couche de poussière et nous laissâmes les chiens garder les trous des murs.

La journée avait été accablante de chaleur : le village sentait le chaud, le macadam cuit, le romarin desséché et le gravier tiède. Sans le savoir, nous avions choisi le soir de la fête annuelle.

Nous aurions dû nous en douter, car chaque village célébrait à sa façon le mois d'août : avec un tournoi de pétanque, une course d'ânes, un barbecue ou une foire, avec des lanternes de couleur accrochées aux platanes, des pistes de danse faites de planches posées sur un échafaudage, des gitans, des accordéonistes, des vendeurs de souvenirs et des groupes rock venus parfois d'Avignon. C'étaient des festivités bruyantes et plaisantes, à moins, comme nous, de souffrir d'une commotion bégnine due à toute une journée passée sur un chantier de construction. Mais nous étions là et nous voulions le dîner que dans notre tête nous avions déjà commandé. Qu'étaient-ce donc que quelques personnes en plus auprès des délices d'une salade aux moules tièdes et au bacon, du poulet frotté de gingembre, du gâteau au chocolat du chef un peu collant mais délicieux ?

A toute autre époque de l'année, la présence de plus d'une douzaine de personnes dans les rues du village aurait annoncé un événement d'un exceptionnel intérêt : un enterrement, peut-être, ou une guerre des prix entre les deux bouchers qui avaient des boutiques adjacentes, à quelques mètres du café. Mais ce soir-là était exceptionnel : Goult recevait et les invités étaient manifestement aussi affamés que nous. Le restaurant était complet. La terrasse devant le restaurant l'était aussi. Des couples pleins d'espoir rôdaient à l'ombre des arbres en attendant qu'une table se libère. Les serveurs avaient l'air harassés. Patrick, le propriétaire, semblait épuisé mais satisfait, comme un homme qui vient de découvrir un filon qui s'épuisera vite. « Vous auriez dû téléphoner, dit-il. Revenez à dix heures et je verrai ce que je peux faire. »

Même au café, assez vaste pour abriter la population toute entière de Goult, il n'y avait de place que debout. Nous prîmes un verre de l'autre côté de la route, où on avait dressé des éventaires sur une petite place autour du monument à la mémoire des hommes du village morts pour la France. Comme la plupart des monuments aux morts que nous avions vus, il était entretenu avec un soin respectueux, et orné d'un bouquet de trois drapeaux tricolores tout neufs, dont les couleurs vives se détachaient sur la pierre grise.

Les fenêtres des maisons qui entouraient la place étaient ouvertes, des occupants se penchaient dehors, le scintillement de leur téléviseur oublié derrière eux tandis qu'ils observaient dans la rue cette lente agitation. Cela ressemblait plus à un marché qu'à toute autre chose : les artisans locaux avec leurs bois sculptés et leurs poteries, les vignerons et les producteurs de miel, quelques antiquaires et artistes. On sentait sur les murs rayonner la chaleur de la journée.

La plupart des étals n'étaient que des tréteaux où l'on exposait les produits artisanaux sur des nappes imprimées, souvent avec une pancarte précisant qu'on pouvait trouver le propriétaire au café au cas où l'on souhaiterait acheter. Un homme brun et trapu, en short et sandales, était assis à l'une des tables avec une bouteille de vin et un carnet de commandes. C'était M. Aude, l'artiste *ferronnier* de Saint-Pantaléon, qui avait fait des travaux à la maison. Il nous fit signe de venir nous asseoir avec lui.

M. Aude avait passé le stade de ces simples dispositifs de sécurité qui échoient généralement au ferronnier : barreaux, grilles d'entrée, volets et clôtures pour empêcher le passage des cambrioleurs qui sont censés être tapis derrière chaque buisson. Il avait découvert l'existence d'un marché pour des copies du mobilier classique en fer du dix-huitième et du dix-neuvième siècle. Il avait un album de photographies et de dessins : si l'on voulait un banc de jardin, une grille de boulanger ou un lit de camp pliant comme Napoléon en avait peut-être utilisé, il le forgerait pour vous, puis le patinerait, en admirable juge qu'il était du degré de rouille convenant à l'ancienneté désirée. Il travaillait avec son beau-frère et une petite chienne beagle. On pouvait compter sur lui pour vous fixer sans problème un délai de livraison de deux semaines et arriver avec l'objet commandé trois mois plus tard. Nous lui demandâmes si les affaires marchaient.

Il tapota son carnet de commandes. « Je pourrais ouvrir une usine : entre les Allemands, les Parisiens et les Belges... Cette année, ils veulent tous de grandes tables rondes et ces fauteuils de jardin. » Il déplaça le fauteuil auprès de lui pour nous faire admirer la courbe gracieuse de ses pieds. « Le problème, c'est qu'ils s'imaginent que je peux tout faire en deux jours et, comme vous le savez... » Il ne termina pas sa phrase et savoura d'un air songeur une gorgée de vin. Un couple qui tournait autour du stand s'approcha et s'enquit d'un lit de camp. M. Aude ouvrit son carnet, lécha la pointe de son crayon puis leva les yeux vers eux. « Faut que je vous dise, fit-il sans sourciller. Ça pourrait prendre deux semaines. »

Il était près de onze heures quand nous attaquâmes notre repas et minuit largement passé quand nous rentrâmes. L'air était tiède, lourd, pas un souffle de vent. C'était un soir pour la piscine et nous plongeâmes dans l'eau pour faire la planche en regardant les étoiles : parfaite conclusion d'une journée étouffante. Très loin, venant de la direction de la Côte d'Azur, on entendait un grondement de tonnerre assourdi, on apercevait la brève lueur d'un éclair, comme un détail lointain et décoratif : un orage pour les autres.

Il atteignit Ménerbes aux premières heures du matin, nous réveillant avec un fracas qui ébranla les vitres et déclencha chez les chiens un chœur d'aboiements. Pendant une heure au moins, il parut s'immobiliser juste au-dessus de la maison, dans des roulements de tonnerre, un fracas d'explosions et des coups de projecteur qui illuminaient le vignoble. La pluie se mit à tomber avec la violence d'un barrage qui se rompt, s'abattant sur le toit et sur la cour, ruisselant par la cheminée et s'insinuant sous la porte de la rue. L'averse cessa juste après l'aube et le soleil se leva comme si de rien n'était.

Nous n'avions plus d'électricité. Pas de téléphone non plus. Faisant le tour de la maison pour voir les dégâts causés par l'orage, nous vîmes que la pluie avait entraîné jusqu'à la route la moitié de l'allée, laissant des ornières larges comme les roues d'un tracteur et assez profondes pour mettre en péril une voiture normale. Mais il y avait quand même de bons côtés : c'était une matinée superbe, il n'y avait pas d'ouvriers. Ils étaient à n'en pas douter trop occupés à étancher les inondations chez eux pour se soucier de notre chauffage central. Nous allâmes faire une promenade en forêt pour voir les dégâts causés là par l'orage.

C'était spectaculaire : pas d'arbres déracinés, mais les effets du déluge sur une terre cuite pendant des semaines par le soleil. Des panaches de vapeur montaient des arbres accompagnés d'un sifflement continu : c'était la chaleur du jour nouveau qui commençait à sécher les sous-bois. Nous revînmes prendre un petit déjeuner tardif, pleins de l'optimisme que peuvent inspirer le soleil et un ciel bleu. Nous fûmes récompensés en retrouvant un téléphone en état de marche avec M. Printemps au bout du fil. Il voulait savoir si sa police d'assurance avait des dommages à couvrir. Nous lui répondîmes que la seule victime, c'était l'allée.

« *C'est bieng*, dit-il. J'ai un client qui a cinquante centimètres d'eau dans sa cuisine. Ça arrive quelquefois. Le mois d'août est bizarre. » Il avait raison. Ç'avait été un mois étrange et nous étions contents de le voir arriver à son terme pour que la vie puisse reprendre son cours d'antan, avec des routes désertes, des restaurants où on trouverait des tables et Colombani de retour en pantalon long.

Septembre

Du jour au lendemain la population du Lubéron diminua. On ferma à clé les résidences secondaires, on boucla les volets de belles et vieilles maisons, on verrouilla les grilles d'entrée avec de longues chaînes rouillées. Ces habitations allaient rester ainsi jusqu'à Noël, si manifestement, si visiblement inoccupées qu'on n'avait pas de mal à comprendre pourquoi les cambriolages dans le Vaucluse avaient atteint les proportions d'une petite industrie. Même les cambrioleurs les plus mal équipés et les plus lents pouvaient compter sur plusieurs mois de tranquillité pour faire leur travail et, au cours des dernières années, on avait connu certains vols d'une grande originalité. On avait démonté et emporté des cuisines entières, de vieux toits en tuile romaine, une porte d'entrée ancienne, un olivier centenaire : à croire qu'un cambrioleur au goût sûr meublait sa maison avec les plus belles pièces qu'il pouvait trouver parmi un assortiment de propriétés. C'était peut-être le misérable qui avait fait main basse sur notre boîte à lettres.

Nous commençâmes à revoir nos amis de la région maintenant qu'ils émergeaient du piège de l'été. La plupart d'entre eux se remettaient d'une surabondance d'invités et on pouvait observer une curieuse similitude dans leurs récits. Ils avaient ainsi réuni à eux tous une compilation des adages d'août. Les problèmes de plomberie et d'argent tenaient la première place.

« Comment ça, ils n'acceptent pas les cartes de crédit ? On les accepte partout.

– Il ne reste plus de vodka.

– Il y a une drôle d'odeur dans la salle de bains.

– Vous croyez que vous pourriez régler ça ? Je n'ai qu'un billet de cinq cents francs.

– Ne vous inquiétez pas. Je vous le remplacerai à mon retour à Londres.

– Je ne me rendais pas compte qu'il fallait prendre autant de précautions avec une fosse septique.

– N'oubliez pas de me dire à combien se montaient ces coups de fils à Los Angeles.

– J'ai honte de vous voir trimer ainsi comme un esclave.

– Il ne reste plus de whisky. »

En écoutant les récits de canalisations bouchées, de cognac englouti, de verres de vin cassés dans la piscine, de portefeuilles qu'on aurait crus scellés et d'appétit fabuleux, nous avions le sentiment qu'au cours du mois d'août le sort nous avait traités avec bonté. Certes, notre maison avait subi des dégâts considérables mais, à les entendre, il en était de même de celles de nos amis. Du moins n'avions-nous pas eu à fournir le gîte et le couvert à Colombani pendant qu'il démolissait tout.

A bien des égards, le début septembre nous parut un second printemps. Les jours étaient secs et chauds, les nuits fraîches, l'air merveilleusement clair après la brume étouffante d'août. Les habitants de la vallée avaient secoué leur torpeur et s'attaquaient à la grande affaire de l'année : patrouiller chaque matin dans le vignobles pour examiner les grappes qui pendaient un kilomètre après l'autre en rangs juteux et bien ordonnés.

Amédée était là avec les autres, soupesant les raisins dans le creux de sa main et levant les yeux vers le ciel, avec des tsss-tsss méditatifs tout en essayant de deviner le temps qu'il allait faire. Je lui demandai quand à son avis il faudrait vendanger.

« Il faut les laisser mûrir encore un peu, dit-il. On ne peut pas se fier au temps de septembre. »

Il avait jusque-là prodigué chaque mois de l'année les mêmes sombres commentaires à propos du temps, sur le ton résigné et plaintif des fermiers du monde entier quand ils vous expliquent comme c'est dur de gagner sa vie en cultivant la terre. Les conditions ne sont jamais les bonnes. La pluie, le vent, le soleil, les mauvaises herbes, les insectes, le gouvernement : il y a toujours quelque chose qui ne va pas et ils se vautrent dans leur pessimisme avec un plaisir pervers.

« On peut tout faire bien pendant onze mois de l'année, déclara Amédée, et puis – *pouf* – un orage arrive et la vendange est tout juste bonne pour le *jus de raiseng*. » Il disait cela avec un tel mépris que je l'imaginais laissant sur les ceps une récolte gâchée plutôt que de perdre son temps à cueillir des grappes qui ne pourraient même pas aspirer à devenir du vin ordinaire.

Comme s'il n'avait pas déjà assez de soucis comme ça, la nature avait dressé sur son chemin un nouvel obstacle : il faudrait vendanger nos vignes en deux fois, car nous avions environ cinq cents pieds qui produisaient du raisin de table, lequel serait mûr avant le vin de cuve. C'est un emmerdement * qu'on ne supportait qu'en raison du bon prix qu'atteignait le raisin de table. Malgré tout, cela voulait dire qu'il y avait deux occasions possibles où la déception et le désastre pourraient frapper et, à en croire Amédée, cela ne manquerait pas d'arriver. Je le laissai là, secouant la tête et marmonnant tout seul.

Pour compenser les tristes prédictions d'Amédée, nous recevions de Colombani notre ration quotidienne de joyeuses nouvelles : il touchait maintenant aux

---

* *En français dans le texte.*

termes de ses efforts sur l'installation de chauffage central et il trépignait presque d'impatience en voyant approcher le jour où on allait allumer la chaudière. A trois reprises il me rappela de commander du fuel, puis insista pour surveiller le remplissage de la cuve et s'assurer que la livraison était exempte de tout corps étranger.

« Il faut faire très attention, expliqua-t-il à l'homme qui apportait le carburant. Le plus petit bout de cochonnerie dans votre fuel abîmera mon brûleur et encrassera les électrodes. Je crois qu'il serait prudent de le filtrer en le pompant dans la cuve. »

L'homme du fuel se redressa, scandalisé, ripostant d'un index huileux et à l'ongle noir, au doigt braqué sur lui de Colombani. « Mon fuel a déjà été filtré trois fois. Il est impeccable. » Il esquissa le geste de se baiser le bout des doigts, mais se ravisa.

« On verra, dit Colombani. On verra. » Il inspecta d'un air méfiant le bec du tuyau avant de le laisser introduire à l'intérieur de la cuve et le livreur l'essuya ostensiblement avec un chiffon crasseux. La cérémonie du remplissage s'accompagna d'un discours technique détaillé sur le fonctionnement du brûleur et de la chaudière que l'homme du fuel écouta sans grand intérêt. Tandis qu'on déversait les derniers litres, Colombani se tourna vers moi. « Cet après-midi, nous allons faire le premier test. » Il eut un moment d'angoisse en songeant à une horrible possibilité. « Vous ne sortez pas, madame, et vous serez là ? » Ça aurait été faire montre de la plus suprême cruauté que de le priver de son public. Nous promîmes d'être prêts à deux heures.

Nous le retrouvâmes dans ce qui avait été jadis un dortoir pour baudets transformé aujourd'hui par la grâce de Colombani en poste de commande du complexe de chauffage. Chaudière, brûleur et ballon d'eau étaient disposés côte à côte, réunis par des cordons ombilicaux de cuivre et un impressionnant déploiement de canalisations peintes de différentes couleurs – rouge pour l'eau chaude, bleue pour l'eau froide – qui s'étalaient à la sortie de la chaudière pour disparaître au plafond. Vannes, cadrans et manettes, d'un éclat incongru devant la pierre rugueuse des murs, attendaient la touche du maître. L'ensemble paraissait extrêmement compliqué et je commis l'erreur de le dire.

Colombani prit cela comme une critique personnelle et consacra dix minutes à en démontrer la stupéfiante simplicité : il abaissa des manettes, ouvrit et ferma des vannes, tapota cadrans et jauges en me laissant totalement abasourdi. « Voilà ! » s'exclama-t-il après un dernier grand geste vers les manettes. « Maintenant que vous comprenez comment ça marche, nous allons commencer le test. *Petit !* fais attention. »

Le monstre s'éveilla dans une série de cliquetis et de reniflements. « Le brûleur », annonça Colombani, en dansant autour de la chaudière afin de régler les contrôles pour la cinquième fois. Il y eut une explosion sourde, puis un rugissement étouffé. « Nous avons de la combustion ! » Il donnait à l'opération un caractère aussi dramatique pour que le lancement d'une navette spatiale. « D'ici cinq minutes, tous les radiateurs seront chauds. Venez ! »

Il parcourut toute la maison, en insistant pour nous faire toucher chaque radiateur. « Vous voyez ? Vous pourrez passer tout l'hiver en bras de chemise. » Pour l'instant, nous transpirions tous abondamment. Il faisait vingt-cinq degrés dehors et, avec le chauffage à plein régime, la température à l'intérieur était insupportable. Je demandai si nous pourrions l'éteindre avant d'être complètement déshydratés.

« Oh non. Il faut le laisser en marche vingt-quatre heures de façon à pouvoir vérifier les joints et s'assurer qu'il n'y a pas de fuite. Ne touchez à rien avant que je revienne demain. Il faut absolument que tout reste au maximum. » Il nous laissa nous flétrir sur place et savourer les relents de la poussière cuite et de la fonte brûlante.

*
* *

Il y a un week-end de septembre où on croirait que, dans toute la campagne, on répète le déclenchement de la Troisième Guerre mondiale. C'est le jour de l'ouverture de la chasse : chaque Français qui a un peu de sang dans les veines rassemble son fusil, son chien et ses tendances au meurtre et entraîne le tout dans les collines pour aller chasser. Le premier signe avant-coureur de cet événement nous arriva par la poste : un terrifiant document envoyé par un armurier de Vaison-la-Romaine qui proposait une gamme complète de pièces d'artillerie à des prix d'avant-saison. On avait le choix entre soixante et soixante-dix modèles et mes instincts de chasseur, dormants depuis la naissance, s'éveillèrent à l'idée de posséder un Verney Carron Grand Bécassier ou un Ruger 44 Magnum à viseur électronique. Ma femme, qui nourrit des doutes justifiés sur ma capacité à manipuler tout équipement dangereux, fit observer que je n'avais pas besoin d'un viseur électronique pour me tirer une balle dans le pied.

Le goût des Français pour les armes nous avait surpris. Par deux fois, nous étions allés voir dans leur habitat naturel des gens à l'apparence douce et peu guerrière et, à deux reprises, on nous avait fait admirer l'arsenal familial : un homme avait cinq fusils de divers calibres et l'autre en avait huit, huilés, astiqués et exposés dans un râtelier fixé au mur de la salle à manger comme un redoutable objet d'art. Comment pouvait-on avoir besoin de huit fusils ? Comment savoir lequel prendre ? Ou bien les emportait-on tous, comme un sac de clubs de golf, en choisissant le 44 Magnum pour le léopard ou l'élan et Baby Bretton pour le lapin ?

Au bout d'un moment, nous comprîmes que la manie du fusil n'était qu'un aspect de la fascination nationale pour les équipements et les accoutrements, d'un désir passionné d'avoir l'air d'un expert. Quand un Français se met au cyclisme, au tennis ou au ski, ce qu'il veut avant tout éviter, c'est qu'on le prenne pour le novice qu'il est : il se munit donc d'accessoires d'un niveau de professionnel. Cela se fait dans l'instant. Quelques milliers de francs et vous voilà impossible à distinguer de tout autre champion aguerri qui participe au Tour de France, au Tournoi de Wimbledon ou aux Jeux olympiques d'hiver. Dans le cas de la chasse, il n'y a pratiquement pas de limite au nombre des accessoires et ils ont l'attrait supplémentaire d'être profondément virils et d'avoir l'air dangereux.

Nous eûmes droit à une avant-première de la mode cynégétique sur le marché de Cavaillon. Les éventaires s'étaient approvisionnés pour la saison et ressemblaient à de petits dépôts paramilitaires : on trouvait des cartouchières et des bretelles de fusil en cuir tressé. Des gilets avec des myriades de poches à fermeture éclair, des gibecières lavables, et donc très pratiques car on pouvait facilement faire disparaître les taches de sang. Il y avait des bottes de désert du genre utilisé par les mercenaires qu'on parachute au Congo. De redoutables couteaux aux lames de vingt centimètres avec boussole incorporée dans le manche. Des bidons en aluminium léger qui verraient sans doute plus de pastis que d'eau. Des ceintures en sangle avec une collection de mousquetons et une bride spéciale pour baïonnette, sans doute pour le cas où les munitions s'épuiseraient et où il faudrait attaquer le gibier à l'arme blanche. Des casquettes de toile et des pantalons de commando, des rations de survie et de petits réchauds de campagne pliants. Bref, tout ce dont un homme pourrait avoir besoin pour affronter les bêtes indomptées de la forêt à l'exception de cet indispensable accessoire à quatre pattes et au nez sensible comme un radar, le chien de chasse.

Les chiens de chasse sont des animaux trop spécialisés pour qu'on les achète comme ça, nous dit-on, aucun chasseur sérieux n'envisagerait d'acheter un chiot sans avoir rencontré d'abord les géniteurs. A en juger par certains chiens de chasse que nous avions rencontrés, nous imaginions sans mal que découvrir le père aurait pu poser des problèmes mais, parmi toutes les curiosités hybrides, il y avait trois ou quatre types faciles à identifier : la créature couleur foie bien cuit se rapprochant d'un gros épagneul, la version allongée du beagle et le chien courant grand et efflanqué au visage lugubre et creusé de rides.

Tout chasseur considère son chien comme particulièrement doué et il aura au moins une histoire peu plausible à vous raconter concernant son endurance et ses prouesses. A entendre leurs propriétaires, on aurait pu croire ces chiens doués d'une intelligence surnaturelle, impeccablement dressés et fidèles jusqu'à la mort. Nous attendions avec intérêt de les voir opérer lors du week-end d'ouverture. Peut-être leur exemple inspirerait-il à nos chiens l'envie de se livrer à une activité plus utile que de traquer les lézards et de s'attaquer à de vieilles balles de tennis.

Dans notre coin de la vallée, la chasse débuta peu après sept heures un dimanche matin, par des salves tirées de part et d'autre de la maison et des montagnes derrière. On aurait dit que tout ce qui bougeait risquait sa vie et, quand je m'en allai promener les chiens, je pris le plus grand mouchoir blanc que je pus trouver au cas où j'aurais eu besoin de me rendre. Avec d'infinies précautions, nous nous engageâmes sur le sentier qui, derrière la maison, mène au village : je supposais que tout chasseur digne de son permis se serait posté loin des sentiers battus pour s'enfoncer dans les sous-bois touffus au flanc de la montagne.

Un détail me frappa, l'absence de tout chant d'oiseaux : au premier coup de fusil, tous les oiseaux raisonnables ou ayant un peu d'expérience s'étaient envolés pour des lieux plus sûrs, comme l'Afrique du Nord ou le centre d'Avignon. Dans l'horrible vieux temps, les chasseurs accrochaient aux arbres des oiseaux en cage afin d'attirer leurs congénères assez près pour les tirer à bout portant, mais cette pratique est aujourd'hui interdite et le chasseur moderne doit compter sur sa ruse et sa connaissance des bois.

Je n'en vis guère de démonstration. Je vis en revanche assez de chasseurs, de chiens et d'armes pour exterminer toute la population de grives et de lapins du midi de la France. Ils n'étaient pas montés dans la forêt : en fait, c'était à peine s'ils avaient quitté le sentier. Ils étaient rassemblés par petits groupes dans les clairières, riant, fumant, buvant une gorgée de leurs flasques kaki, découpant des tranches de saucisson. De chasse proprement dite – l'homme jouant au plus fin avec la grive –, pas trace. Ils avaient dû brûler leur ration de cartouches lors de la fusillade matinale.

Leurs chiens avaient pourtant hâte de se mettre au travail. Après des mois passés confinés dans les chenils, ils étaient grisés par cette liberté retrouvée et par les odeurs de la forêt : ils couraient en tous sens, le museau rasant le sol et frémissant d'excitation. Chacun portait un gros collier avec une petite clochette qui, nous expliqua-t-on, avait un double but : elle signalait la présence du chien pour que le chasseur puisse se mettre en position de tirer le gibier rabattu vers lui. Mais c'était aussi le moyen d'éviter de lui tirer dessus. Je songeai à porter une clochette simplement par sécurité.

Un autre avantage de la clochette apparut à la fin de la matinée : elle épargnait au chasseur l'humiliante expérience de perdre son chien à la fin de la chasse. Loin d'être les animaux fidèles et disciplinés que j'avais imaginés, les chiens de chasse sont des vagabonds qui se laissent entraîner par leur nez et oublient le passage du temps. Ils n'ont pas assimilé l'idée qu'on s'arrête de chasser pour déjeuner. La clochette ne veut pas nécessairement dire que le chien va accourir quand on l'appelle, mais du moins le chasseur peut-il avoir une vague idée de l'endroit où il est.

Peu avant midi, des silhouettes en tenue de camouflage commencèrent à se diriger vers les camionnettes garées sur le bas-côté de la route. Quelques-unes accompagnées de leurs chiens. Les autres sifflaient et criaient avec irritation en émettant un sifflement rageur : « Vieng ici ! Vieng ici ! » en direction de la symphonie de clochettes qu'on pouvait entendre en provenance de la forêt.

Les réactions étaient variées. Les cris vibraient d'une mauvaise humeur croissante, dégénéraient en vociférations et jurons. Au bout de quelques minutes, les chasseurs renonçaient et rentraient, pour la plupart sans leur chien.

Trois bêtes ainsi abandonnées venues s'abreuver à la piscine se joignirent à nous un peu plus tard pour le déjeuner. Nos deux chiennes admirèrent vivement leur attitude désinvolte et leur arôme exotique, et nous les enfermâmes tous dans la cour en nous demandant comment nous pourrions les restituer à leurs propriétaires. Nous consultâmes Amédée.

« Ne vous inquiétez pas, dit-il. Laissez-les partir. Les chasseurs reviendront dans l'après-midi. S'ils ne retrouvent pas leurs chiens, ils laisseront un coussin. »

Ça marchait toujours, nous assura Amédée. Si le chien était dans la forêt, on laissait simplement un objet imprégné de l'odeur du chenil – un coussin ou le plus souvent un bout de sac – près de l'endroit où on avait vu le chien pour la dernière fois. Tôt ou tard, l'animal reviendrait sur ses traces et attendrait qu'on vienne le chercher.

Nous lâchâmes les trois chiens courants et ils s'en allèrent au petit trot en hurlant d'excitation. C'était un son extraordinairement plaintif, pas un aboiement ni un cri, mais une lamentation, comme la plainte d'un hautbois. Amédée secoua la tête. « Ils ne reviendront pas avant des jours. » Lui-même ne chassait pas et tenait les chasseurs et leurs chiens pour des intrus qui n'avaient aucun droit de venir fureter autour de ses précieuses vignes.

Il avait décidé, nous annonça-t-il, que le moment était venu de vendanger les raisins de table. Ils s'y attaqueraient dès qu'Huguette aurait terminé de préparer le camion. Dans la famille, c'était elle qui était douée pour la mécanique et, à chaque mois de septembre, elle avait la charge d'inciter le camion de vendange à faire encore quelques kilomètres. C'était un engin qui avait au moins trente ans – peut-être plus, Amédée ne s'en souvenait pas exactement. Il était branlant, avec l'avant aplati, un plateau sans rebord et des pneus lisses. Cela faisait des années qu'il n'était plus en état de rouler mais pas question d'acheter un camion neuf. Pourquoi gaspiller du bon argent à le faire réparer dans un garage quand on avait épousé un mécanicien ? On ne l'utilisait que quelques semaines par an, et Amédée prenait soin de n'emprunter que les petites routes pour éviter toute rencontre avec un de ces petits flics zélés du commissariat des Baumettes avec leurs absurdes histoires de freins en bon état et d'assurance en vigueur.

Les soins attentifs d'Huguette opérèrent un miracle : un matin de bonne heure, le vieux camion gravit en haletant l'allée, chargé de cageots vides, juste assez profonds pour une seule couche de grappes. On les entassa le long de chaque rangée de vigne et tous les trois – Amédée, Huguette et leur fille – prirent leurs sécateurs et se mirent à l'ouvrage.

C'était une opération lente et pénible. Comme l'apparence du raisin de table est aussi importante que son goût, il fallait examiner chaque grappe, couper chaque grain fripé ou abîmé. Les grappes pendaient, touchant parfois la terre et cachées par les feuilles. La progression des vendangeurs se comptait en mètres à l'heure : il fallait s'accroupir, couper, relever, inspecter, donner un coup de sécateur, déposer dans le cageot. La chaleur était accablante, frappait les nuques et les épaules. Pas d'ombre, pas de brise, pas de répit dans une journée de dix heures sauf la pause du déjeuner. Plus jamais je ne regarderais une grappe de raisin dans une coupe sans penser aux courbatures et à l'insolation. Il était sept heures passées quand ils vinrent prendre un verre, épuisés et diffusant de la chaleur comme un radiateur, mais satisfaits. Les grappes étaient belles et en quatre jours ils auraient tout cueilli. Je dis à Amédée qu'il devait être content du temps. Il repoussa en arrière son chapeau et j'aperçus la démarcation sur son front là où la peau brunie par le soleil virait au blanc.

« Trop beau, dit-il. Ça ne va pas durer. » Il but une longue gorgée de pastis tout en envisageant tout le spectre des calamités qui pouvaient survenir. A défaut d'orage, il pourrait y avoir un coup de gelée, une nuée de sauterelles, un incendie de forêt. Il allait sûrement se passer quelque chose avant qu'on ait rentré la seconde vendange. Il se souvint à point nommé que son médecin l'avait mis au régime pour faire baisser son taux de cholestérol. Rassuré à l'idée que le destin lui avait récemment distribué une mauvaise carte, il prit un autre verre.

*
* *

Il m'avait fallu quelque temps pour m'habituer à avoir une pièce exclusivement conçue pour le vin :

non pas un placard amélioré ou un recoin exigu sous l'escalier, mais une vraie cave. Elle était enfouie sous la maison, avec des murs de pierre qui restaient constamment frais, le sol recouvert d'un lit de gravier et de la place pour trois ou quatre cents bouteilles. J'adorais cet endroit. J'étais bien décidé à le remplir. Nos amis étaient tout aussi déterminés à le vider. Cela me donnait un prétexte pour visiter régulièrement les vignobles – c'étaient des sortes de missions humanitaires – afin d'épargner à nos invités les horreurs de la soif.

Dans l'intérêt de mes recherches et poussé par mon sens de l'hospitalité, je me rendis à Gigondas, à Beaumes-de-Venise et à Châteauneuf-du-Pape, aucun de ces lieux consacrés tout entier à la vigne n'étant plus grand qu'un gros village. Partout où se posait mon regard, des panneaux annonçaient la présence de caves qui semblaient à une cinquantaine de mètres les unes des autres. *Dégustez nos vins !* Jamais invitation n'a été acceptée avec plus d'enthousiasme. Je fis des dégustations dans un garage de Gigondas et dans un château qui domine Beaumes-de-Venise. Je découvris à trente francs le litre un Châteauneuf-du-Pape puissant et velouté, qu'un appareil ressemblant à une pompe à essence faisait gicler dans des récipients en plastique avec une admirable absence de cérémonial. Dans un établissement plus coûteux et plus prétentieux, je demandai à goûter le marc. On exhiba un petit carafon de cristal et on m'en versa une goutte sur le dos de la main : était-ce pour renifler ou pour goûter, je n'en fus jamais bien sûr.

Au bout d'un moment, j'évitai les villages et me mis à suivre les pancartes, à demi dissimulées par la végétation, qui indiquaient la pleine campagne où les raisins mûrissaient au soleil et où je pouvais acheter directement aux vignerons. Ils étaient tous sans exception des hommes hospitaliers et fiers de leur ouvrage et, pour moi en tout cas, leurs arguments de vente étaient irrésistibles.

Un jour, en début d'après-midi, je quittai la grand route à la sortie de Vacqueyras pour m'engager dans un étroit chemin de terre qui s'enfonçait au milieu des vignes. Cela me mènerait, m'avait-on dit, chez le producteur du vin qui m'avait plu au déjeuner, un Côtes-du-Rhône blanc. Une caisse ou deux viendraient combler le vide créé dans la cave par le dernier rezzou que nous avions accueilli. Petit arrêt, pas plus de dix minutes, et puis je prendrai la route du retour.

Le chemin me conduisit jusqu'à un groupe de bâtiments disposés autour d'une cour en terre battue, à l'ombre d'un énorme platane, le tout gardé par un berger allemand ensommeillé : il s'acquitta de son devoir qui était de se substituer à une sonnette et m'accueillit par un aboiement sans conviction. Un homme en salopette, qui tenait à la main une collection de bougies pleines de cambouis, descendit de son tracteur. Il me tendit son avant-bras à serrer.

Je voulais du vin blanc ? Pas de problème. Pour sa part, il était occupé à arranger le tracteur, mais son oncle allait s'occuper de moi. « Édouard ! Tu peux servir ce monsieur ? »

Le rideau de perles de bois qui pendait devant la porte d'entrée s'écarta et oncle Édouard sortit en clignant des yeux dans le soleil. Il portait un gilet sans manches, le pantalon d'un bleu de travail en coton et des chaussons. Il avait un tour de taille impressionnant, comparable au tronc du platane, mais ce n'était rien à côté de son nez. Jamais je n'avais vu un pareil appendice nasal : large, charnu et patiné jusqu'à prendre une couleur intermédiaire entre le rosé et le bordeaux, avec de fines veinules violacées qui s'épanouissaient en sillons jusqu'à ses joues. Voilà un homme qui manifestement appréciait chaque gorgée de son travail.

Il eut un grand sourire et, avec les lignes qui

s'entrecroisaient sur ses joues, on aurait dit qu'il avait des favoris violets. « Bon. Une petite dégustation. » Il me fit traverser la cour, fit coulisser les doubles portes d'un long bâtiment sans fenêtre en me disant d'attendre devant la porte pendant qu'il allait allumer. Après la lumière éblouissante de dehors, je ne voyais rien, mais il régnait là une odeur rassurante, une odeur de moût bien reconnaissable, et des relents de raisin en pleine fermentation.

Oncle Édouard alluma et referma les portes pour ne pas laisser entrer la chaleur. Une longue table à tréteaux et une demi-douzaine de chaises s'alignaient sous l'unique ampoule avec son abat-jour métallique plat. Dans un coin sombre, je distinguai une rampe bétonnée qui conduisaient aux caves. Des caisses de vin s'entassaient sur des palettes de bois le long des murs et un vieux réfrigérateur ronronnait doucement auprès d'un évier fêlé.

Oncle Édouard astiquait les verres, levant chacun d'eux à la lumière avant de le poser sur la table. Il aligna soigneusement sept d'entre eux et entreprit de disposer derrière un assortiment de bouteilles. Chacune avait droit à quelques commentaires admiratifs : « Le blanc, monsieur connaît, n'est-ce pas ? Un vin jeune, très agréable. Le rosé, pas du tout comme ces rosés décharnés qu'on trouve sur la Côte d'Azur. Treize degrés d'alcool, un vin comme il faut. Ou bien un rouge léger : on pourrait en boire une bouteille avant une partie de tennis. Celui-là, en revanche, est pour l'hiver et il se gardera dix ans ou davantage. Et puis... »

Je tentai de l'arrêter. Je lui expliquai que tout ce que je voulais, c'étaient deux caisses du blanc, mais il ne voulut rien entendre. Monsieur avait pris la peine de venir personnellement, ce serait impensable de ne pas déguster une sélection. Allons, dit oncle Édouard, il allait m'accompagner lui-même dans une promenade à travers les cépages. D'une lourde main qui s'abattit sur mon épaule, il me fit m'asseoir.

C'était fascinant. Il m'expliquait la partie précise du vignoble dont provenait chacun des vins et pourquoi certains coteaux produisaient des vins plus légers ou plus lourds. Chacun des crus que nous dégustions était accompagné d'un menu imaginaire, évoqué avec force claquements des lèvres, les yeux levés vers le paradis des gastronomes. Nous dévorâmes ainsi en pensée des écrevisses, du saumon à l'oseille, du poulet de Bresse au romarin, du rôti d'agnelet accompagné d'une crème aillée, une estoufade de bœuf aux olives, une daube, une échine de porc piquée de tranches de truffe. La qualité des vins s'améliorait progressivement en même temps que leurs prix montaient : j'étais entre les mains d'un expert et je ne pouvais rien faire d'autre que de me carrer sur mon siège et de savourer.

« Il y en a encore un qu'il faut que vous goûtiez, dit oncle Édouard, même s'il n'est pas du goût de tout le monde. » Il prit une bouteille et versa soigneusement un demi-verre. Le vin était d'un rouge foncé presque noir. « Beaucoup de caractère, dit-il. Attendez. Il lui faut *une bonne bouche*. » Il me laissa parmi les verres et les bouteilles, ressentant déjà les premières atteintes d'une gueule de bois précoce.

« Voilà. » Il déposa une assiette devant moi : deux petits fromages de chèvre ronds parsemés d'herbe et brillants d'huile d'olive, et me tendit un couteau au manche en bois usé par les ans. Il me regarda me couper un morceau de fromage et le manger. Il était extraordinairement fort. Mon palais, ou ce qu'il en restait, avait été parfaitement préparé et le vin me parut du nectar.

Oncle Édouard m'aida à charger les caisses dans la voiture. J'avais vraiment commandé tout cela ? Sans doute. Nous étions restés assis près de deux heures dans cette pénombre conviviale et en deux heures on peut prendre toutes sortes de décisions. Je repartis avec un début de migraine et une invitation à revenir le mois prochain pour les vendanges.

Nos vendanges à nous, le grand moment agricole de l'année, se firent durant la dernière semaine de septembre. Amédée aurait souhaité les faire quelques jours plus tard, mais des renseignements confidentiels sur le temps le persuadèrent qu'octobre serait humide.

Le premier groupe de trois qui avait cueilli le raisin de table reçut le renfort du cousin Jean et du père d'Amédée. La contribution de ce dernier consistait à marcher lentement derrière les vendangeurs, en fouinant parmi les vignes avec sa canne jusqu'au moment où il découvrait une grappe oubliée. Il hurlait alors – pour un homme de quatre-vingt-quatre ans, il avait une voix qui portait – que quelqu'un revienne faire convenablement le travail. Contrairement aux autres avec leurs shorts et leurs gilets, il était prêt à affronter une fraîche journée de novembre avec un chandail, une casquette et un costume d'épais lainage. Quand ma femme apparut avec un appareil de photo, il ôta sa casquette, se lissa les cheveux, remit sa casquette et prit la pose, au milieu des vignes jusqu'à la taille. Comme tous nos voisins, il adorait se faire photographier.

Lentement et bruyamment, les rangées se dépouillaient, les grappes s'entassaient dans des cageots en plastique qu'on empilait à l'arrière du camion. Chaque soir maintenant, on rencontrait sur les routes des convois de camionnettes et de tracteurs remorquant leurs montagnes violacées jusqu'à la coopérative vinicole de Maubec : là on les pesait et on mesurait le degré d'alcool. A la grande surprise d'Amédée, on termina les vendanges sans incident et, pour fêter cela, il nous invita à l'accompagner jusqu'à la coopérative pour la dernière livraison. « Ce soir, annonça-t-il, nous aurons les chiffres définitifs et vous saurez alors combien de bouteilles vous pourrez boire l'année prochaine. »

Nous suivîmes le camion qui cahotait dans le couchant à trente kilomètres à l'heure, sur de petites routes au revêtement taché de grappes tombées et écrasées. On faisait la queue pour décharger. Des hommes corpulents au visage rôti par le soleil restaient assis sur leur tracteur jusqu'au moment où c'était à eux de faire marche arrière jusqu'au quai pour décharger leur cargaison dans le toboggan : première étape du long parcours jusqu'à la bouteille.

Amédée termina le déchargement et nous entrâmes avec lui dans le bâtiment pour voir nos raisins tomber dans les grandes cuves en acier inoxydable. « Regardez ce cadran, dit-il. Ça montre le degré d'alcool. » L'aiguille grimpa, frémit et s'immobilisa sur 12,32 %. Amédée grommela. Il aurait préféré 12,50 : quelques jours de soleil en plus auraient pu faire l'affaire, mais au-dessus de 12, c'était raisonnable. Il nous emmena voir l'homme qui pointait les arrivages et examina une colonne de chiffres sur une grande feuille fixée à une planchette, les comparant avec une poignée de bouts de papier qu'il tira de sa poche. Il hocha la tête. C'était correct.

« Vous n'aurez pas soif. » Il esquissa le geste provençal de boire, poing serré et pouce pointé vers la bouche. « Un peu plus de douze cents litres. »

Cela nous parut une bonne année et nous confiâmes à Amédée que nous étions enchantés. « Bah, fit-il, au moins il n'a pas plu. »

Octobre

Debout, l'homme contemplait la mousse et les broussailles autour des racines d'un vieux chêne-liège. Il avait la jambe droite enfoncée dans une cuissarde de pêcheur en caoutchouc vert. A l'autre pied, une chaussure de course. Il tenait devant lui un long bâton et portait un panier à provisions en plastique bleu.

Il se tourna vers l'arbre, avança la jambe gainée de caoutchouc, plongea nerveusement son bâton dans la végétation, à la façon d'un escrimeur qui s'attend à une riposte soudaine et violente. Encore un pas en avant avec la jambe de caoutchouc : en garde, tirez, rompez, tirez. Il était si absorbé par son duel qu'il ne se doutait absolument pas que, tout aussi absorbé, je l'observais depuis le sentier. Un des chiens s'approcha de lui par-derrière et se mit à flairer sa jambe libre.

Il sursauta – « merde ! » –, aperçut le chien puis moi et prit un air gêné. Je m'excusai de lui avoir fait peur.

« J'ai cru un instant, dit-il, que j'étais attaqué. »

J'avais du mal à imaginer qui aurait pu lui flairer la jambe avant de l'attaquer et je lui demandai ce qu'il cherchait. En guise de réponse, il brandit son panier à provisions. « Les champignons. »

Je découvrais un nouvel et inquiétant aspect du Lubéron. La région, je le savais déjà, était pleine de choses étranges et de gens plus étranges encore. Mais les champignons, même sauvages, n'attaquaient tout de même pas les adultes. Je lui demandai si les champignons étaient dangereux.

« Il y en a qui sont mortels », fit-il.

Ça, je voulais bien le croire, mais cela n'expliquait pas la cuissarde ni l'extraordinaire numéro de bâton. Au risque de passer pour le plus ignorant des abrutis de la ville, je désignai sa jambe droite.

« La cuissarde, c'est comme protection ?

– Mais oui.

– Contre quoi ? »

Il frappa le caoutchouc de son épée de bois et s'avança vers moi d'un pas conquérant, d'Artagnan avec un panier à provisions. Il cingla de son arme un bouquet de thym et s'approcha.

« Les serpents. » Il avait dit cela avec un soupçon de sifflement. « Ils se préparent à l'hiver. Si vous les dérangez, sssst, ils attaquent. Ça peut être très dangereux. »

Il me montra le contenu de son panier, arraché à la forêt au risque d'y laisser sa vie et une jambe. Tout cela me parut extrêmement vénéneux, avec des couleurs qui variaient du noir bleuté au rouille et un orange violent : rien à voir avec les champignons blancs civilisés qu'on vend sur les marchés. Il me fourra son panier sous le nez et je respirai ce qu'il appelait l'essence des montagnes. A ma grande surprise, ça sentait très bon – une odeur de terre, capiteuse avec un arrière-goût de noisette – et j'examinai de plus près les champignons. J'en avais vu dans la forêt, en groupes peu engageants sous les arbres, et ils m'avaient semblé être synonymes de mort foudroyante. Mon ami botté m'assura qu'ils étaient non seulement comestibles, mais délicieux.

« Mais, ajouta-t-il, il faut connaître les espèces vénéneuses. Il y en a deux ou trois. En cas de doute, montrez-les au pharmacien. »

L'idée ne m'était jamais venue qu'un champignon

212

puisse être soumis à un examen clinique avant qu'on l'autorisât à entrer dans la composition d'une omelette. Mais, comme l'estomac est de loin l'organe en France qui a le plus d'importance, cela s'expliquait très bien. Quelques jours plus tard à Cavaillon, je fis la tournée des pharmacies. C'était vrai : elles avaient été transformées en centres d'orientation professionnelle pour amateurs de champignons. Dans les vitrines, consacrées en général à des bandages herniaires et à des photos de jeunes femmes occupées à faire disparaître toute trace de cellulite de leurs cuisses longues et bronzées, s'étalaient maintenant des grands tableaux d'identification des champignons. Certaines officines allaient même plus loin en entassant dans leur devanture des piles d'ouvrages de référence décrivant, illustrations à l'appui, toutes les espèces de champignons comestibles connues de l'homme.

Je vis des gens entrer avec des sacs crasseux qu'ils présentaient sur le comptoir avec une certaine angoisse, comme s'ils venaient se faire faire des analyses pour une maladie rare. L'expert en blouse blanche inspectait gravement les petits objets boueux qu'ils contenaient et rendait son verdict. Cela les changeait, j'imagine, de la routine quotidienne des suppositoires et des sirops pour le foie. Je trouvai cela si passionnant que je faillis en oublier la raison pour laquelle j'étais venu à Cavaillon. Non pas pour traîner dans les pharmacies, mais pour aller acheter du pain au temple local de la boulangerie.

En France nous étions devenus des intoxiqués de la panification et c'était un plaisir toujours renouvelé de choisir et d'acheter notre pain quotidien. La boulangerie du village avait des heures d'ouverture capricieuses : « Madame rouvrira quand elle aura fini sa toilette », m'entendis-je répondre un jour. Ce qui nous encouragea à visiter d'autres établissements dans d'autres villages. Une révélation ! Après des années où

213

nous prenions, si j'ose dire, le pain pour argent comptant, comme un produit plus ou moins standard, c'était comme découvrir un aliment nouveau.

Nous essayâmes les miches compactes de Lumières, qui exigeaient une mastication appliquée, plus grasses et plus plates que la baguette ordinaire, et les boules à croûte sombre de Cabriès, grosses comme des ballons de football dégonflés. Nous apprîmes quels pains se garderaient toute la journée et lesquels seraient rassis au bout de trois heures. Le meilleur pain pour confectionner des croûtons à tartiner de rouille avant de les lancer dans les ondes d'une soupe de poissons. Nous nous habituâmes au spectacle charmant, mais surprenant au début, de bouteilles de champagne qu'on vendait à côté des tartes et des petits gâteaux individuels confectionnés chaque matin qui a midi avaient disparu.

La plupart des boulangeries avaient leur touche personnelle qui distinguait leurs miches du pain de supermarché fabriqué en série : de petites variations sur les formes conventionnelles, une volute décorative supplémentaire dans la croûte, un motif recherché : l'artiste boulanger signant son œuvre. A croire que le pain fait au pétrin mécanique, tranché et emballé, n'avait jamais été inventé.

A Cavaillon, les pages jaunes énumèrent dix-sept boulangers mais, nous avait-on dit, un établissement devançait tous les autres pour son choix et sa qualité, un véritable palais du pain. Chez Auzet, nous affirmait-on, la cuisson et la dégustation des pains et pâtisseries avaient été élevées au rang d'un véritable culte.

Quand le temps est doux, on dispose des tables et des chaises sur le trottoir devant la boulangerie : ainsi les Cavaillonnaises peuvent-elles s'installer devant leurs chocolats chauds, leurs biscuits aux amandes ou leurs tartes aux fraises tout en réfléchissant à tête reposée au pain qu'elles vont acheter pour le déjeuner et pour le dîner. Pour les aider, Auzet a fait imprimer un vrai menu, la *Carte des pains*. J'en pris un exemplaire sur le comptoir, commandai un café, m'assis au soleil et plongeai dans ma lecture.

C'était une nouvelle étape dans mon éducation française. Non seulement elle me fit connaître des pains dont je n'avais jamais entendu parler, mais elle me précisa avec beaucoup de fermeté et de précision avec quoi je devrais les déguster. Pour l'apéritif, j'avais le choix entre les petits carrés qu'on appelait des toasts, un pain surprise qu'on pouvait parfumer avec du jambon fumé finement haché ou bien les savoureux *feuillets salés*. Tout cela était simple. Les décisions étaient plus délicates à prendre quand il s'agissait de choisir l'ordonnance du repas. Supposez, par exemple, que je veuille commencer par des crudités. Il y avait quatre accompagnements possibles : pain à l'oignon, pain à l'ail, pain à l'olive ou pain au roquefort. Trop compliqué ? Dans ce cas, je pouvais avoir des fruits de mer, car l'évangile selon Auzet n'autorisait qu'un seul pain pour accompagner les fruits de mer : un pain de seigle coupé en tranches fines.

Cela se poursuivait ainsi, énumérant avec une brièveté sans faille quel pain je devrais manger avec des charcuteries, du foie gras, de la soupe, de la viande rouge ou blanche, du gibier à plume et du gibier à poil, des viandes fumées, des salades mélangées (à ne pas confondre avec les salades vertes énumérées séparément) et trois consistances différentes de fromage. Je comptai dix-huit variétés de pain, allant du pain au thym au pain au poivre, du pain aux noix au pain de son. Perdu dans une brume d'indécision, j'entrai dans le magasin consulter la propriétaire. Que me recommanderait-elle avec du foie de veau ?

Elle fit un tour rapide de ses étagères puis choisit une courte bannette brune. Tout en me rendant ma monnaie, elle me parla d'un restaurant où le chef sert

215

un pain différent avec chacun des cinq plats de son menu. Voilà, dit-elle, un homme qui comprend le pain. Ça n'est pas comme certains.

Je commençais à comprendre aussi, tout comme je commençais à comprendre les champignons. Ça avait été une matinée instructive.

* *

Rivière était d'humeur lyrique. Il venait de sortir de chez lui pour aller en forêt tuer quelque chose lorsque je le rencontrai sur une colline dominant une longue étendue de vignobles. Son fusil sous le bras, et une de ses cigarettes en papier maïs vissée au coin de la bouche, il contemplait la vallée.

« Regardez-moi ces vignes, dit-il. La nature porte vraiment ses plus jolies toilettes. »

L'effet de cette observation d'une poésie inattendue fut compromis quand Rivière, après s'être bruyamment éclairci la gorge, cracha par terre. Il avait raison : les vignes étaient spectaculaires, une succession de champs aux feuilles rousses, jaunes et écarlates, immobiles sous le soleil. Maintenant que le raisin avait été cueilli, il n'y avait plus de tracteurs ni de silhouettes humaines dans cet extraordinaire panorama. On recommencerait à travailler dans les vignes à la tombée des feuilles, alors que la taille commencerait. C'était une pause entre les saisons. Il faisait encore chaud, mais ce n'était plus tout à fait l'été et pas encore l'automne.

Je demandai à Rivière s'il avait progressé dans la vente de sa propriété : peut-être un charmant couple allemand tombé amoureux de la maison alors qu'il campait dans les parages.

Au mot de « campeur », il se hérissa. « Ces gens-là ne pourraient pas se permettre une maison comme la mienne. D'ailleurs, je l'ai retirée du marché jusqu'en 1992. Vous verrez. Quand on supprimera les frontières, ils chercheront tous des maisons dans le coin. Les Anglais, les Belges... » D'un geste large, il engloba les autres nationalités du Marché commun. « Les prix vont monter en flèche. Les maisons dans le Lubéron seront très recherchées. Même un petit mas comme le vôtre pourrait aller chercher dans les un ou deux millions. »

Ce n'était pas la première fois que j'entendais citer 1992 comme l'année où la Provence tout entière allait être inondée sous un déluge d'argent étranger car, en 1992, ce serait l'entrée en vigueur du Marché commun. On oublierait les nationalités pour devenir tous une grande et heureuse famille d'Européens. Finies les restrictions de change : que feraient alors les Italiens, les Espagnols et tous les autres ? Ils se précipiteraient sur la région en brandissant leurs carnets de chèques.

C'était une idée, mais je ne voyais pas pourquoi elle se concrétiserait. La Provence avait déjà une population étrangère considérable qui n'avait eu aucun problème pour acheter des maisons. Et, on avait beau parler tout le temps d'intégration européenne, ce n'était pas une date sur un bout de papier qui allait mettre un terme aux tracasseries de la bureaucratie ni aux mesures préférentielles auxquelles avaient recours tous les pays membres – notamment la France – quand cela les arrangeait. Dans cinquante ans, on verrait peut-être une différence : en 1992, certainement pas.

Mais Rivière était convaincu. En 1992, il allait vendre et prendre sa retraite, ou peut-être acheter un petit bar-tabac à Cavaillon. Je lui demandai ce qu'il allait faire des ses trois dangereux molosses et je crus un instant qu'il allait éclater en sanglots.

« Ils ne seraient pas heureux en ville, dit-il. Il faudrait que je les abatte. »

217

Il marcha auprès de moi quelques minutes et se réconforta en songeant tout haut aux bénéfices qu'il n'allait pas manquer de faire, et ce ne serait pas trop tôt. Toute une vie de rude labeur méritait sa récompense. Un homme devrait passer ses vieux jours confortablement et non pas à se briser les reins en cultivant la terre. En fait, son terrain était exceptionnel dans la vallée pour son aspect mal entretenu : mais il en parlait toujours comme si c'était un croisement entre les jardins de Villandry et les vignobles manucurés de Château-Lafite. Il quitta le sentier pour s'enfoncer dans la forêt et terroriser quelques oiseaux. C'était une vieille canaille, un homme brutal, avide et menteur. Mais je m'étais vraiment attaché à lui.

Je trouvai le chemin du retour jonché de cartouches tirées par les hommes que Rivière qualifiait avec mépris de *chasseurs du sentier* : de tristes chochottes qui ne voulaient pas crotter leurs bottes dans la forêt et qui espéraient voir les oiseaux venir voler spontanément dans leurs nuages de chevrotines. Parmi les douilles répandues se trouvaient des paquets de cigarettes écrasés, des boîtes de sardines vides et des bouteilles, souvenirs abandonnés là par ces mêmes amoureux de la nature qui se plaignaient de voir la beauté du Lubéron gâchée par les touristes. Leurs préoccupations écologiques n'allaient pas jusqu'à les faire ramasser leurs propres détritus. Ce n'est pas une catégorie socio-professionnelle très soignée, celle du chasseur.

J'arrivai à la maison pour tomber sur une petite conférence qui se tenait autour du compteur électrique dissimulé derrière des arbres. L'homme de l'EDF avait soulevé le couvercle pour faire son relevé et il avait constaté qu'une colonie de fourmis s'était installée là. Les chiffres étaient cachés : impossible de lire notre consommation d'électricité. Il fallait faire disparaître les insectes. Ma femme et l'homme de l'EDF avaient été rejoints par Colombani, que nous soupçonnions maintenant de vivre dans la chaufferie et qui n'aimait rien tant que de nous conseiller sur tout problème domestique susceptible de se poser.

« Oh là là ! *Qué cagasse !* » Un temps pendant que Colombani se penchait pour regarder de plus près le compteur. « Elles sont nombreuses, ces fourmis. » Pour une fois il avait eu recours à une litote. Les fourmis grouillaient en si grand nombre qu'on aurait dit une masse noire solide, occupant entièrement le boîtier métallique qui abritait le compteur.

« Je n'y touche pas », déclara l'homme de l'EDF. Elles s'insinuent dans vos vêtements et vous mordent. La dernière fois que j'ai essayé de démolir une fourmilière, j'en ai eu avec moi tout l'après-midi. »

Il restait planté là, à regarder la masse grouillante, tapotant contre ses dents le bout de son tournevis. Il se tourna vers Colombani. « Vous avez une lampe à souder ?

– Je suis plombier : bien sûr que j'ai une lampe à souder.

– Bon. Alors nous pouvons les brûler. »

Colombani était horrifié. Il fit un pas en arrière et se signa. Il se frappa le front. Il leva son index d'un geste qui était le signe soit d'un désaccord total, soit du début d'une conférence ou des deux à la fois.

« Je n'arrive pas à croire ce que je viens d'entendre. Une lampe à souder ? Vous vous rendez compte du courant qui passe là-dedans ? »

L'homme de l'EDF prit un air vexé. « Bien sûr. Je suis électricien. »

Colombani feignit la surprise. « Ah bon ! Alors vous devez savoir ce qui se passe quand on brûle un câble sous tension.

– Je serai très prudent avec la flamme.

– Prudent ! Prudent ! Mon Dieu, nous pourrions tous y passer avec les fourmis. »

Le préposé de l'EDF rengaina son tournevis et croisa les bras. «Très bien. Je ne vais pas m'en occuper. A vous de les enlever.»

Colombani réfléchit un moment puis, comme un prestidigitateur qui prépare un tour particulièrement stupéfiant, il se tourna vers ma femme. «Si Madame pouvait m'apporter quelques citrons frais – deux ou trois suffiront – et un couteau?»

Madame l'assistante du magicien revint avec le couteau et les citrons et Colombani coupa chacun d'eux en quatre quartiers. «C'est une astuce que m'a enseignée un très vieil homme», dit-il. Puis il marmonna quelque chose de parfaitement impoli à propos de l'idée stupide d'utiliser une lampe à souder d'où je ne retins que quelques bribes – «Putain de chalumeau. Putain de cong» – tandis que l'homme de l'EDF boudait sous un arbre.

Une fois les citrons coupés en quartiers, Colombani s'avança vers la fourmilière et se mit à arroser les insectes de jus de citron, en s'arrêtant entre deux giclées pour observer les effets de cette averse d'acide citrique.

Les fourmis, frappées de panique, capitulèrent, évacuant le boîtier du compteur en groupe, se grimpant dans leur hâte les unes sur les autres. Colombani savoura son moment de triomphe. «Et voilà, jeune homme, dit-il à l'homme de l'EDF. Les fourmis ne supportent pas le jus de citron frais. Voilà quelque chose que vous aurez appris aujourd'hui. Si vous laissez des rondelles de citron dans vos compteurs, vous n'aurez plus jamais d'autre invasion.»

L'homme de l'EDF encaissa la leçon avec une absence marquée de gracieuseté : il affirma qu'il n'était pas marchand de citrons et que le jus avait rendu le compteur tout poisseux.

«Mieux vaut qu'il soit poisseux plutôt que réduit en cendres.» Ce fut la flèche de Parthe que lança

Colombani avant de retourner à sa chaudière. « Eh oui. Mieux vaut être collant que carbonisé. »

* *
*

Les journées étaient assez douces pour qu'on puisse se baigner, les nuits assez fraîches pour qu'on fasse du feu. Un temps d'été indien. Cela se termina dans le style excessif qui caractérise le climat provençal. Nous allâmes nous coucher par un soir d'été pour nous réveiller par un matin d'automne.

La pluie était arrivée pendant la nuit et continua à tomber presque toute la journée : non pas les grosses gouttes tièdes de l'été, mais des rideaux grisâtres qui s'abattaient en torrent vertical, ruisselant sur les vignobles, aplatissant les buissons, transformant les parterres de fleurs en marécages boueux et la boue en rivière brune. Elle s'arrêta en fin d'après-midi et nous allâmes inspecter l'allée – ou plutôt l'endroit où la veille se trouvait l'allée.

Elle avait déjà souffert lors du grand orage d'août, mais les ornières creusées alors n'étaient que des égratignures auprès de ce qui s'offrait maintenant à nos regards : une succession de cratères descendaient jusqu'à la route où l'essentiel de l'allée s'était déposé en monticules détrempés. Le reste était dans le champ de melons devant la maison. Une partie du gravier et des pierres avait parcouru plus de cent mètres. Un champ de mines qu'on viendrait de faire sauter n'aurait guère pu avoir plus triste apparence. Personne, sauf un homme qui détesterait sa voiture, n'aurait tenté de conduire de la route jusqu'à la maison. Il nous fallait un bulldozer, rien que pour déblayer ce gâchis et plusieurs tonnes de gravier pour remplacer celui que la pluie avait emporté.

J'appelai M. Colombani. Au long des mois, il était

devenu une incarnation des Pages jaunes. Il portait à notre maison un intérêt de propriétaire : il nous fit donc part de ses recommandations comme si c'était de son propre argent qu'il s'agissait. Prodiguant les interjections, il m'écouta lui parler de l'allée disparue – j'entendis plus d'une fois *qué catastrophe* – pour bien montrer qu'il avait pleinement conscience de l'étendue du problème.

Je terminai mon discours et j'entendis Colombani dresser une liste de ce qu'il nous fallait : « Un bulldozer, bien sûr, un camion, une montagne de gravier, un rouleau compresseur... » Il fredonnait par moments, sans doute quelques mesures de Mozart pour aider à la réflexion, puis il prit sa décision. « Bon. Je connais un jeune homme, le fils d'un voisin, qui est un artiste du bulldozer et ses prix sont corrects. Il s'appelle Sanchez et je vais lui demander de passer demain.

Je rappelai à Colombani qu'une voiture ordinaire ne pouvait pas emprunter l'allée.

« Il a l'habitude, dit Colombani. Il viendra sur sa moto avec des pneus spéciaux. Il peut passer n'importe où. »

Le lendemain matin, je le regardai négocier l'allée, slalomant pour éviter les cratères, debout sur ses repose-pied quand il franchissait des monticules de terre. Il arrêta son moteur et se retourna : une véritable gravure en couleurs du motocycliste en élégante tenue coordonnée. Il avait les cheveux noirs, un blouson de cuir noir, une moto noire. Il portait des lunettes d'aviateur aux verres réfléchissants impénétrables. Je lui demandai s'il connaissait notre agent d'assurances, M. Printemps, l'arbitre des élégances. Ils auraient fait un beau couple.

En une demi-heure, il avait fait à pied le tour du champ de mines, donné une estimation du prix, téléphoné pour commander le gravier et nous avait donné une date ferme : dans deux jours, il reviendrait avec le bulldozer. Nous n'en croyions pas nos oreilles et, quand Colombani appela ce soir-là en qualité de superviseur des catastrophes, je lui dis que M. Sanchez nous avait surpris par son efficacité.

« C'est de famille, répondit Colombani. Son père est un millionnaire du melon. Son fils sera bientôt un millionnaire du bulldozer. Ils ont beau être espagnols, ce sont des gens très sérieux. » Il expliqua que Sanchez père était arrivé en France jeune homme pour trouver du travail et qu'il avait mis au point une méthode pour produire des melons plus précoces et plus succulents que personne d'autre en Provence. Aujourd'hui, affirma Colombani, il était si riche qu'il ne travaillait que deux mois par an et passait tout l'hiver à Alicante.

Sanchez fils arriva comme promis et passa la journée à redresser le paysage avec son bulldozer. Il avait une délicatesse de touche fascinante à observer : il redistribuait des tonnes de terre avec la même précision que s'il se servait d'une truelle. Quand l'allée fut de niveau, il en lissa la surface avec un peigne géant et nous invita à venir voir ce qu'il avait fait. Le sol semblait trop immaculé pour qu'on le foule et il avait légèrement bombé l'allée pour que désormais toute averse à venir s'écoule dans les vignes.

« C'est bon ?

– Aussi bon que l'autoroute de Paris, répondîmes-nous.

– *Bieng. Je revieng demaing.* » Il remonta dans la tour de contrôle de son bulldozer et s'éloigna à la vitesse majestueuse de vingt-cinq kilomètres à l'heure. Demain, on allait épandre le gravier.

Le premier véhicule à venir déranger la surface parfaite de l'allée se traîna le lendemain matin jusqu'à la maison pour s'arrêter avec un frisson de soulagement dans notre parking. C'était un camion plus vénérable encore que le camion à vendanges d'Amédée : il était accroupi sur sa suspension et le tuyau d'échappement rouillé touchait presque le sol. Un homme et une femme, tous deux rondelets et hâlés, étaient plantés auprès du camion et regardaient la maison d'un air intéressé. De toute évidence, des ouvriers agricoles itinérants espérant trouver un dernier travail avant d'aller plus au sud pour l'hiver.

Ils avaient l'air d'un charmant vieux couple et je les plaignais.

« Je crois malheureusement que les vendanges sont terminées », dis-je.

L'homme eut un large sourire et hocha la tête. « Tant mieux. Vous avez eu de la chance de les rentrer avant la pluie. » Il montra du doigt la forêt derrière la maison. « Ça doit être plein de champignons là-dedans.

– Oui, dis-je, plein. »

Ils ne donnaient aucun signe de départ. Je dis qu'ils pouvaient très bien laisser leur camion là pour aller cueillir des champignons.

« Non, non, répondit l'homme. Aujourd'hui, on travaille. Mon fils est en route avec le gravier. »

Le millionnaire du melon ouvrit le hayon de la camionnette d'où il tira une pelle de maçon à long manche et un râteau de bois aux dents écartées. « Je vais le laisser décharger le reste, expliqua-t-il. Je n'ai pas envie de m'écraser les pieds. »

Je regardai à l'intérieur. Coincé contre l'arrière des sièges et occupant toute la longueur du véhicule, se trouvait un rouleau compresseur miniature.

Pendant que nous attendions son fils, M. Sanchez parla de la vie et de la poursuite du bonheur. Même après toutes ces années, dit-il, il aimait encore faire par-ci par-là une journée de travail manuel. Il en avait fini avec les melons en juillet et il s'ennuyait. C'était bien agréable d'être riche, mais ce n'était pas suffisant et, comme il aimait travailler de ses mains, pourquoi ne pas aider son fils ?

Je n'avais encore jamais employé de millionnaire.

En général, je n'ai pas beaucoup de temps à leur consacrer, mais celui-là fit une bonne et longue journée de travail. Le fils déversait sur l'allée ses chargements de gravier. Le père les étalait en grandes pelletées et Mme Sanchez suivait avec le râteau, pour pousser et aplanir. Puis on déchargea le rouleau compresseur : on aurait dit une énorme voiture d'enfant avec un guidon et on lui fit cérémonieusement arpenter l'allée du haut en bas avec Sanchez fils aux commandes, qui criait des instructions à ses parents : encore une pelletée ici, un coup de râteau là, attention à vos pieds, ne marchez pas sur les vignes.

C'était un véritable travail familial et, à la fin de l'après-midi, nous avions un ruban tout neuf de gravillon bien aplati, digne de participer au concours d'élégance organisé par *Bulldozer Magazine*. On remit l'engin à l'arrière de la camionnette, les parents devant. Le jeune Sanchez annonça que cela coûterait moins cher qu'il l'avait estimé, mais qu'il allait calculer ça exactement et que son père passerait nous apporter la facture.

Le lendemain matin, quand je me levai, une camionnette inconnue était garée devant la maison. Je cherchai le conducteur. Personne dans les vignes ni dans les autres bâtiments. Sans doute s'agissait-il d'un chasseur paresseux qui ne voulait pas se donner le mal de monter à pied depuis la route.

Nous terminions notre petit déjeuner quand on frappa au carreau. Nous aperçûmes le visage rond et hâlé de M. Sanchez. Il ne voulait pas entrer, dit-il, car ses bottes étaient trop sales. Il était dans la forêt depuis six heures du matin et il avait un cadeau pour nous. Il exhiba sa vieille casquette à carreaux débordant de champignons sauvages. Il nous donna sa recette préférée : huile, beurre, ail et persil haché. Il nous raconta aussi une horrible histoire de trois hommes qui avaient succombé après un plat de champignons mal choisis.

Un voisin les avait découverts, encore à table, ouvrant de grands yeux exorbités – M. Sanchez nous mima horriblement la scène –, complètement paralysés par les plantes vénéneuses. Mais il ne fallait pas nous faire de souci, déclara-t-il. Il parierait sa vie sur les champignons qu'il y avait dans sa casquette. Bon appétit !

Ma femme et moi les dégustâmes le soir même, chacun guettant chez l'autre entre deux bouchées les symptômes de paralysie ou d'exophtalmie. Ils étaient tellement plus succulents que des champignons ordinaires que nous décidâmes de faire les frais d'un manuel et de partager une paire de bottes anti-serpents.

*
* *

Il arrive un moment dans la restauration d'une vieille maison où l'envie d'en finir avec les travaux risque de compromettre toute noble intention esthétique de départ. La tentation de se contenter de raccourcis vient vous ronger à mesure que les retards s'accumulent et que les excuses se multiplient : le menuisier s'est coupé une phalange, le maçon s'est fait voler sa camionnette, le peintre a la grippe, l'installation de plomberie commandée en mai promise pour juin n'arrive qu'en septembre. La bétonneuse, les décombres, les pelles et les pioches ont l'air fichés à vie comme des ormeaux sur leurs rochers. Durant les brûlants mois d'été, sous l'influence tranquillisante du soleil, nous avions pu contempler d'un œil indulgent les travaux inachevés dans toute la maison. Maintenant que nous passions davantage de temps à l'intérieur en leur compagnie, la patience avait cédé la place à l'irritation.

Avec Christian, l'architecte, nous fîmes la tournée des pièces pour déterminer ce qu'il fallait faire et combien de temps cela prendrait.

« *Normalement*, dit Christian, un homme doué d'un grand charme et d'un optimisme implacable, il n'y en a que pour six ou sept jours de travail. Un peu de maçonnerie, un coup de plâtre, deux jours de peinture, et voilà. Terminé. » C'était encourageant. Comme nous l'expliquâmes à Christian, nous avions connu récemment des moments de dépression où nous nous imaginions le matin de Noël circulant encore au milieu des décombres d'un chantier de construction.

Horrifié, il leva tout au ciel : mains, sourcils et épaules. Quelle idée. Il était inconcevable que ces simples finitions prennent encore longtemps. Il allait téléphoner immédiatement aux divers membres de son équipe pour organiser une semaine d'intense activité. Les choses allaient avancer. Mieux que cela, on allait conclure.

Un par un, ils débarquèrent à la maison, à tout moment : Didier et son chien à sept heures du matin. L'électricien à l'heure du déjeuner. Michel le plâtrier pour un verre en fin de soirée. Ils venaient non pour travailler, mais pour examiner le travail qui restait à faire. Ils étaient tous stupéfaits que cela eût pris si longtemps, comme si c'étaient d'autres gens qu'eux-mêmes qui en étaient responsables. Chacun nous expliqua en confidence le problème : il fallait toujours attendre que le camarade ait terminé avant de pouvoir commencer. Quand nous évoquâmes Noël, ils éclatèrent de rire. Noël, c'était dans des mois : d'ici là, ils pourraient presque bâtir une maison tout entière. Nous observions pourtant chez tous une certaine répugnance à fixer une date.

Quand pouvez-vous venir ? demandâmes-nous.

Bientôt, bientôt, dirent-ils. Il fallut nous contenter de cela. Nous sortîmes devant la maison, là où la bétonneuse montait la garde sur les marches du perron, et nous imaginâmes à sa place un cyprès qui se dresserait.

Bientôt, bientôt.

Novembre

Le paysan français a l'esprit inventif et une sainte horreur du gaspillage. Il répugne à jeter quoi que ce soit : il sait qu'un jour le pneu de tracteur usé jusqu'à la trame, la faux ébréchée, la houe cassée et la boîte de vitesses récupérée sur la camionnette Renault de 1949 lui serviront et lui éviteront de plonger la main dans cette poche profonde où il garde son argent.

L'engin que je découvris au bord du vignoble était un modèle d'ingéniosité digne du musée d'Art moderne. On avait découpé en deux dans le sens de la longueur un bidon d'huile de cent litres pour le monter sur un cadre de tuyaux métalliques de faible section. On avait vissé à l'avant une vieille roue plus ovale que ronde. A l'arrière, deux poignées de longueur inégale dépassaient : c'était, assura Amédée, une brouette de vigneron construite tout exprès, avec le minimum de frais, pour la saison de la taille.

Les vents d'automne avaient dépouillé de leurs feuilles toutes les vignes et les ceps emmêlés avaient l'air de rouleaux brunis de fil de fer barbelé. Peu avant la montée de la sève au printemps prochain, il faudrait les tailler pour ne garder que le pied principal. Ce qu'on coupait, les sarments, n'avait aucune utilisation agricole : trop fibreux pour pourrir dans la terre pendant l'hiver, trop encombrants pour qu'on les laisse entassés dans les couloirs où passeraient les tracteurs. Il faudrait les ramasser et les brûler : d'où la brouette de vigneron.

C'était le plus simple des incinérateurs mobiles. On allumait du feu au fond du baril, on taillait les sarments, on les jetait dans les flammes puis on poussait la brouette jusqu'au pied suivant. Quand le baril était plein, on répandait les cendres gris pâle sur le sol et on recommençait. C'était, dans son style primitif, un modèle d'efficacité.

En rentrant à la maison juste avant la tombée de la nuit, j'aperçus un mince panache de fumée bleue montant du coin du vignoble où Amédée taillait et brûlait. Il se redressa en se frottant le dos et, quand je la serrai, sa main me parut froide et un peu crispée. Il me désigna les rangées de vigne taillées, comme des griffes crispées se détachant en noir sur le seuil sablonneux.

« Ça fait propre et en ordre, hein ? J'aime bien comme ça. »

Je lui demandai de me laisser quelques sarments que je ramasserais pour les utiliser dans le barbecue l'été prochain. Je me souvins d'en avoir vu un jour dans un magasin qui se qualifiait de boutique d'alimentation à New York : « Authentiques Sarments de Vigne », proclamait l'étiquette, et on garantissait qu'ils vous donnaient Un Véritable Parfum de Barbecue. On les avait coupés à une longueur standard, proprement attachés avec du rafia tressé et une petite brassée coûtait deux dollars. Amédée n'en croyait pas ses oreilles.

« Les gens les achètent ? »

Il regarda les vignes, estimant combien de centaines de dollars il avait brûlés dans le courant de la journée, et secoua la tête. Un nouveau coup du sort. Il haussa les épaules.

« *Curieux ces zestringers.* »

Notre ami qui habitait en pleine région des Côtes-du-Rhône, au nord de Vaison-la-Romaine, devait être intronisé par les vignerons de son village dans la confrérie Saint-Vincent, l'équivalent local des chevaliers du Tastevin. La cérémonie d'investiture devait avoir lieu dans la salle des fêtes, suivie d'un dîner, suivi d'un bal. Les vins seraient forts et en abondance, les viticulteurs avec leurs femmes seraient là en force. Cravate de rigueur : un vrai cérémonial.

Des années auparavant, nous avions assisté au dîner d'une autre confrérie en Bourgogne. Deux cents personnes en tenue de soirée, coincées au début du dîner, s'étaient transformées en une cohue amicale chantant du bourgogne et buvant des chansons quand on en fut arrivé au plat de résistance. Nous avions des souvenirs un peu confus mais charmants des chevaliers un peu éméchés après le dîner, essayant de retrouver puis d'ouvrir la portière de leurs voitures avec l'aimable assistance des membres de la gendarmerie de Clos-Vougeot. Ça avait été notre première expérience d'une soirée officiellement consacrée à l'ivresse de groupe et cela nous avait beaucoup plu. Tout ami de la vigne était notre ami.

La salle des fêtes du village était une construction relativement récente, conçue, sans tenir compte le moins du monde de son environnement médiéval, par un de ces architectes anonymes et vraisemblablement surmenés qui ont pour mission de donner à chaque village son horreur bien à lui. C'était un classique de l'école contemporaine du blockhaus. Une boîte de brique et de verre encadré d'aluminium construite sur un jardin d'asphalte, totalement dépourvu de charme mais où on n'avait pas ménagé les rampes à néon.

Nous fûmes accueillis à la porte par deux hommes

corpulents, au visage rose, chemise blanche, pantalon noir et large écharpe cramoisie. Nous leur annonçâmes que nous étions les invités du nouveau confrère.

« *Bieng, bieng, allez-y.* » Des mains charnues nous tapotèrent le dos pour nous faire entrer dans la grande salle.

Au fond, une estrade avec une longue table et un microphone. Des tables plus petites, dressées pour le dîner, étaient disposées de chaque côté et à l'autre extrémité, laissant au milieu un vaste espace occupé par les vignerons et leurs amis.

Le niveau sonore de la conversation était élevé : des hommes et des femmes habitués à s'interpeller à travers un vignoble ont du mal à régler le volume de leur voix et la pièce retentissait de sonorités exercées à lutter contre le mistral. Mais si les voix venaient tout droit des champs, les toilettes étaient résolument sorties de l'armoire du dimanche : pour les hommes, costumes sombres et chemises dont les cols semblaient étrangler des cous boucanés. Robes compliquées et de couleurs vives pour les femmes. Un couple, plus soucieux de haute couture que les autres, arborait des tenues d'une magnifique splendeur. La femme scintillait dans une robe de perles grises en verroterie et elle avait cousu derrière ses bas des plumes du même gris, si bien que ses jambes avaient l'air de voleter quand elle marchait. Son mari portait une veste blanche avec un liseré noir, une chemise à jabot avec encore un liseré noir et un pantalon du soir noir. A ce point il s'était trouvé à court soit de courage, soit de ressources, car il avait des chaussures raisonnables, marron et à semelles épaisses. Néanmoins, nous étions sûrs que c'était le couple à ne pas quitter des yeux quand le bal commencerait.

Nous retrouvâmes notre ami et sa famille. Il jetait sans cesse des coups d'œil à travers la salle, l'air intrigué et presque mal à l'aise, et nous nous dîmes que la gravité de l'occasion avait dû porter sur les nerfs du nouveau confrère. Le problème était autrement plus sérieux.

« Je ne vois de bar nulle part, dit-il. Et toi ? »

Il y avait des tonneaux de vin alignés contre un des murs. Des bouteilles sur les tables. Nous étions dans un village qui aurait flotté sur une mer de Côtes-du-Rhône si on avait vidé toutes les caves, mais pas de bar. Et, à regarder de plus près nos compagnons de bacchanale, nous fîmes une autre découverte préoccupante : personne n'avait de verre à la main.

Les éclats d'une fanfare jaillissant des haut-parleurs nous empêchèrent de nous emparer grossièrement d'une bouteille sur la table la plus proche, et les confrères firent leur entrée pour s'installer à la table sur l'estrade : une douzaine de personnages en capes et chapeaux à large bord, certains tenant des rouleaux de parchemin, l'un d'eux avec un livre d'une épaisseur impressionnante. A tout moment, songions-nous, on allait servir le vin d'honneur qui annoncerait le début de la cérémonie.

Le maire empoigna le microphone et prononça le discours d'ouverture. Le doyen de la confrérie dit quelques paroles de bienvenue. Son assistant, le gardien du gros livre, prononça quelques phrases. L'un après l'autre, les trois nouveaux confrères furent convoqués sur l'estrade pour entendre vanter longuement leur amour du vin et leur esprit de camaraderie. Ils répondirent tour à tour pour accepter les honneurs qu'on leur conférait et remercier chaleureusement. Je décelai dans la voix de notre ami des accents un peu rauques que d'aucuns auraient pu prendre à tort pour de l'émotion. Je savais, moi, que c'était la soif.

En guise de final on nous demanda de chanter en chœur une chanson écrite en provençal par Frédéric Mistral.

« *Coupo santo e versanto* », entonnâmes-nous pour

233

chanter la gloire de la sainte coupe débordante, « *a-de-reing beguen en troupo lou vin pur de nostre plant* » – buvons ensemble le pur vin de notre vigne. Il était temps. La cérémonie d'investiture avait duré un peu plus d'une heure et pas une goutte n'avait humecté les lèvres de quiconque.

On s'assit avec un remarquable empressement : enfin les saintes coupes furent emplies, vidées et remplies. Un certain soulagement se manifesta parmi les convives et nous eûmes alors le loisir de nous détendre et d'examiner le menu.

Pour commencer, des aspics de caille : les têtes qui, nous confia-t-on, coûtaient deux francs pièce, étaient détachables et pouvaient resservir pour un futur banquet. Ensuite il y avait le loup de mer. Ce n'étaient là que simples préliminaires, les exercices d'échauffement du chef avant d'attaquer l'aloyau de charolais en croûte. Mais, avant cela, un redoutable petit intermède baptisé trou *provençal* : un sorbet confectionné avec le minimum d'eau et le maximum de marc. Il avait pour objet, nous expliqua-t-on, de rincer le palais : à vrai dire, il était suffisamment puissant pour anesthésier non seulement le palais, mais aussi les sinus et la partie frontale du crâne. Mais le chef savait ce qu'il faisait. Une fois dissipé le choc initial de l'alcool glacé, on se sentait comme un creux à l'estomac – le fameux trou – et on était prêt à affronter le reste de ce long festin avec quelque espoir de tenir jusqu'au bout.

Le bœuf fit son entrée au son d'une seconde fanfare et fut présenté par les serveurs et les serveuses aux diverses tables avant d'être servi. Le vin blanc céda la place à l'orgueil des viticulteurs locaux, un rouge redoutablement corsé. Puis les plats se succédèrent jusqu'au moment où, après qu'on eut servi soufflé et champagne, le moment arriva de se lever pour danser.

L'orchestre était de la vieille école et n'avait manifestement pas l'intention de jouer pour des gens qui se contentaient de sautiller sur place. On voulait voir de la danse. Il y eut des valses, des fox-trot et plusieurs morceaux qui auraient pu être des gavottes mais, pour moi, le clou de la soirée ce fut l'interlude du tango. Je ne crois pas qu'il soit donné à beaucoup d'entre nous d'assister au spectacle de cinquante ou soixante couples dans un état d'ébriété avancé s'attaquant aux plongeons, aux virevoltes, aux claquements de talons de l'authentique danseur de tango : ce fut un spectacle que je n'oublierai jamais. Coudes dressés, têtes s'agitant d'un côté à l'autre, charges désespérées et chancelantes exécutées sur des pieds vacillants d'une extrémité à l'autre de la salle : ce n'étaient partout que collisions et catastrophes évitées de justesse. Un petit homme dansait à l'aveugle, la tête enfoncée dans le décolleté de sa partenaire. Le couple en robe de verroterie et chemise à jabot, soudé à l'entrejambe, le dos arqué vers l'extérieur, fonçait et plongeait au milieu de la foule avec une dextérité digne, et je pèse mes mots, du palais du tango de Buenos Aires.

Par miracle, il n'y eut pas de blessé. Quand nous partîmes, peu après une heure, l'orchestre jouait toujours et les danseurs, gavés de nourriture, gorgés de vin, tournoyaient toujours. Nous nous émerveillâmes, et ce n'était pas la première fois, de la robuste constitution des Provençaux.

Nous rentrâmes à la maison le lendemain pour découvrir qu'elle avait changé d'aspect : devant les marches qui accédaient à la porte, tout était étonnamment en ordre. La bétonneuse qui depuis des mois faisait partie de la façade de la maison avait disparu. C'était là un signe inquiétant. Nous avions beau détester voir sa masse garée devant chez nous, c'était au moins une garantie que Didier et ses maçons allaient revenir. Ils étaient venus sournoisement la récupérer, sans doute pour s'en servir six mois durant sur un chantier quelque part de l'autre côté de Carpentras.

Notre espoir d'avoir une maison terminée pour Noël nous parut soudain relever d'une crise d'optimisme déplacée.

Christian, comme d'habitude, se montra compatissant et rassurant.

« Ils ont dû aller à Mazan... Un travail urgent... Le toit de la maison d'une vieille dame veuve depuis peu... »

Je me sentis coupable. Qu'étaient nos problèmes comparés à l'infortune d'une pauvre veuve exposée aux intempéries ?

« Ne vous inquiétez pas, dit Christian. C'est l'affaire de deux jours, peut-être trois, et puis ils reviendront terminer les travaux. Il y a largement le temps d'ici Noël. Des semaines. »

Pas tant de semaines que ça, songions-nous. Ma femme suggéra de kidnapper l'épagneul de Didier, plus cher à son cœur que la bétonneuse, et de le garder en otage. C'était un plan remarquable et audacieux, à cela près que le chien ne quittait jamais Didier. Eh bien, à défaut de son chien, peut-être sa femme. Nous étions prêts à tout.

Les travaux inachevés – fenêtre provisoires et fissures dans la maçonnerie notamment – parurent plus visibles encore au premier coup de mistral de l'hiver. Il souffla trois jours durant, courbant le cyprès de la cour pour en faire un C vert, arrachant des lambeaux de plastique dans les champs à melons, s'acharnant sur des volets et des tuiles mal fixés, gémissant dans la nuit. C'était un vent malveillant et auquel on ne pouvait pas échapper, un vent à vous saper le moral qui semblait s'attaquer inlassablement à la maison comme pour tenter d'y entrer.

« Beau temps pour se suicider, me dit un jour Rivière comme le vent lui plaquait la moustache contre ses joues. Ben oui. Si ça continue on va bien avoir un enterrement ou deux. »

Bien sûr, poursuivit-il, ça n'était rien auprès des mistrals de son enfance. En ce temps-là, le vent soufflait pendant des semaines d'affilée, provoquant dans le cerveau des phénomènes aussi étranges que terribles. « Tenez Arnaud, un ami de mon père, eh bien Arnaud avait un vieux cheval épuisé qui n'était plus assez fort pour les travaux de la ferme. Il décida de le vendre pour acheter un jeune et fringant coursier. Par un matin venteux, il fit à pied les quinze kilomètres jusqu'au marché d'Apt, en tenant la vieille haridelle par la bride. On trouva un acquéreur, on se mit d'accord sur le prix, mais les jeunes chevaux à vendre ce jour-là étaient de tristes spécimens efflanqués. Arnaud rentra tout seul à la maison. Il reviendrait la semaine prochaine dans l'espoir qu'il y aurait à vendre des bêtes de meilleure qualité.

« Le mistral continua toute cette semaine et soufflait encore quand Arnaud repartit à pied pour le marché d'Apt. Cette fois il eut de la chance et acheta un grand cheval noir. Cela lui coûta près du double de ce qu'il avait gagné en vendant le vieux cheval mais, comme lui dit le maquignon, c'était la jeunesse qu'il payait. Le nouveau cheval avait des années de travail devant lui.

« Arnaud n'était qu'à deux ou trois kilomètres de sa ferme quand le cheval se dégagea de son licol et détala. Arnaud se précipita à sa poursuite jusqu'au moment où il se trouva incapable de courir davantage. Il fouilla les bois et les vignobles, criant dans le vent, maudissant le mistral qui avait énervé le cheval, maudissant sa malchance, jurant sur son argent perdu. Quand la nuit vint interrompre ses recherches, il rentra chez lui, furieux et désespéré. Sans cheval, il ne pouvait pas travailler la terre : ce serait la ruine.

« Sa femme l'accueillit sur le seuil. Un événement extraordinaire s'était produit : un cheval, un grand cheval noir était arrivé au galop par le chemin et s'était précipité dans un des bâtiments. Elle lui avait donné à boire et avait tiré une charrette devant la porte pour l'empêcher de s'échapper.

« Arnaud prit une lampe et s'en alla regarder le cheval. Un licol brisé pendait à son cou. Il lui tâta l'encolure et se retrouva les doigts tout tachés. A la lueur de la lanterne, il constata que la sueur ruisselait sur les flancs de la bête et que des taches pâles marquaient les endroits où la teinture avait disparu : il avait racheté son vieux cheval. Fou de rage et de honte, il repartit dans la forêt derrière sa ferme et se pendit. »

Rivière alluma une cigarette, les épaules voûtées, les mains jointes pour protéger du vent la flamme de son briquet. « A l'enquête, dit-il, quelqu'un a manifesté un certain sens de l'humour. On a dit qu'il s'agissait d'un suicide en état de déséquilibre mental provoqué par un cheval. » Rivière eut un grand sourire et hocha la tête. Tous ses récits, semble-t-il, avaient une fin brutale.

« Mais c'était un idiot, dit Rivière. Il aurait dû retourner abattre le maquignon qui lui avait vendu le cheval – *paf !* –, on aurait mis ça sur le compte du mistral. C'est ce que j'aurais fait. » Le gémissement d'un moteur tournant à bas régime vint interrompre le cours de ses réflexions sur l'essence de la justice : une camionnette Toyota à quatre roues motrices, aussi large que le sentier, ralentit brièvement pour nous laisser juste le temps de faire un saut de côté. C'était M. Laval, l'épicier du village, la terreur des sangliers du Lubéron.

Nous avions vu des têtes de sangliers naturalisées aux murs des boucheries : nous n'y avions pas prêté plus d'attention qu'à aucune autre des étranges décorations rustiques que nous apercevions de temps en temps. Mais, à une ou deux reprises pendant l'été, les sangliers étaient descendus des pentes desséchées de la montagne pour venir s'abreuver à la piscine, dévorer des melons et, après avoir vu les animaux sur pied, nous ne pouvions plus jamais regarder une tête empaillée dans les yeux. C'étaient des bêtes noires et trapues, aux pattes plus longues que celles du cochon domestique, avec un regard soucieux encadré de favoris. Nous étions ravis les rares fois où nous en apercevions un et nous aurions bien voulu que les chasseurs les laissent en paix. Le sanglier malheureusement a un goût de gibier délicieux, si bien qu'on le traque d'un bout à l'autre du Lubéron.

M. Laval était le champion reconnu des chasseurs, un Nemrod moderne et motorisé. En tenue de combat, sa camionnette hérissée d'un puissant arsenal, il pouvait escalader des pistes rocailleuses pour atteindre le haut des coteaux fréquentés par les sangliers tandis que des chasseurs moins bien équipés toussaient encore assis dans la poussière. Sur le plateau de son engin se trouvait un grand coffre en bois abritant six chiens courants entraînés à suivre une piste pendant des jours d'affilée. Les pauvres vieux sangliers n'avaient guère de chance de s'en tirer.

Je dis à Rivière qu'à mon avis c'était une honte de voir les sangliers chassés aussi impitoyablement par autant de chasseurs.

« Mais ils ont un goût délicieux, dit-il. Surtout les jeunes, les marcassins. D'ailleurs, c'est naturel. Les Anglais sont trop sentimentaux avec les animaux, sauf ces hommes qui portent une jaquette rouge et coupent la queue des renards : ceux-là sont fous. »

Le vent fraîchissait et je demandai à Rivière combien de temps il pensait que cela durerait.

« Un jour, une semaine, qui sait ? » Il me fit un clin d'œil. « Vous n'avez pas envie de vous suicider, hein ? »

Je lui répondis que j'étais désolé de le décevoir mais que j'étais en bonne santé et d'humeur joyeuse, que j'attendais avec impatience l'hiver et Noël.

« Il y a généralement pas mal de meurtres après Noël. » Il dit cela comme s'il avait hâte de retrouver son feuilleton télévisé favori, une sanglante succession de suicides dus au mistral.

En rentrant, j'entendis des coups de feu, et j'espérai que Laval avait manqué sa cible. J'aurai beau vivre ici longtemps, jamais je ne serai un vrai campagnard. Et, aussi longtemps que je préférerai voir un sanglier sur pied plutôt que de le retrouver dans mon assiette, je ne serai jamais un Français d'adoption. Qu'il garde donc son culte de l'estomac : je conserverai un détachement de civilisé au milieu de ces brutes assoiffées de sang qui m'entouraient.

Cette noble suffisance persista jusqu'au dîner. Huguette nous avait donné un lapin sauvage que ma femme avait accommodé aux herbes et à la moutarde. J'en repris deux fois. La sauce, épaissie de sang, était merveilleuse.

* *
*

Mme Soliva, le vieux chef de quatre-vingts ans dont le nom de cuisine était Tante Yvonne, avait été la première à nous parler d'une huile d'olive qui, disait-elle, était la plus fine de Provence. Elle était plus qualifiée dans ce domaine que tous les gens que nous connaissions. Non seulement c'était une superbe cuisinière, mais elle était aussi dans le domaine de l'huile d'olive l'équivalent d'un œnologue. Elle avait essayé toutes les marques d'huile, d'Alziari de Nice jusqu'à l'Union des producteurs de Nyons, et, à en croire son opinion réfléchie d'expert, l'huile produite dans la vallée des Baux était la meilleure. On pouvait, nous dit-elle, l'acheter au petit pressoir de Maussane-les-Alpilles.

Quand nous vivions en Angleterre, l'huile d'olive était un luxe réservé à la confection de la mayonnaise et à l'assaisonnement des salades. En Provence, c'était une gâterie quotidienne qu'on achetait par bidons de cinq litres et qu'on utilisait pour la cuisine, pour faire mariner fromages de chèvre et poivrons rouges et pour conserver les truffes. Nous trempions notre pain dedans, nous y baignions notre laitue et nous l'utilisions même à titre préventif contre la gueule de bois. (Une cuillerée à soupe d'huile absorbée pure avant de boire est censée tapisser l'estomac et le protéger des effets du rosé trop jeune.) Nous nous imprégnions d'huile d'olive comme des éponges et nous apprîmes bientôt à en reconnaître les différents parfums et qualités. Nous devenions difficiles et à n'en pas douter insupportables pour ce qui était de notre huile : nous ne l'achetions jamais dans les magasins ni les supermarchés mais toujours chez un producteur, et j'attendais avec presque autant d'impatience l'expédition de ravitaillement en huile que les visites aux vignobles.

Mais la raison essentielle d'une journée de sortie, c'était le déjeuner : avant d'aller dans un endroit nouveau, nous étudiions toujours le guide Gault et Millau aussi bien que la carte. Nous découvrîmes ainsi que Maussane était dangereusement proche du restaurant *Baumanière* aux Baux, où les additions sont aussi mémorables que la cuisine. Mais grâce à Mme Soliva nous échappâmes à la tentation. « Allez au Paradou, nous dit-elle, et déjeunez dans le café. Assurez-vous d'y être pour midi. »

C'était un jour clair et froid, un bon temps pour bien déjeuner et nous fîmes notre entrée au bistrot du Paradou quelques minutes avant midi, l'appétit aiguisé par les senteurs d'ail et de feu de bois qui nous accueillirent. Un énorme feu, une pièce en longueur occupée par des vieilles tables au plateau de marbre, un simple comptoir carrelé, des bruits de vaisselle provenant de la cuisine : cet endroit avait tout. Sauf, nous expliqua le patron, un endroit pour nous asseoir.

La salle était encore vide, mais il nous expliqua que d'ici un quart d'heure elle serait pleine. Il haussa les épaules d'un air d'excuse. Regarda ma femme, si proche et pourtant si loin d'un bon déjeuner avec sur son visage les stigmates d'une tragique sous-alimentation. Devant le spectacle d'une femme si manifestement en proie à la détresse, il se laissa fléchir. Il nous installa à une table devant le feu et déposa entre nous une grande carafe de vin rouge.

Les habitués commencèrent à arriver en groupes bruyants, et se dirigèrent droit vers les places qu'ils occupaient chaque jour. A midi et demi, toutes les tables étaient occupées, le patron, qui était en même temps l'unique serveur, passait, chargé d'assiettes, son image floue comme une photo mal prise.

Le restaurant fonctionnait sur une formule bien simple : décharger ses clients du fardeau de la décision. Comme au *Café de la Gare* de Bonnieux, on mangeait et buvait ce qu'on vous servait. Ce fut en l'occurrence une salade craquante et divinement assaisonnée, des tranches roses de saucisse du pays, un aïoli, à base d'escargots, de morue et d'œufs durs, un fromage crémeux de Fontvieille et une tarte maison. Le genre de repas que les Français trouvent tout naturel et dont les touristes conservent un souvenir ému pendant des années. Pour nous, qui étions quelque part entre les deux, c'était une nouvelle découverte heureuse à ajouter à notre liste, un endroit où revenir par un jour froid l'estomac vide avec la certitude que nous en repartirions réchauffés et rassasiés.

Nous arrivâmes au pressoir à huile de Maussane avec deux mois d'avance. La nouvelle récolte d'olives n'arriverait pas avant janvier, c'était le moment d'acheter l'huile la plus fraîche. Par chance, nous dit le propriétaire du pressoir, la récolte de l'année dernière avait été abondante et il lui restait encore de l'huile en stock. Si nous voulions jeter un coup d'œil, il allait nous préparer une dizaine de litres à emporter.

Le nom officiel de l'établissement – Coopérative oléicole de la vallée des Baux – était presque trop long pour tenir sur la façade du modeste édifice tapi au bord d'une petite route. A l'intérieur, chaque surface semblait avoir été frottée d'une fine couche d'huile : sols et murs étaient lisses au toucher, les marches qui montaient à la plate-forme de triage glissaient sous le pied. Assis à une table, un groupe d'homme collaient les étiquettes dorées de la coopérative sur les bouteilles et les flasques emplies d'une huile d'un jaune verdâtre : pure et naturelle, comme le précisait l'avis affiché au mur, une première pression.

Nous entrâmes dans le bureau pour prendre les récipients de deux litres qu'on avait emballés dans un carton à notre intention et on nous offrit à chacun un pain de savon à l'huile d'olive.

« Il n'y a rien de meilleur pour la peau, nous dit la propriétaire en se tapotant les joues d'un doigt délicat. Quant à l'huile, c'est un chef-d'œuvre. Vous verrez. »

Ce soir-là avant le dîner, nous la goûtâmes, versant quelques gouttes sur des tranches de pain préalablement frottées contre des tranches de tomate. On avait l'impression de manger du soleil.

*
* *

Des hôtes continuaient à débarquer, vêtus pour le plein été, espérant que le temps permettait la baignade, convaincus que la Provence jouissait d'un climat méditerranéen et consternés de nous trouver en chandail, faisant une flambée le soir, buvant des vins d'hiver et nous attablant devant des plats d'hiver.

Est-ce qu'il fait toujours aussi froid que ça en novembre ? Il ne fait pas chaud toute l'année ? Ils avaient l'air accablés quand nous leur parlions de congères, de températures au-dessous de zéro, d'âpre bise comme si nous les avions attirés au pôle Nord après leur avoir promis les tropiques.

On a très justement décrit la Provence comme un pays froid avec un fort taux d'ensoleillement : les derniers jours de novembre étaient clairs et le ciel aussi bleu qu'en mai, un beau temps grisant et, pour Amédée, chargé de menaces. Il prédisait un hiver rigoureux, avec des températures si basses que les oliviers mourraient de froid comme en 1976. Il envisageait avec une joie macabre des poulets gelés sur place et des vieillards tout bleus dans leurs lits. Il annonça qu'il y aurait certainement des coupures de courant prolongées et nous avertit de faire ramoner la cheminée.

« Vous allez brûler du bois jour et nuit, prophétisat-il, c'est ce qui provoque les feux de cheminée. Quand les pompiers arrivent pour éteindre l'incendie, ils vous demandent une fortune à moins qu'on n'ait un certificat du ramoneur. »

Ce pourrait être pire encore. Si la maison brûlait à la suite d'un feu de cheminée, la compagnie d'assurances ne réglerait rien à moins qu'on ne puisse produire un certificat. Amédée me regarda en hochant gravement la tête tandis que je songeais à ce que ce serait d'être glacé, sans abri et en faillite, tout cela à cause d'une cheminée pas ramonée.

Mais que se passerait-il, lui demandai-je, si le certificat brûlait avec la maison. Il n'avait pas pensé à cela et je crois qu'il me fut reconnaissant de lui avoir suggéré une autre catastrophique éventualité. Un amateur de malheurs a besoin de temps en temps qu'on lui rafraîchisse ses sujets d'inquiétude, sinon il se vautre dans sa satisfaction.

Je pris rendez-vous avec le premier ramoneur de Cavaillon, M. Pichon, pour qu'il vienne à la maison avec ses brosses et ses aspirateurs. C'était un grand gaillard aux manières courtoises, au profil aquilin et fuligineux, et il ramonait des cheminées depuis vingt ans. Pas une fois, me déclara-t-il, il n'y avait eu de feu de cheminée dans un conduit ramoné par lui. Quand il eut terminé, il me remplit le fameux certificat de ramonage, assorti d'un jeu d'empreintes digitales, et me souhaita un bon hiver. « Cette année, il ne sera pas froid, promit-il. Nous avons eu trois hivers froids à la suite. Le quatrième est toujours plus doux. » Je lui demandai si il avait ramoné la cheminée d'Amédée et échangé avec lui des prévisions météorologiques.

« Non. Je ne vais jamais là-bas. C'est sa femme qui ramone la cheminée. »

Décembre

Le facteur arriva à fond de train dans le parking derrière la maison, fit une superbe marche arrière dans le mur du garage, écrasant ainsi un jeu de feux arrière. Sans paraître avoir remarqué les dégâts, il déboucha dans la cour avec un large sourire et en brandissant une grande enveloppe. Il se dirigea droit vers le bar, planta son coude sur le comptoir et me regarda d'un air d'expectative.

« Bonjour, jeune homme ! » Voilà des années que personne ne m'a appelé jeune homme et ce n'était pas l'habitude du facteur d'apporter le courrier à l'intérieur de la maison. Quelque peu déconcerté, je lui offris le verre qu'il attendait.

Il eut un clin d'œil. « Un petit pastis, dit-il. Pourquoi pas ? »

Était-ce son anniversaire ? Prenait-il sa retraite ? Avait-il gagné au Loto ? J'attendais qu'il m'explique la raison de sa bonne humeur, mais il était trop occupé à me parler du sanglier que son ami avait abattu le week-end précédent. Est-ce que je savais comment on accommodait ces créatures à la casserole ? Il me décrivit tout le sanglant processus : de l'éviscération à l'accrochage, du découpage à la cuisson. Le pastis disparut – je me rendis compte que ce n'était pas son premier de la matinée – et il accepta un autre verre. Puis il en vint au fait.

« Je vous ai apporté le calendrier officiel des

247

Postes, annonça le facteur. Ça vous donne la fête de tous les saints et il y a de jolies photos coquines. »

Il tira le calendrier de son enveloppe, en feuilleta les pages jusqu'au moment où il tomba sur la photo d'une fille vêtue d'une paire de coquilles de noix de coco.

« Voilà ! »

Je lui dis que c'était bien aimable à lui de penser à nous et je le remerciai.

« C'est gratuit, dit-il. Vous pouvez aussi l'acheter si vous voulez. »

Nouveau clin d'œil : je finis par comprendre la raison de sa visite. Il venait chercher ses étrennes mais, comme ce serait d'une déshonorante simplicité d'arriver à la porte la main tendue, il nous fallait observer le rituel du calendrier.

Il empocha son argent, termina son verre, partit dans un rugissement de moteur vers sa prochaine visite, laissant dans l'allée les débris de son feu arrière.

Quand je revins dans la maison, ma femme regardait le calendrier. « Te rends-tu compte, dit-elle, que nous sommes à trois semaines seulement de Noël et que nous n'avons toujours aucun signe de vie des ouvriers ? »

Là-dessus, elle eut une idée que seule une femme aurait pu concevoir. De toute évidence, estima-t-elle, l'anniversaire de Jésus n'était pas une date suffisamment importante pour marquer l'achèvement des travaux à la maison. Noël allait arriver, passer et, le temps que tout le monde soit remis des fêtes et des gueules de bois du nouvel an, on serait en février. Ce que nous devrions faire, c'était inviter notre équipe à une fête de fin de chantier. Mais pas seulement les ouvriers : leurs femmes devraient venir aussi.

L'habileté de cette proposition se fondait sur deux suppositions. D'abord, que les femmes, qui ne voyaient jamais le travail effectué chez les autres, seraient si curieuses qu'elles ne pourraient pas résister à l'invitation. Ensuite, qu'aucune femme ne voudrait que son mari soit le dernier à ne pas avoir terminé sa partie du travail. Cela lui ferait perdre la face auprès des autres épouses, ce serait une humiliation publique suivie d'âpres récriminations dans la voiture pendant le trajet du retour.

Nous eûmes une inspiration. Nous fixâmes une date : le dernier dimanche avant Noël, et nous envoyâmes les invitations. Champagne à partir de onze heures.

Dans les deux jours la bétonneuse était revenue devant la maison. Didier et ses assistants, joyeux et bruyants, reprirent le travail là où ils l'avaient laissé comme si il n'y avait pas eu un hiatus de trois mois. Aucune excuse, aucune explication directe pour ce soudain retour au travail. Didier se contenta de mentionner en passant qu'il voulait avoir tout terminé avant d'aller skier. Sa femme et lui, nous déclara-t-il, seraient ravis d'accepter notre invitation.

Nous avions calculé que si tout le monde venait, il y aurait vingt-deux personnes, toutes avec un solide appétit provençal. Et, comme ce serait si près de Noël, ils s'attendraient à d'autres agapes qu'une jatte d'olives et quelques tranches de saucisson. Ma femme commença à dresser des listes de provisions et on trouvait collés dans toute la maison de brefs rappels comme : terrine de lapin ! gambas et mayonnaise ! pizzas individuelles ! tarte aux champignons ! pain aux olives ! quiches ! Il y avait des bouts de papier dans tous les coins et ma liste, qui ne comprenait qu'un seul mot : vin de champagne, prenait un air spartiate et maigrelet.

Le plat de résistance de cette réunion gastronomique nous fut apporté un matin glacial par un ami qui avait des parents dans le Périgord : un foie gras entier, cru, et qui coûtait donc beaucoup moins cher que s'il était préparé. Nous n'avions plus qu'à le cuire en y ajoutant quelques tranches de truffe.

Nous déballâmes l'objet : son précédent propriétaire avait dû être un volatile de la taille d'un petit avion car le foie était énorme : une somptueuse masse rouge sombre qui m'emplit les mains quand je le pris pour le déposer sur la planche à découper. Suivant les instructions de notre ami, je le débitai et comprimai les morceaux dans des bocaux de conserve en verre où je glissai d'un doigt nerveux quelques morceaux de truffe. J'avais l'impression de faire cuire une fortune.

On scella les bocaux et on les plaça dans une énorme marmite d'eau bouillante où ils séjournèrent très précisément quatre-vingt-dix minutes. On les laissa refroidir, on les passa au réfrigérateur puis on les rangea dans la cave. Ma femme barra le foie gras de sa liste.

C'était une étrange impression que d'arriver au bout de l'année sous des ciels bleus et sans la frénésie qui caractérise en Angleterre les semaines précédant Noël. Le seul signe avant-coureur de préparatifs de fête dans notre vallée, c'était le bruit étrange venant de la maison de M. Bonnange à un kilomètre et demi de chez nous. Deux matins de suite en passant devant, j'entendis d'abominables cris rauques : non pas de peur ni de douleur, mais des clameurs scandalisées. Je ne pensais pas qu'elles émanaient d'une bouche humaine, mais je n'en étais pas sûr. Je demandai à Amédée s'il n'avait rien remarqué.

« Oh, ça, fit-il. C'est Bonnange qui panse son âne. »

La veille de Noël, il devait y avoir une crèche vivante à l'église de Ménerbes et l'âne de M. Bonnange tenait un second rôle important. Naturellement, il devait se présenter sous son meilleur jour, mais il avait horreur d'être brossé et peigné. Ce n'était pas le genre d'âne à se laisser panser sans protester. A n'en pas douter il serait présentable le soir venu, dit Amédée, mais on aurait intérêt à rester à bonne distance de ses pattes de derrière car il avait la réputation d'avoir un coup de sabot redoutable.

Là-haut, au village, la séance de casting allait bon train pour trouver l'Enfant Jésus. On demandait aux bébés ayant l'âge et les dispositions appropriées de se présenter : un bon caractère – c'est-à-dire la faculté d'être à la hauteur de cette grande occasion – serait d'une importance capitale car le spectacle ne commencerait pas avant minuit.

A part cela et les cartes que le facteur enfournait dans la boîte à lettres, on aurait pu être à des mois de Noël. Nous n'avions pas la télévision, ce qui nous épargnait le spectacle de ces publicités d'une abêtissante jovialité. Pas de chanteurs de Noël, pas de pots de fin d'année au bureau, pas de compte à rebours exaspérant des jours qui restaient pour faire des courses. J'étais ravi. Ma femme me rappela à l'ordre. Où était mon esprit de Noël ? Où était le houx ? Et l'arbre de Noël ? Nous décidâmes de nous rendre à Cavaillon pour en trouver.

Nous fûmes aussitôt récompensés par la vue du père Noël. Vêtu d'un large pantalon rouge, arborant un T-shirt des Rolling Stones, un bonnet de lutin rouge bordé de fourrure et une fausse barbe, il se dirigea vers nous en tanguant tandis que nous descendions le cours Gambetta. De loin, on aurait dit qu'il avait la barbe en feu mais, comme il approchait, nous distinguâmes le mégot d'une gauloise au milieu de sa barbe. Il nous croisa d'un pas incertain dans un nuage de vapeur de calvados, attirant la curiosité d'un groupe de jeunes enfants.

Des guirlandes lumineuses étaient accrochées dans les rues. Des flots de musique se déversaient par les portes ouvertes des cafés et des magasins. Des arbres de Noël s'entassaient sur le trottoir. Un homme équipé d'un microphone fixé sur sa pomme d'Adam vendait des draps à un éventaire installé dans une ruelle. « Regardez-moi ça, madame. Du pur Dralon ! Je vous donnerai cinq mille francs si vous pouvez leur trouver un défaut ! » Une vieille paysanne commença l'inspection millimètre par millimètre : l'homme lui arracha le drap des mains.

Nous tournâmes le coin et nous faillîmes entrer en collision avec la dépouille d'un chevreuil accroché devant la porte d'une boucherie qui fixait d'un regard aveugle la carcasse d'un sanglier pendue à côté de lui. Dans la vitrine, une rangée de petits oiseaux tout nus, le cou brisé et la tête proprement blottie sur le bréchet, étaient offerts en promotion spéciale d'avant Noël : sept pour le prix de six. Le boucher leur avait fermé le bec et les avait disposés sur une garniture d'aiguilles de sapin et de rubans rouges. Réprimant un frisson, nous passâmes notre chemin.

On ne pouvait avoir aucun doute sur l'ingrédient le plus important d'un Noël provençal. A en juger par les étalages, les files d'attente et l'argent qui changeait de main, vêtements, jouets, chaînes stéréo et autres babioles n'avaient qu'une importance mineure. Le principal événement de Noël, c'était la nourriture. Huîtres, écrevisses, faisans, lièvres, pâtés et fromages, jambons et chapons, gâteaux et champagne rosé : après une matinée passée à regarder tout cela, nous étions atteints d'indigestion visuelle. Nous rentrâmes, avec notre arbre, notre gui et notre dose d'esprit de Noël.

Deux hommes en uniforme nous attendaient, garés devant la maison dans une voiture banalisée. A leur simple vue je me sentis coupable ; de quoi, je n'en savais rien, mais les hommes en uniforme ont sur moi cet effet-là. J'essayai de réfléchir aux crimes que j'avais récemment commis contre la Cinquième République, puis les deux hommes descendirent de la voiture et saluèrent. Je me détendis. Même en France, où le formalisme bureaucratique atteint au grand art, on ne salue pas avant de vous arrêter.

En fait, ce n'étaient pas des policiers mais des pompiers, les pompiers de Cavaillon. Pouvaient-ils entrer ? Je me demandai aussitôt où nous avions rangé notre certificat de ramonage. De toute évidence il s'agissait d'un contrôle surprise pour clouer au pilori tout propriétaire ayant un conduit de cheminée encrassé.

Nous nous installâmes autour de la table de la salle à manger. L'un des hommes ouvrit un porte-documents. « Nous vous avons apporté le calendrier officiel des pompiers du Vaucluse. » Il le posa sur la table.

« Comme vous allez le voir, il y a la liste des saints pour chaque jour. »

C'était vrai, tout comme notre calendrier des Postes. Mais, au lieu de photographies de filles arborant des soutiens-gorge en coquilles de noix de coco, ce calendrier-ci était illustré de photos de pompiers escaladant des immeubles de quinze étages, administrant les premiers soins aux victimes d'accident, sauvant des alpinistes en détresse et maniant d'énormes lances d'incendie. Dans la France rurale, les pompiers assurent un service d'urgence polyvalent : ils récupéreront votre chien tombé dans une crevasse ou vous conduiront à l'hôpital aussi bien qu'ils combattront votre incendie. Ils constituent à tous égards un corps d'élite admirable et méritant.

Je demandai s'ils accepteraient une contribution.

« Bien sûr. »

On nous délivra un reçu qui nous donnait droit par la même occasion au titre d'Amis des sapeurs-pompiers de Cavaillon. Après de nouvelles congratulations, les deux pompiers s'en allèrent tenter leur chance ailleurs, plus haut dans la vallée : nous espérions que leur entraînement les avait préparés à repousser les attaques des chiens méchants. Obtenir des étrennes de Rivière serait à peine plus périlleux que d'éteindre un incendie. Je l'imaginais déjà louchant derrière ses rideaux, fusil au poing, regardant ses bergers allemands se jeter sur les intrus. J'avais un jour vu les chiens s'attaquer à la roue avant d'une voiture faute de ne rien avoir d'humain à se mettre sous la dent : ils déchiraient le pneu comme si c'était un quartier de bœuf cru, bavant et crachant des débris de caoutchouc tandis que le conducteur terrifié s'efforçait de faire marche arrière pour leur échapper et que Rivière regardait, fumant et souriant.

Nous étions maintenant un foyer à deux calendriers et, à mesure que s'écoulaient les derniers jours d'avant Noël, nous nous attendions à l'arrivée d'un troisième qui mériterait une substantielle contribution. Chaque mardi, depuis les douze derniers mois, les héros du service de la voirie s'arrêtaient au bout de notre allée pour ramasser de scandaleux entassements de bouteilles vides, des reliefs malodorants de dîners à la bouillabaisse, des boîtes d'aliments pour chien, des verres brisés, des sacs de détritus, d'os de poulet et de déchets domestiques de toutes tailles et de tous genres. Rien ne les arrêtait. Aucun tas, si énorme et si mûr qu'il fût, n'était trop décourageant pour l'homme accroché à l'arrière du camion qui à chaque arrêt sautait à terre pour lancer les ordures dans une cale graisseuse et béante. En été, il devait frôler l'asphyxie et, en hiver, le froid l'amenait sans doute au bord des larmes.

Son partenaire et lui finirent par arriver dans une Peugeot qui avait l'air de profiter de sa dernière sortie avant d'aller à la casse : deux hommes joyeux et débraillés, à la poignée de main énergique et dont l'haleine sentait le pastis. Sur la banquette arrière, j'aperçus une paire de lapins et quelques bouteilles de champagne : je dis que c'était bon de les voir, pour changer, ramasser quelques bouteilles pleines.

« Ça n'est pas les bouteilles vides qui nous gênent, dit l'un d'eux. Mais je voudrais que vous voyiez ce que certaines personnes nous laissent. » Il plissa le visage en se bouchant le nez, le petit doigt élégamment tendu. « Dégueulasse. »

Ils étaient contents de leurs étrennes. Nous espérions qu'ils s'en iraient faire un repas somptueux en laissant derrière eux une table dégoûtante que quelqu'un d'autre viendrait nettoyer.

*

Accroupi, Didier, armé d'une pelle et d'une balayette, ramassait des débris de ciment oubliés dans un coin. Cela réchauffait le cœur de voir cette machine humaine à détruire occupée à des tâches aussi délicates : cela voulait dire que son travail était terminé.

Il se releva, vida le contenu de la pelle dans un sac en papier et alluma une cigarette. « Ça y est, dit-il. *Normalement*, le peintre doit venir demain. » Nous passâmes dans la cour où Éric chargeait à l'arrière de la camionnette pelles, seaux et boîtes à outils. Didier eut un grand sourire. « Ça ne vous ennuie pas si on emporte la bétonneuse ? »

Je répondis qu'à mon avis nous pourrions nous en passer : le deux hommes la poussèrent sur une rampe en planches et l'attachèrent solidement à l'arrière de la cabine. La tête penchée, l'épagneul de Didier suivit la progression de la bétonneuse puis sauta dans la camionnette et vint s'allonger le long du tableau de bord.

« Allez ! » fit Didier en me tendant la main. On aurait dit du cuir craquelé. « A dimanche. »

Le peintre vint le lendemain, il peignit et repartit. Jean-Pierre, le poseur de moquette, arriva. Les épouses avaient manifestement décidé que tout devrait être prêt pour leur visite officielle.

Le vendredi soir, la moquette était posée, à l'exception des deux derniers mètres.

« Je reviendrai demain matin, dit Jean-Pierre. Comme ça vous pourrez remettre les meubles dans l'après-midi. »

A midi, il ne restait plus qu'à fixer la moquette sous une latte de bois sur le seuil de la chambre. Jean-Pierre était en train de percer le trou pour poser des vis dans la latte quand il embrocha le tuyau d'eau chaude qui passait sous le plancher : un jet d'eau s'éleva pour former une petite et pittoresque fontaine encadrée par le chambranle de la porte.

On coupa l'arrivée d'eau, on roula la moquette détrempée et on appela M. Colombani. Après une année d'alertes et d'urgences, je connaissais son numéro par cœur et je savais quels seraient ses premiers mots.

« Oh là là ! » Il médita un moment en silence. « Il va falloir casser la chape pour que je puisse souder la canalisation. Il vaudrait mieux que vous préveniez Madame. Ça va faire un peu de poussière. »

Madame était sortie pour acheter des provisions. Elle comptait trouver à son retour une chambre, une salle de bains et un vestiaire secs, propres et moquettés. Elle allait avoir une surprise. Je conseillai à Jean-Pierre de rentrer chez lui. C'était pour des raisons humanitaires : elle aurait sans doute envie de le tuer.

« Qu'est-ce que c'est que ce bruit ? dit-elle comme je l'accueillais au moment où elle garait la voiture.

– C'est le marteau piqueur de Colombani.

– Ah oui, bien sûr. » Elle était d'un calme dangereux, surnaturel. Je me félicitai d'avoir fait partir Jean-Pierre.

Colombani, dans sa recherche de la fuite, avait creusé une tranchée dans le sol et on apercevait le tuyau d'eau chaude avec son trou bien net.

« Bon, fit-il. Il faut s'assurer avant que je soude que rien ne bloque le tuyau. Restez ici à regarder. Je vais souffler par le robinet de la salle de bains. » Je regardai. Colombani souffla. Je reçus en plein visage une giclée d'eau poussiéreuse.

« Qu'est-ce que vous voyez ? cria-t-il de la salle de bains.

– De l'eau, dis-je.

– Formidable. Le tuyau ne doit pas être bouché. »

Il termina sa réparation et rentra chez lui pour regarder le rugby à la télévision.

Nous nous mîmes à éponger, en nous disant que ça n'était vraiment pas terrible. La moquette sécherait. Il y avait à peine assez de gravats pour emplir un seau. Il suffirait de repeindre les traces de brûlures laissées par la lampe à souder. Tout compte fait, à condition de ne pas faire attention à la tranchée béante, on pouvait inspecter les pièces et les considérer comme terminées. En tout cas, nous n'avions pas le choix. On n'était qu'à quelques heures du dimanche.

Nous n'attendions personne avant onze heures et demie, mais c'était sous-estimer l'attrait magnétique du champagne pour tout homme qui se respecte : le premier coup fut frappé à la porte peu après dix heures et demie. En moins d'une heure, tous à l'exception de Didier et de son épouse étaient arrivés. Ils étaient alignés le long des murs du salon, figés par la politesse, parés de leurs plus beaux atours, quittant de temps en temps brièvement leur sanctuaire le long des murs pour fondre sur la nourriture.

En tant que serveur chargé de veiller au plein des verres, je constatai encore une différence fondamentale entre les Français et les Anglais. Quand les Anglais viennent prendre un verre, ils le gardent solidement vissé dans la main tout en parlant, en fumant ou en grignotant. On ne le pose avec répugnance que pour répondre à un besoin naturel qui exige l'utilisation des deux mains – se moucher ou aller aux toilettes –, mais il n'est jamais bien loin.

Avec les Français, c'est différent. A peine leur

a-t-on donné un verre qu'ils le posent, sans doute qu'il leur est difficile de faire la conversation avec une seule main. Les verres se trouvent donc groupés et au bout de cinq minutes, toute identification devient impossible. Les invités, peu soucieux de prendre le verre d'un autre mais incapables de reconnaître le leur, jettent des regards pleins d'envie vers la bouteille de champagne. On distribue des verres propres et le processus se répète.

Je me demandais au bout de combien de temps notre réserve de verres s'épuiserait, ce qui nous contraindrait à recourir aux tasses à thé, quand nous parvint le bruit familier d'un diesel en plein effort : la camionnette de Didier s'arrêtait derrière la maison, sa femme et lui entrèrent par la porte de derrière. Étrange. Je savais que Didier avait une voiture, son épouse était revêtue de la tête aux pieds de magnifique daim marron qui n'avait pas dû être très à l'aise sur la banquette sablonneuse de la camionnette.

Christian traversa la pièce et me prit à part.

« Je crois que nous avons un petit problème, dit-il. Vous feriez mieux de venir dehors. » Je lui emboîtai le pas. Didier prit ma femme par le bras et me suivit. Comme nous faisions le tour de la maison, je me retournai et constatai qu'ils arrivaient tous.

« Voilà ! » dit Christian en désignant la camionnette de Didier.

A l'arrière, occupant l'espace d'ordinaire réservé à la bétonneuse, se trouvait une forme arrondie de moins d'un mètre de haut sur un peu plus d'un mètre de large. La chose était enveloppée dans du papier crêpé d'un vert étincelant parsemé de rubans bleus, blancs et rouges.

« C'est pour vous de la part de nous tous, dit Christian. Allez-y. Défaites le paquet. »

Didier se pencha pour lui faire la courte échelle, et, avec une vaillance qui ne sentait pas l'effort, cigarette entre les dents, il souleva ma femme du sol pour la hisser à la hauteur de son épaule de façon qu'elle puisse poser le pied sur le plateau de la camionnette. Je grimpai à sa suite et nous arrachâmes l'emballage vert.

Les derniers lambeaux de papier s'en allèrent sous les applaudissements et quelques sifflets perçants de Michel le plâtrier : nous nous trouvâmes sous le soleil, à l'arrière de la camionnette, regardant notre cadeau et les visages levés vers nous qui nous entouraient.

C'était une jardinière ancienne : une cuvette massive et circulaire taillée à la main dans un seul bloc de pierre bien avant l'époque des machines à découper. Elle avait des bords épais, légèrement irréguliers, d'un gris pâle patiné par les ans. On l'avait emplie de terre et on y avait planté des primevères. Nous ne savions pas quoi dire ni comment le dire. Surpris, touchés et pataugeant dans notre français insuffisant, nous fîmes de notre mieux. Heureusement, Michel coupa court à notre émotion.

« Merde alors ! j'ai soif. Assez de discours. Allons boire un coup. »

Le formalisme de la première heure disparut sur-le-champ. On tomba la veste et on attaqua le champagne avec entrain. Les hommes emmenèrent leurs épouses visiter la maison en leur exhibant leur ouvrage, leur montrant les robinets de salle de bains marqués « hot » et « cold », essayant les tiroirs pour s'assurer que le menuisier avait bien fait la finition des intérieurs, touchant à tout comme des enfants curieux.

Christian constitua une équipe pour décharger l'énorme cuve de pierre et huit hommes légèrement éméchés en costume du dimanche réussirent on ne sait comment à éviter d'être estropiés tandis qu'on faisait glisser cette redoutable masse jusqu'au sol sur deux planches qui ployaient sous le poids. Mme Michel supervisait. « Ah, les braves hommes, dit-elle. Attention de ne pas vous salir les ongles. »

Les Colombani furent les premiers à partir. Après avoir fait honneur aux pâtés, aux fromages, aux flans et au champagne, ils se rendaient à un déjeuner tardif. Ils firent cérémonieusement la tournée des autres invités, une poignée de main par-ci, un baiser par-là, échangeant avec eux des « Bon appétit ». Leurs adieux durèrent un quart d'heure.

Les autres semblaient installés pour la journée : ils mangeaient et buvaient avec régularité tout ce qui était à leur portée. Michel s'attribua le rôle d'animateur officiel et se mit à raconter une série d'histoires de plus en plus risquées et de plus en plus drôles. Il s'interrompit pour prendre un verre après avoir expliqué comment déterminer le sexe des pigeons en les mettant au réfrigérateur.

« Qu'est-ce qui a poussé une femme charmante comme votre épouse à se marier avec un terrible vieux mec comme vous ? » demandait Didier.

Avec des gestes d'une grande lenteur, Michel posa sa coupe de champagne et tendit les mains devant lui comme un pêcheur décrivant le poisson qui lui a échappé. Par bonheur il ne poursuivit pas ses révélations, car sa femme lui enfourna d'une main ferme un grand morceau de pizza dans la bouche. Elle connaissait le numéro.

Le soleil se déplaçait à travers la cour pour la laisser dans l'ombre de l'après-midi. Les invités commencèrent à partir les uns après les autres, dans un nouveau déploiement de poignées de main, d'embrassades et d'arrêts pour un dernier verre.

« Venez déjeuner, dit Michel. Ou dîner. Quelle heure est-il au fond ? »

Il était trois heures. Après avoir mangé et bu pendant quatre heures, nous n'étions pas d'attaque pour le couscous vanté par Michel.

« Ah bon, fit-il, si vous êtes au régime, tant pis. »

Il tendit à sa femme les clés de la voiture et s'allongea à la place du passager, les mains croisées sur le ventre, rayonnant à l'idée d'un solide repas. Il avait persuadé les autres couples de se joindre à eux. Nous leur fîmes des gestes d'adieu pour aller retrouver la maison vide, les assiettes vides et les verres vides. Ça avait été une belle fête.

Nous regardâmes par la fenêtre la vieille cuve de pierre éclairée par ses fleurs. Il faudrait au moins quatre hommes pour la sortir du garage et l'installer dans le jardin : trouver quatre hommes en Provence pour une tâche précise, nous le savions, n'était pas quelque chose qu'on pouvait arranger du jour au lendemain. Il y aurait des visites d'inspection, des verres, de vives discussions. Des dates seraient prises puis oubliées. Il y aurait des haussements d'épaules et le temps passerait. Peut-être au printemps prochain verrions-nous la cuve à l'endroit qui convenait. Nous apprenions à penser en termes de saisons plutôt que de jours ou de semaines. La Provence n'allait pas changer son rythme pour nous.

En attendant, il restait assez de foie gras pour le déguster chaud en tranches minces avec la salade et une bouteille de champagne survivait au frais dans le petit bain de la piscine. Nous remîmes quelques bûches dans le feu en pensant à la perspective toute proche de notre premier Noël provençal.

C'était une ironie du sort. Après avoir eu tout au long de l'année des invités qui souvent avaient dû supporter de nombreux désagréments et des conditions d'existence un peu primitives en raison des travaux, nous avions maintenant pour nous tout seuls la maison propre et terminée. Les derniers invités étaient partis la semaine précédente, les prochains arriveraient pour nous aider à passer le nouvel an. Mais le jour de Noël, nous serions seuls.

Nous nous réveillâmes pour trouver le soleil, une vallée silencieuse et déserte et une cuisine sans électricité. Le gigot prêt à mettre au four bénéficiait d'un sursis et nous étions confrontés à l'effrayante perspective d'un déjeuner de Noël au pain et au fromage. Tous les restaurants du pays avaient leurs tables retenues depuis des semaines.

C'est à des moments comme celui-là, quand la crise menace l'estomac, que les Français montrent le côté le plus sympathique de leur nature. Racontez-leur des histoires de dommage physique ou de ruine financière : tous éclateront de rire ou se montreront poliment compatissants. Mais dites-leur qu'un déjeuner frugal vous menace et ils remueront ciel et terre et même des tables de restaurant pour vous aider. Nous téléphonâmes à Maurice, le chef de l'*Auberge de la Loube* à Buoux, en lui demandant si il n'y avait pas eu d'annulation. Non. Toutes les tables étaient prises. Nous expliquâmes notre problème. Un silence horrifié puis : « Vous allez peut-être être obligés de déjeuner près des fourneaux, mais venez quand même. On s'arrangera. »

Il nous installa à une petite table entre la porte de la cuisine et le feu, auprès d'une famille nombreuse qui festoyait.

« J'ai du gigot, si ça vous dit », proposa-t-il. Nous lui dîmes que nous avions songé à apporter le nôtre en lui demandant de le cuire et il sourit. « Ça n'est pas un jour à être sans four. »

Ce fut un long et merveilleux déjeuner. Nous parlâmes de ces mois qui étaient passés aussi vite que des semaines. Il y avait tant de choses que nous n'avions pas vues ni faites : notre français était encore un disgracieux mélange de fautes de grammaire et d'argot d'ouvriers du bâtiment. Nous avions réussi on ne sait comment à manquer tout le Festival d'Avignon, les courses d'ânes à Goult, le concours d'accordéon, l'excursion de la famille d'Amédée en août dans les Basses-Alpes, le Festival du vin à Gigondas, l'exposition canine à Ménerbes et une bonne partie de ce qui s'était passé dans le monde extérieur. Ça avait été une année de repli sur nous-mêmes, nous étions surtout restés confinés dans la maison et la vallée, une année pour nous fascinante dans ses détails quotidiens, parfois frustrants, souvent inconfortables, mais jamais ennuyeuse ni décevante. Et, avant tout, nous nous sentions chez nous, et heureux parmi les Provençaux.

Maurice apporta des verres de marc et approcha une chaise. « *Happy Christmas* », dit-il, puis son anglais l'abandonna. « Bonne année. »

COMPOSITION ET IMPRESSION
S.N. FIRMIN-DIDOT AU MESNIL-SUR-L'ESTRÉE
DÉPÔT LÉGAL MAI 1996. N° 23704 (33935).

Collection Points

R621. Fin de mission, *par Heinrich Böll*
R622. Les Mains vides, *par Maurice Genevoix*
R623. Un amour de chat, *par Frédéric Vitoux*
R624. Johnny s'en va-t-en guerre, *par Dalton Trumbo*
R625. La Remontée des cendres, *par Tahar Ben Jelloun*
R626. L'Enfant chargé de songes, *par Anne Hébert*
R628. La Terre et le Sang, *par Mouloud Feraoun*
R629. Le Cimetière des fous, *par Dan Franck*
R630. Cytomégalovirus, *par Hervé Guibert*
R631. La Maison Pouchkine, *par Andreï Bitov*
R632. La Mémoire brûlée, *par Jean-Noël Pancrazi*
R633. Le taxi mène l'enquête, *par Sam Reaves*
R634. Les Sept Fous, *par Roberto Arlt*
R635. La Colline rouge, *par France Huser*
R636. Les Athlètes dans leur tête, *par Paul Fournel*
R637. San Camilo 1936, *par Camilo José Cela*
R638. Galíndez, *par Manuel Vázquez Montalbán*
R639. China Lake, *par Anthony Hyde*
R640. Tlacuilo, *par Michel Rio*
R641. L'Élève, *par Henry James*
R642. Aden, *par Anne-Marie Garat*
R644. Dis-moi qui tuer, *par V.S. Naipaul*
R645. L'Arbre d'amour et de sagesse, *par Henri Gougaud*
R646. L'Étrange Histoire de Sir Hugo et de son valet Fledge
       par Patrick McGrath
R647. L'Herbe des ruines, *par Emmanuel Roblès*
R648. La Première Femme, *par Nedim Gürsel*
R649. Les Exclus, *par Elfriede Jelinek*
R650. Providence, *par Anita Brookner*
R651. Les Nouvelles Mille et Une Nuits, vol.1
       par Robert Louis Stevenson
R652. Les Nouvelles Mille et Une Nuits, vol.2
       par Robert Louis Stevenson
R653. Les Nouvelles Mille et Une Nuits, vol.3
       par Robert Louis Stevenson
R654. 1492. Mémoires du Nouveau Monde, *par Homero Aridjis*
R655. Lettres à Doubenka, *par Bohumil Hrabal*
R657. Cassandra, *par John Hawkes*
R658. La Fin des temps, *par Haruki Murakami*
R659. Mémoires d'un nomade, *par Paul Bowles*
R660. La Femme du boucher, *par Li Ang*
R661. Anaconda, *par Horacio Quiroga*
R662. Le Polygone étoilé, *par Kateb Yacine*
R663. Je ferai comme si je n'étais pas là, *par Christopher Frank*
R665. Un homme remarquable, *par Robertson Davies*